职务与犯罪

——职务犯罪的研究与预防

曹阳　王玉环　编著

大连出版社

ⓒ 曹阳 王玉环 2010

图书在版编目(CIP)数据

职务与犯罪：职务犯罪的研究与预防／曹阳，王玉环编著．—大连：大连出版社，2010.10
ISBN 978-7-80684-470-0

Ⅰ．①职… Ⅱ．①曹…②王… Ⅲ．①职务犯罪—研究—中国 Ⅳ．①D924.304

中国版本图书馆 CIP 数据核字(2010)第 193426 号

出 版 人：刘明辉
策划编辑：张　波
责任编辑：张　波　杨　琳
责任校对：于孝锋
插　　图：李克峻
封面设计：张　金
版式设计：张　波
责任印制：刘振奎

出版发行者：大连出版社
　　　地址：大连市西岗区长白街 12 号
　　　邮编：116011
　　　电话：(0411)83620442/83620941
　　　传真：(0411)83610391
　　　网址：http://www.dl-press.com
　　　电子信箱：yl@dlmpm.com
印　刷　者：大连美跃彩色印刷有限公司
经　销　者：各地新华书店

幅面尺寸：145mm×210mm
印　　张：11
字　　数：195 千字

出版时间：2010 年 11 月第 1 版
印刷时间：2010 年 11 月第 1 次印刷
印　　数：1～4000 册
书　　号：ISBN 978-7-80684-470-0
定　　价：26.00 元

目 录

开篇 腐败成为社会的一大问题 ·· 1

  腐败的最突出表现——职务犯罪 ·································· 5
  职务犯罪的一般概念 ··· 9
  职务犯罪的基本概念及特点 ·· 9
  职务犯罪的群体画像 ·· 13

第一篇 职务犯罪的原因 ·· 17

  职务犯罪的必然性与偶然性 ·· 17
  职务犯罪的基本心理动机 ··· 23
  "霸气"与"义气"混杂的官痞性格 ································ 32
  腐化的生活是美化堕落的致幻剂 ·································· 41
  扭曲的人情关系与利益最大化 ····································· 56
  制度漏洞与文化缺陷是腐败的重要原因 ························· 75

第二篇 职务犯罪的种类与手段 ··· 89

  经济犯罪是职务犯罪的主要类型 ·································· 90

常见的职务行为经济犯罪辨析 …………………… 96
　　五花八门的贪污手段 ……………………………… 108
　　职务犯罪受贿手段面面观 ………………………… 127
　　触目惊心的渎职犯罪 ……………………………… 191

第三篇　职务犯罪的特点与规律 …………………… 217
　　职务犯罪的一般特征 ……………………………… 218
　　职务犯罪的特点 …………………………………… 226
　　职务犯罪的发展规律 ……………………………… 270

第四篇　职务犯罪的发展趋势与对策 ……………… 287
　　屡屡受骗的官员们 ………………………………… 287
　　一些变化趋势与预测 ……………………………… 291
　　对职务犯罪的一些经济学思考 …………………… 311
　　对预防和控制职务犯罪的分析 …………………… 316
　　预防和控制职务犯罪的基本原则 ………………… 321
　　预防和控制职务犯罪几点建议 …………………… 325

后　记 ………………………………………………… 345

开篇　腐败成为社会的一大问题

核心提示：在一切社会中，腐败总是与公共权力结合在一起。职务犯罪作为一种长期的社会历史现象，伴着私有制的出现和国家公共权力的建立而诞生，从本质上讲是公共权力腐败的极端表现。职务犯罪的内涵丰富，表现形式多样，其社会危害之巨、影响之恶劣超乎想象，已经严重威胁到党的执政能力建设和国家、社会的安定团结。虽然在反腐败工作上我们已经取得了一些成绩，但仍有不尽如人意之处：一边是国家持之以恒的反腐败；一边是不断发展变形、影响日益扩大的腐败。可以说，如今腐败已经成为中国社会的一大问题。

2006 年，《半月谈》杂志社在全国东西部 8 省针对不同年龄段人群进行了一项和谐社会十大热点问题调查，调查对象涵盖了工人、农民、干部、大学生以及其他新兴社会阶层成员。调查共收到有效问卷 5000 份，经过整理排列出百姓心中最关心的前十大社会热点问题,分别是:收入差距扩大;看病贵、上学贵、买房贵;就业难、劳动者维权难;社会保障滞后;反腐倡廉亟待加大力度;道德规范亟待完善;环境污染未有效扼制;诉求和意见表达难;治安不佳、黄赌毒危害大;打官司难、信访难。其中,腐败问题位居第五位,是百姓在与切身利益最相关的热点问题之外最为关注的社会问题。

2007年,各种涉及民生领域的丑闻不断爆出,人们惊讶地发现,不论是食品、医疗、住房、就业都存在腐败的影子,腐败已经由广义的社会问题具体化到生活的方方面面。高官们结着队纷纷落马一方面振奋了人心,一方面又让人感到困惑和迷茫,究竟要怎么去堵住腐败的缺口,还社会一个正常发展的轨道?

2008年,正当大学生们为了找工作而焦头烂额之际,有网站开展了就业问题调查,想要找出大学生就业难的原因。结果出人意料,大部分调查者居然直接将矛头指向了腐败,认为腐败扰乱了正常的社会秩序,导致社会不公和竞争失衡,是就业困难的重要原因之一。腐败成为最为敏感的社会话题,人们谈腐而长叹,迫切希望能找到一条有效治理的途径。

2009年,国家不断强调要加大打击腐败力度,严厉查处各种形式的职务犯罪活动。十七届四中全会对党的作风建设和反腐倡廉建设作出一系列部署和要求,把反腐倡

开篇 腐败成为社会的一大问题

廉建设放在更加突出的位置,全会指出坚决反对腐败是党必须始终抓好的重大政治任务,必须充分认识反腐败斗争的长期性、复杂性、艰巨性,坚持标本兼治、综合治理、惩防并举、注重预防的方针,严格执行党风廉政建设责任制,在坚决惩治腐败的同时加大教育、监督、改革、制度创新力度,加强廉洁从政教育和领导干部廉洁自律,加大查办违纪违法案件工作力度,健全权力运行制约和监督机制,推进反腐倡廉制度创新。

重庆打黑除恶行动给反腐注入了一剂强心剂,使人们坚定了与职务犯罪斗争的信心与决心。但是另一方面,腐败的民间势头却依然强劲,湖南某网站上出现一则开天价请人帮忙找工作的帖子,发帖人是一名热门专业的女硕士生,声称愿意出20万元的"人情费",请人帮忙找一份"月薪3000、有编制、稳定"的工作。腐败,揭开了羞羞答答的面纱,堂而皇之地成为人们观念中的一部分,大有从"潜规则"洗白的迹象。

一边是国家持之以恒的反腐败;一边是不断发展变形、

影响日益扩大的腐败。可以说,如今腐败已经成为中国社会的一大问题。它关系到最根本的社会秩序的构建与运行,涉及所有关乎国计民生的纷繁领域,不断触犯着社会道德的底线,若不加以控制和治理,势必将威胁到社会安定与政权的稳固,因此分外惹人关注。

那么为什么腐败会屡禁不止,甚至有时候会呈现出"越反越腐"的畸形局面呢?从近年来的反腐斗争经验看,一则是社会道德底线在腐败的侵蚀下不断向后退缩,使得本应是羞于见人的腐败行为被不断诠释、淡化,逐渐成为一种见惯不怪的"潜规则",在社会中与显规则一起并行不悖,形成特有的"腐败文化",导致腐败行为的扩大化。二则是私底下应对甚至扭曲整治的对策已经形成,使得很多拥有美好初衷的反腐制度和法规形同虚设。反腐不力,很多时候不是制度的软弱,而是人为的疏漏。三则是随着反腐斗争的深入开展,犯罪分子的反侦查意识也逐渐增强起来,腐败手段花样翻新,愈加隐蔽,给反腐工作带来更大的挑战。四则是反腐在某种程度上呈现出无奈的状态。当垄断与公共权力密切结合在一起时,就会出现相对独立的小体系,而类似小体系一旦形成,就会产生一定的文化制度与运行规则,并逐渐固定下来成为一种范式。身处其中的单个个体从某种程度上讲可能很难逃离腐败的阴影。在这种情况下,反腐既难以突破,又难于取证,更可能因为这种体系往往牵涉到特定范围内复杂的公共权力利益平衡关系而难以彻底整治,这很类似于历史上常说的"法不责众"的状况。此时,反腐败行动可能就会有所回避,采取抓大放小的原则,无法实现"除恶务尽"的理想效果。可见,反腐败是一个复杂的系统工程,涉及道德文化、法制规范、制度保障、社会网络等众多方面,需要运用辩证的方法,从系统的角度进行研究和审视,循序渐进,寻找破解的途径。

腐败的最突出表现——职务犯罪

从社会学的角度来看,社会范式的形成具有效仿性,并且往往是通过自上而下的途径传播,也就是说,上层社会的行为模式对下层社会具有强烈的示范效应。正如古语所言"上梁不正下梁歪",很多反道德思维和反规则范式的形成是源于下层对上层的模仿。我们今天所关注的腐败正是这样一种具有很强传播性和模仿性的社会现象。在中国传统思维模式中,公共权力的执掌者和运用者们所代表的一直都是社会的精英阶层,他们的言行喜好是社会公众所愿意追随和模仿的对象。精英阶层的腐化堕落对社会道德规则的冲击远大于一般犯罪行为,是腐败现象的最集中体现。可见,进行自上而下的梳理对反腐败工作而言至关重要。而这其中最突出的现象就是职务犯罪——这种因腐败而产生的犯罪行为。

在一切社会中,腐败总是与公共权力结合在一起。因为公共权力掌握了社会资源的支配权,由于信息不对称和物资的稀缺性使得资源容易向有利的一方靠拢,腐败也就应运而生。而公共权力腐败一旦成为一种常态,将对社会公众形成强烈的示范效应,极大地冲击原有的社会秩序,使社会道德底线不断向后溃退,逐渐裸露出一片灰色地带,在这片地带中奉行的是另一种正式规则之外的规则体系,被我们称之为"潜规则"。在这种体系中,腐败的既得利益个体与集团必将充当规则的维护者,用各种手段和方式去同化新加入者,"合法伤害"试图打破这种体系的破坏者。因此,要打破这个怪圈,就要从既得利益群体着手进行突破,对职务犯罪的研究与防控正是有效的打击手段。

腐败是一个政治学概念,指公职人员利用公共权力来谋取私利,严重地违反公职行为规范的行为。当然职务犯罪也是腐败行为的一部分,以贪污、贿赂为主要表现形态的职务犯罪行为是最严重的腐败行为。

从现代民主政治和法制的观念看,职务犯罪从本质上讲是公共权力腐败的极端表现,是滥用公共权力及亵渎公共权力达到犯罪程度的行为。滥用权力是有权者实施,亵渎权力则是人人可为(如行贿),而腐败是权力异化,虽是政治用语而非法律用语,但腐败犯罪却常常是职务犯罪的代名词。这是因为腐败总是与一定的公共权力相关。在这个意义上说,腐败都是公共权力滥用所致。正如有学者所提出的，腐败现象离不开公共权力的运作。

一些人通过运用影响或操纵公共权力来达到私人目标，获得私人利益。公共权力的非规范、非公共运用是腐败行为的核心。纵观各国历史，可以清楚地看到，每个朝代的衰亡几乎都与政治腐败和公职人员腐败犯罪有着直接的联系。因此，要巩固政权、维护政治稳定、保证社会发展，就要打击职务犯罪等腐败行为，重树国家对职务活动的管理职能。这也是我们当前日益重视反腐败工作，积极建设廉政制度的重要原因。

职务犯罪作为一种长期的社会历史现象，伴着私有制的出现和国家公共权力的建立而诞生。中国古书记载的皋陶造律和西方最早的成文法典《汉谟拉比法典》中，就有关于惩治贪污受贿犯罪的法律规定。然而，在腐败与反腐败的长期对峙与抗争中，人类社会始终未能摆脱贪污、受贿等职务犯罪的侵袭和困扰。王亚南在其名作《中国官僚政治研究》一书中说：一部《二十四史》，"实是一部贪污史"。不论历史与现实的差别有多大，在描述腐败现象时，都有惊人的雷同之处，即权力与金钱共生，特权与财富交映！从形式上看，历史上的腐败与现代腐败都表现为政治地位与经济利益共存，得其一便自然得其二。但历史上的腐败基于各国都在劫难逃的政治特权，而现代的腐败则根源于必须用公共权力来催化和建立市场制度。

西方发达国家虽经几百年的发展，建立起一套相对完备的法律体系,但仍无法克服自身存在的腐败问题。早在18世纪,古典犯罪学派就曾经从犯罪行为入手考察犯罪原因,到20世纪六七十年代,产生了新古典学派,其核心观点是:犯罪是行为人在权衡犯罪的风险和回报、成本和收益的基础上做出选择和决定的结果。而职务犯罪之所以盛行,是因为相对于犯罪收益来说,犯罪条件极其方便,而成本又比之杀人越货小很多,足可以使人禁不住诱惑铤而走险。可见,加大犯罪成本是防控职务犯罪的一个有效途径。

德国著名历史学家弗里德里希曾一针见血地评说过,"腐败是附着在权力上的咒语,哪里有权力,哪里就有腐败存在。"这一方面说明了职务犯罪具有很强的社会适应性,与其斗争充满了曲折性与长期性;另一方面也说明在防控职务犯罪的问题上,试图建立一个一劳永逸的框架体系来一次性彻底解决职务犯罪问题是不现实的。因此,我们所要做的就是透过职务犯罪的现象认清它的本来面目,通过对职务犯罪特点和本质的把握,有针对性地开展工作,扼制、减少社会上的腐败现象,尽最大可能地建立一种符合社会发展规律、能够自我更新的预防职务犯罪的制度体系。

职务犯罪的一般概念

近年来,我们在反腐败领域常常会提到"职务犯罪"这个词,用来泛指一些国家公职人员利用职务之便实施的犯罪行为。但是细究起来,"职务犯罪"的提法是近十几年来才流行起来的。虽然张鼎丞曾在1957年7月1日召开的第一届全国人民代表大会第四次会议上所作的最高人民检察院工作报告中提到过"职务犯罪",但当时并没有引起共识。之后最高人民检察院的工作报告仍旧大部分使用"经济犯罪"来涵盖这种犯罪类型,直到1997年后"职务犯罪"才被固定化,成为一种特指词汇。由于职务犯罪多与腐败相连,是腐败的最集中表现,因此在很多时候,我们也习惯用腐败来代指它。但职务犯罪并不是一个法定罪名,也不是法定的类罪名。那么究竟什么是职务犯罪呢?

职务犯罪的基本概念及特点

职务犯罪的基本概念及特点

首先来分析一下什么是职务。"职"就是职责、职权、职掌,即"掌管";"务"则是由"职"而产生的应承担的任务、事务。因此说,具有一定的"职",就要承担一定的"务",而

"职"的不同,相应所承担的责任也不相同。目前我国的职务分类主要有法定职务、事定职务、执行职务、管理职务、决策职务、临时职务、固定职务、领导职务、非领导职务等等。在职务分类大典中记载了8大类,66个中类,413个小类,1838个职业。可见,"职务"是一个内涵丰富、内容复杂的组合性概念。从这个角度看,似乎所有涉及行业职务的犯罪都可以列入职务犯罪的范围。但是在司法实践中,对职务犯罪又做出了区别于一般犯罪的具体规定,一般是指国家工作人员和国家机关工作人员在履行职务过程中的作为或不作为行为触犯了刑法而构成的犯罪。

职务犯罪有特定的犯罪主体和客体要求。从犯罪的主体来看,除少数特殊类型外,构成职务犯罪的主体大多是国家公职人员,包括国家工作人员以及其他依照法律从事公务的人员。主要包括四类:一是国家机关工作人员;二是国有公司、企事业单位中的国家工作人员;三是人民团体中的工作人员;四是受国家机关国有公司、企事业单位、人民团体的委托管理、经营国有财产的人员。

从犯罪的客体来看,职务犯罪所侵害的是职务的正当性或廉洁性以及国家对职务活动的管理职能。这是职务犯罪的客体要件,也是区别于其他犯罪形式的最突出特征。职务犯罪侵害的同类客体是一样的,都侵害了职务的正当性或廉洁性,但它侵害的直接客体十分广泛,不仅涉及公共财物,还涉及公民的人身权利、民主权利等等。职务犯罪的危害最终指向国家政权的核心,其社会危害性特别是对国家政权的危害甚于一般刑事犯罪。可见,职务犯罪并非简单的涉及一般职务的违法行为,而是具有特定主体与客体要件的刑事犯罪。

综上所述,职务犯罪的定义可以概括为:国家机关、国有公司、企业事业单位、人民团体工作人员利用已有职权,贪污、贿赂、徇私舞弊、滥用职权、玩忽职守,侵犯公民人身权利、民主权利,破坏国家对公务活动的规章规范,依照刑法应当处以行政处罚的犯罪,包括《刑法》规定的"贪污贿赂罪"、"渎职罪"和国家机关工作人员利用职权实施的侵犯公民人身权利、民主权利的犯罪。

职务犯罪的分类及危害

由于职务本身种类繁多,涉及的具体领域不同,犯罪所侵害的直接客体也有所不同,犯罪的表现不尽统一,因此对职务犯罪的分类有多重标准。在我国,以《刑法》为主要分类依据。修订后的刑法规定,检察机关管辖53种国家工作人员职务犯罪,可以大致划分为三大类:贪污贿赂罪、渎职罪、侵犯公民人身权利和民主权利的犯罪。

贪污贿赂罪 在我国刑法第八章中用了15个条文(第382～396条),规定了12个罪名包括:贪污罪、挪用公款罪、受贿罪、单位受贿罪、行贿罪、对单位行贿罪、介绍贿赂罪、单位行贿罪、巨额财产来源不明罪、隐瞒境外存款罪、私分国有资产罪、私分罚没财物罪。

渎职罪 在我国刑法第九章中用了23个条文(第397～419条),规定了34个罪名包括:滥用职权罪、玩忽职守罪、枉法追诉裁判罪、私放在押人员罪、国家工作人员签订和履行合同被骗罪等。

国家机关工作人员利用职权实施的侵犯公民人身权利和民主权利犯罪 包括7个:国家机关工作人员利用职权实施的非法拘禁罪、国家机关工作人员利用职权实施的非法搜查罪、刑讯逼供罪、暴力取证罪、虐待被监管人罪、报复陷害罪、国家机关工作人员利用职权实施的破坏选举罪。

职务犯罪作为腐败的极端形式,在本质上是权力的异化和失控,是腐败现象中最为突出的表现。由于职务犯罪主体具有特殊的社会地位和社会影响,其犯罪行为所产生的负面效应远远超出腐败本身对社会造成的直接损害,不仅从政治上侵害了党和国家的肌体,严重危害党风廉政建设和国家政权的稳定,而且阻碍了经济建设的健康发展,破坏了社会主义民主政治建设,践踏了社会主义法制尊严,并且已成为人类社会生活、经济生活、政治生活中的一颗毒瘤。

职务犯罪的研究状况

当前,党和国家及全体人民都十分关注职务犯罪这个问题,因为它不仅仅是一个政治问题,腐败的触角已经蔓延到社会生活的方方面面,成为维护社会秩序、完善道德建设、促进经济发展的严重阻碍。在预防职务犯罪方面，近年来党和国家出台了一系列举措，反腐败斗争也取得了突破性进展。比如党的十六大确定反腐倡廉的途径和方法，提出要加强教育，发展民主，健全法制，强化监督，创新体制，把反腐败寓于各项重要政策措施之中，从源头上预防和解决腐败问题。

随着对职务犯罪问题的不断重视，我国学术界也产生了一批优秀的研究成果，在职务犯罪的防治方面提出了很多建设性的意见和建议，促进了反腐败事业的发展。但有些研究成果或者是以系列短片的形式出现，起到一种警示作用，形象生动有余而理论分析不足；或者是纯粹的理论探讨，缺乏实践检验，只能做事后的总结，不能有效地进行事前预防和事中控制，未能建立起一种行之有效的防控体系，总给人一种隔靴搔痒之感。因此我们尝试有所突破，节选了2006~2008年三年的典型大案要案200余例作为基础数据，采用图文并茂、案例与分析并重的方式，对现阶段职务犯罪问题进行研究，通过具体的实例分析，展现职务犯罪的特点，有针对性地找出具体的防治措施和解决办法。

职务犯罪的群体画像

在谈到职务犯罪时，人们总是难免将它与官员的腐败堕落紧密联系起来,在脑海中映出一个个具体事件,同时不自觉地描绘出一幅幅生动的画面,这是人们理解一个概念时常有的具象反应。如果我们将职务犯罪案例的共性抽离出来,忽略其中的个性因素,也可以大致勾勒出一个具有普遍意义的职务犯罪群体画像:年龄在40~50岁,已经拥有一定工作成绩,在某一个区域或者岗位上握有或者曾经握有实权,有广阔的人脉,具备了"呼风唤雨"的能力,善于运用各种手段绕开制度的"门槛"进行谋利。

他们可以是一把手,也可以是具体项目负责人;可以是经济发达地区的官员,也可以是贫困山区、乡镇的干部;可能是因为心理失衡导致犯罪行为,也可能仅仅是贪图钱财、钻体制漏洞;可能在犯罪上有主观故意,也可能因为某些制度原因而身不由己。不论具体差异如何,职务犯罪的矛头都不可避免地直指体制漏洞与官场生态这两大根源问题。而要改变这种现状,将不可避免地与传统观念和现行体制发生矛盾和冲突,因此反腐败的阻力很大,更不可能一蹴而就。而我们现在所要做的就是从繁琐的数据中抽象出这样一幅具有代表性的职务犯罪群体脸谱,并以之为参考,再通过对职务犯罪的成因、特点、手段、危害等的分析还原每个典型案例以本来面目,通过这种从具象到抽象再回到具象的辨证研究,总结出当前预防职务犯罪的基本规律,尝试建立适应社会转型特征的职务犯罪防控体系。

开篇 腐败成为社会的一大问题

在研究的过程中,我们发现,现阶段职务犯罪呈现出高学历、低龄化、区域集中、手段多样等特点。其中大学本科及以上学历者占案例总数的63%,40岁以下的犯罪个体约占案例总数的10.8%,经济建设发展较快的沿海地区是案件高发区,约占案例总数的39%,且多数是大案、要案。而以往以贪污为主的职务犯罪行为逐渐转变为复杂多样的商业贿赂、直接参与利润分配、变相收受名目多样的礼金、旅游消费受贿与滥用职权贪污等形式并存。腐败的领域也日益向医药卫生、基建工程、房地产开发、市政项目招投标、矿产资源开发甚至高等学府蔓延。职务犯罪的社会危害之巨、影响之恶劣超乎想象,已经严重威胁到党的执政能力建设和国家、社会的安定团结。

面对这些变化,我们力求能更全面地研究和反映当前职务犯罪的新发展,用通俗化的语言、生动的案例分析、详

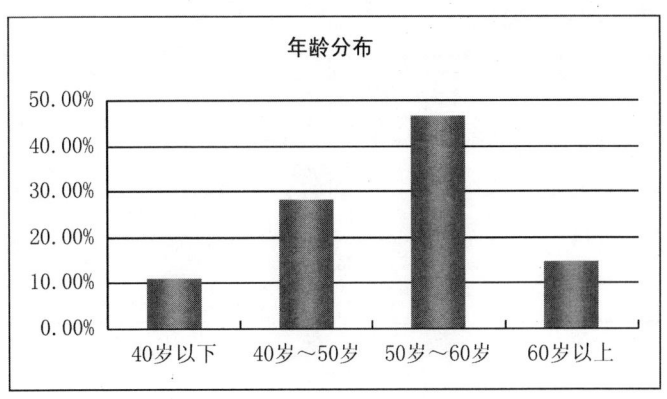

尽的概括向公众剖析职务犯罪的成因、特点、方式和规律，探讨职务犯罪防控体系的构建问题，努力将全社会都调动起来，共同营造一个健康的官场生态环境。

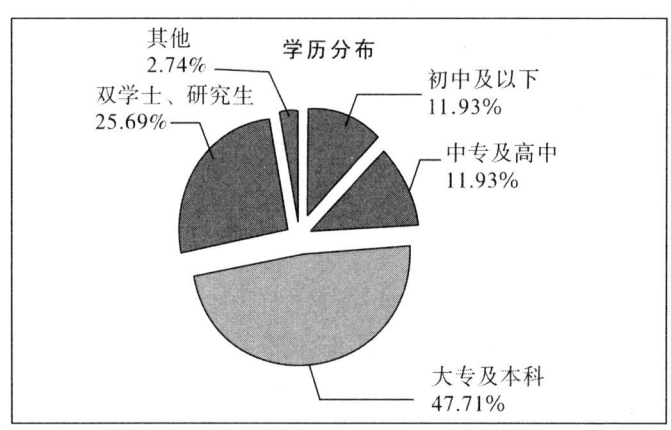

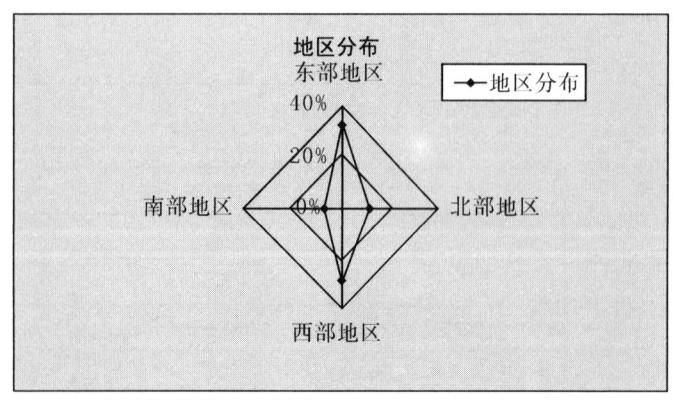

第一篇 职务犯罪的原因

核心提示：职务犯罪发生和发展既有其必然性，也有其偶然性。职务犯罪者作为犯罪活动的主体，其动机可以看做是犯罪行为的内因，是促成犯罪行为发生和发展的最基本原因，而主体所处的外部社会环境则是外因，是职务犯罪行为发生的重要条件。职务犯罪的基本动机，即拥有特定社会生活体验的个体受到环境与条件的影响，为了满足自身的各种心理需要，而选择通过运用手中掌握的公共权力和已经形成的社会影响力进行实现。而其中性格、嗜好、人际交往、价值判断、制度环境等是促使产生职务犯罪行为的重要因素。

职务犯罪的必然性与偶然性

从辩证的角度来看，事物的发生和发展既有其必然性，也有其偶然性。必然性是从历史积淀和本质的角度来考察,当社会历史发展到一定阶段,出现了适合此种现象生存和发展的土壤,它就会自然而然地产生,而该事物的本质决定了其发展的方向和特点。偶然性是从社会发展现实和条件的角度去考察,之所以会在此时此刻发展壮大,或者在此地此景具有了区别于其他事物的特点,是因为社会现实条件给予了该事物特别的发展条件,使得它能够在特定的环境中获得充分发展。职务犯罪也不例外,其产生和发展自有其特定的必然性和偶然性。

首先,从生理角度来看,生物都具有趋利性及占有性,人也不例外,私欲是人的本能之一,而贪污腐败与人的私欲息息相关。因此,在环境和条件都允许的情况下,腐败必然会产生,并且会因为得不到有效制约而迅速蔓延。自从有了社会剩余产品,权力阶层出现分化,就出现了利用权力来谋取特殊利益的行为。可以说,贪污腐化是伴随着人类社会而存在的现象,其发生的最普遍原因是人在自私观念的支配下利用公权谋取私利,是公权、自私、私利三者结合的产物。这也就可以解释为什么在制度不完善的封建社会,官员的贪腐会大肆流行。一方面是社会生产力的稳定发展,剩余产品获得极大丰富,人们的物质文化生活产生了更高需求;另一方面是社会上具备了贪腐的文化、制度和环境条件,使官员可以方便地利用公共权力谋利,并将这种非正规行为视为正常而心安理得地实施。在这种体制下,官员贪腐成为一种常态,而清廉则变成非常态,成为社会稀缺的珍贵现象。可见,作为一种特殊的权力"寻租"现象,职务犯罪具有其发生的生物必然性,而公共权力与私利的结合又是促成犯罪发生的偶然性因素。

其次,从历史发展角度来看,我国经历了漫长的封建社会,形成了一定的社会思维定势。封建社会以差别悬殊的等级制度为重要特征,各级官员及其吏员的一切待遇均以其官品的高低来画线定位,因此古语有"官为贵、民为轻","礼不下庶人、刑不上大夫"之说。在这种制度下,权力和金钱始终在社会中起到支配作用,在人们心中形成了崇高的地位。由于对身份和地位的极度崇尚,很多人都想通过各种途径跃过龙门,达到"一人得道,鸡犬升天"的理想效果。他们一旦通过种种途径和努力获得一官半职,便很有可能利用所获得的特权大肆谋取私利,尽情享受人生。这种思维和行为定势延续了上千年,在人们心中根深蒂固,以至于形成了"千里做官只为财"的观念。做官不再是为民谋利,而是为己谋私,官和民形成了两个截然不同的阵营。在这种情况下,官员的阵营很难再融入民众的生活圈子中去,形成了阶层的断裂,间接导致文化分裂。很多本来是从民众阶层跨入官员阶层的人,在这种文化差异的影响下,也逐渐发生蜕变,摒弃了原有的民本意识,产生了官本位思想。因此,封建社会中官场丑态百出,厚黑横行,成为历史上的一道畸形风景。建国以后,虽然我们对封建的遗毒进行了清除,但由于从封建社会向社会主义社会进化的过程中只经历了短暂的资本主义发展阶段,这种社会形态的飞跃同样造成了观念意识的断层,使社会文化意识处于不完全进化的状态。这就使得某些资本主义所倡导的先进内容没有被成熟地理解和吸收,而封建社会所流行的官僚主义腐朽思想及钱、权观念被很多人继承下来。表现为在社会政治、经济生活中对权力高度崇拜、对金钱极度贪婪,将权力视为通往金钱、地位和身份的阶梯,认为权力就是用来享受和实行专制的特权。这种历史不良官场文化的烙印在一些人心中根深蒂固,导致他们在处理问题时以个人私欲为着眼点,利欲熏心、目无法纪,走上职务犯罪的不归路。可见职务犯罪的发生既有历史文化的必然性,而我国特殊的社会意识进化特点又是导致短时期内职务犯罪现象比较突出的偶然性因素。

再次,从制度建设的角度来说,世界上不存在十全十美的制度体系,任何一种制度都是在不断地改进和完善中趋于完美。也就是说,再健全的制度也会存在漏洞,并会因为社会现实的发展而逐渐产生不适应,这个时候就需要进行调整,而调整的过程,就是制度不断自我更新和完善的过程。虽然我们有五千年的辉煌历史,但客观来说,建国时间并不长,进入现代化的时间更短,在制度体系建设上,因为没有可供借鉴的前人经验,只能在不断探索中前进,因而必然存在疏漏和不完善之处。这种体制建设的客观现状,使得职务犯罪的实现成为可能。当人们想要去践

第一篇 职务犯罪的原因

行一个目标时,就会寻找机会和创造条件来完成这个目标,而当外部限制阻力较小、实现的成本代价又较低时,就意味着可获取的利益被成倍放大,会使人更加疯狂地去追索实现目标的可能。制度的不完善是公共权力可以被任意利用获取私利的必然条件。改革开放以来,由于我国的权力制度建设没能及时跟上时代发展的步伐,调整和更新速度滞后于社会发展需要,导致官员权力处于设置失衡和监管缺失的状态。一方面,为了适应社会发展需要,部门间不断分工整合,导致权力的分化与重组,使得权力在细化分散的同时又在局部和专业领域出现高度集中,这是社会专业化分工导致的必然结果,也是部门体制改革所必然经历的阶段。另一方面,权力变更的同时没有发展起相应的强有力的监督制约机制,权力处于一种监管失控的状态,使权力的滥用成为可能。职务犯罪者正是在这种失衡的权力体制下,利用体制的漏洞来寻求通过公共权力获取利益最大化的途径。可见,制度的不完善必然导致职务犯罪的产生。因此,从某种角度上说,职务犯罪是任何执政党都不可避免的问题,这是职务犯罪的制度必然性。而我国特殊的国情和社会发展的现实决定了我们的制度建设仍处于不断学习和探索的成长期,给存心利用制度漏洞的人留下了可乘之机,这是当前职务犯罪较为猖獗的偶然性。

此外,改革开放后,社会生产力的飞速发展使得物质财富获得高度积累,剩余产品和财富的大量聚集与相应管理监督机制的缺失构成鲜明反差,这本身对掌控管理社会物质财富的公共权力的人来说就是一个极大的诱惑和考验。而价值判断标准的多元化与生活观念的持续更新,又进一步拉大了这种反差对人心理所造成的影响。与此同时,中国作为一个拥有千年历史传统的人情社会,人情关系观念深入人心,并通过代际传递不断得到稳固和强化,使得人们在很多问题的处理上习惯于绕开相对僵硬的制度束缚,寻找一种能够两全的中庸之道。这本身就是对制度管理的一种无声的抵制,也使得人们对本应鲜明反对的贪污腐败问题在态度上逐渐暧昧起来,因为很多腐败问题本身就牵扯了无数人情关系,错综复杂,难以理顺。随着通讯技术的飞速发展,人们对腐败问题的认识越来越深刻,相应地提出和制订了很多抵制腐败的对策,并通过网络和各种渠道进行监督，对反腐败工作有极大促进作用。但同样的，腐败分子也从中吸取了大量的经验教训，使得他们的"反侦查"能力更强，手段更加隐蔽，方式更加多样。而经过长时间的隐匿、发展后，一旦被揪出来就可能是涉案金额巨大、社会影响恶劣的大案、要案，这种案件经过各种媒体渠道的曝光后，又会迅速地放大负面效应。信息的大量公开使得社会公众可以更多了解到当下发生的各种腐败问题，并较为清楚地掌握事情发展的脉络，这一方面推动了反腐败事业的发展；另一方面会在观念上造成错觉，以为当前是腐败高发的历史时期。正是这种物质财富积累、价值判断标准和信息发展上的特点，导致了最近几年来腐败呈现上升趋势，日益被社会公众所关注，成为社会的一大问题。

职务犯罪的基本心理动机

哲学上常说内因是事物发展变化的根本原因，外因是事物发展变化的条件。职务犯罪者作为犯罪活动的主体，其动机可以看做是犯罪行为的内因，是促成犯罪行为发生和发展的最基本原因，而主体所处的外部社会环境则是外因，是职务犯罪行为发生的重要条件。

在现实生活中，我们的行为常常受到动机的引导，从而有所指向，产生特定的结果。这涉及内驱力、需要、诱因等众多方面。内驱力是在需要的基础上产生的一种内部唤醒状态或者紧张状态,主要表现为推动有机体活动以达到满足需要的内部动力。内驱力不仅是生理上的紧张状态,也包括心理上的需求状态,它决定了动机的方向和大小,与需要基本上是同义词。但严格来分析,二者又有所不同。需要是主体的感受,而内驱力是作用于主体行为的动力,两者不是同种状态。但二者又密切相连,需要是产生内驱力的基础,而内驱力是需要寻求满足的条件。而诱因是驱使有机体产生一定行为的外部因素,主要指能满足有机体需要的物体、情境或活动,是有机体趋向或回避的目标。诱因按其性质可分为两类:一类个体因趋向或取得目标而得到满足时,这种诱因(如利润)称为正诱因;一类个体因逃离或躲避它而得到满足时,这种诱因(如惩戒)称为负诱因。

有机体在生存的过程中会产生各种需要,当需要没有得到满足时,有机体就会产生相应的内驱力,由内驱力引起反应,对行为产生影响,从而实现需要的满足。例如,当我们有进食的需要时,内驱力便会驱使身体产生摄食行为以满足这种生理需求,随着进食需求的满足,内驱力逐渐降低,进食的行为也就相应停止了。可见内驱力是在有机体需要基础上产生的一种内部推动力,是一种内部刺激。而满足有机体需要的诱因则是后天通过个体经验而逐步形成的。同样是进食需要,有人会选择吃面包,有人会选择吃米饭,有人则可能选择吃水果或者其他甜点等食物;同样是为了引人注意,有人追求名望,有人讲究穿戴,有人重视事业有成。有机体因个体的差异和体验不同,在活动中会把自己的各种需要与能够满足其需要的具体物体和情境联系在一起,将它们作为行为的目标,这些目标便成为行为的诱因。

内驱力和诱因是构成动机的两个基本因素。动机是直接推动有机体活动以满足其某种需要的直接原因和动力。其中,内驱力是个体内部推动行为的力量,产生"推"的作用,而诱因是行为目标对行为者的刺激,起到"拉"的作用,二者综合在一起促使有机体对自己的行为做出有针对性地选择,从而实现动机,满足需求。

从上述的分析可以看出,人作为主体,之所以会采取行动,并在行动中做出具体的选择,是因为在行动之初产生了一定的内部需求,并根据个体的经验和体会确立了实现需求的目标和方式,由特定的动机引导而产生了特定的行为。职务犯罪也不例外,其产生必然具有其特定的动机,即需要具备特定的内部心理驱动力和外部条件因素才能使得职务犯罪的发生成为可能。

职务犯罪,或者说腐败,在道德观念中是被否定的、恶的行为,也是法律所明令禁止的,因此历来是见不得光的暗箱操作,一旦曝光,就很有可能会带来严重的后果。那么是什么原因致使很多本应是前途大好的领导干部们甘冒巨大的风险甚至赔上身家性命也要走上职务犯罪这条不归路呢？心理学将个体的内驱力分为生理内驱力和心理内驱力两大方面，前者是生物性的第一级水平的内驱力，如饥渴、休息、睡眠、性欲等，属于基本生存需要，后者是社会性的第二级水平的内驱力，如认可、归属、荣耀、爱情、独立、地位等，属于社会生活需要。心理内驱力是人在社会生活中学习的产物，由后天习得，可以随着生活条件的变化而相应改变。由于心理内驱力是社会化的产物，因此会随着主体社会生活环境的不同而产生差异，甚至截然相反，并由生活环境所导致的不平衡引发心理不平衡，从而产生相应的心理需求。这种需要与生理需要的显著差别在于它可以通过补偿性或者替代性的方式获得间接的满足。

对于职务犯罪者来说，他们一般都有比较优厚的生活条件，基本生存方面是不存在问题的，但是他们仍然选择超越常轨，甘冒被惩治的风险去进行腐败犯罪活动，就证明在社会心理需要方面产生了问题，而实践也证明了，大部分职务犯罪者的主要问题都发生在心理内驱力方面。让我们先来看看身陷囹圄的贪官们的忏悔：

"这些钱是不应该收的。如果当时不贪婪、脑子清醒的话，就不会走到今天犯法这一步……"

——浙江省台州市原市委副书记、市长孙炎彪之妻　凌亚娣

"我觉得公司业务搞得很好,利润也很高,可是工资不是很高,所以开点假发票向公司报销。总的讲,自己想得到一点好处。"

——宁波市原市委书记许运鸿之妻　傅培培

"想为儿女、家庭多留些钱财,使他们有个好的经济基础,不仅现在而且将来吃、穿、住、玩都高出众人,结果利令智昏,不但毁了自己,把妻子、儿子也推入了'火坑'。"

——湖南省机械工业局原局长兼党组书记　林国悌

"之所以有今天的结局,在六方面值得反思:一是放松了学习,忘记党的教诲;二是交友不慎,给人留下了腐蚀的空间;三是盼子发财心切,急需用钱,起了贪念;四是太重感情成为自己人性上的一大弱点;五是心存侥幸,认为自己的手法隐蔽安全;六是潜在的受贿意识,总认为帮过别人理应得到回报。"

——浙江省交通厅原厅长　赵詹奇

"这里有我的私心。当初我之所以会这么操作,主要有以下两条理由:一是我的年龄大了,总要从领导岗位上退下来,现在在岗位上通过创办中介公司可以为自己今后谋求新的发展打好基础;二是确实受了某些部门领导适时从领导岗位上退下来,马上进入企业谋求'二次发展'行为的影响……"

■ 职务与犯罪

——浙江省桐乡市乡镇企业局副局长、经贸局副局长、安监局党组书记兼局长　马维翔

"我错误地认为腐败已经成为不治之症,否则,为什么反腐败越反越多,甚至越反越大,如陈良宇、王怀忠、李真、程维高等人。与他们相比,自己这点腐败又算得了什么?"

——甘肃省陇南市政协原副主席　任登宏

"收受巨额贿赂后,心里确实不安,那一捆捆钱,就像一颗颗埋在脚下的地雷。我不缺钱,我也知道受贿是犯罪。可是,每当看到老板们送来的还系着银行封条的钞票,就会有一种占有欲,加上'不要白不要,要了也不会有人知道'的侥幸心理,就把党纪国法扔到脑后……"

——四川省丹棱县原县委书记　黎岭

"一是抵挡不住由物到钱的诱惑……二是抵挡不住信得过部下送钱的诱惑……我觉得帮过他们不少忙,可以信赖,收钱放心。三是抵挡不住别人反复送的诱惑……"

——江苏省泰兴市建设局原局长　于鼎九

是贪婪、虚荣、私心、从众、骄傲、畸形的爱和对舒适生活、优越地位的追求等原因,导致很多领导干部心理出现失衡,产生特定的心理需要,并渴望通过运用手中的权力给自己带来实在的利益。在职务犯罪者中这种心理失衡

第一篇 职务犯罪的原因

导致的犯罪现象随处可见。

石发亮,河南省交通厅原厅长,在阐述自己的蜕变过程时他说,看着一些人像变魔术似的成了腰缠万贯的"大老板",而自己却带病坚持工作,风里来雨里去,强烈的不公平感、不服气感,一下子如洪水猛兽,冲掉了他的理想和信念,使他产生了吃苦不能再吃亏,受累不能再

石发亮在法庭上

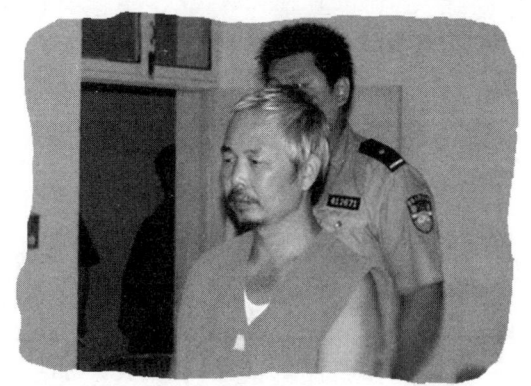

郭新民在法庭上

受罪,落一身病不能再落一身穷的想法。因此他寻找一切机会利用手中的权力疯狂敛财,最终走上被告席。

郭新民,河南省三门峡市民政局原优抚科科长并兼任三门峡市省级救灾扶贫基金的会计和出纳,本来是克勤克俭、兢兢业业,但是一次偶然的同学聚会上,却让郭新民的

内心世界极大地不平衡起来。1993年3月的一天,一名久未谋面的高中同学忽然打电话给郭新民,约他去参加同学聚会。当郭新民骑着自行车赶到聚会地点时,10多名高中时的男女同学已等在那里。这次聚会是梁某和孟某两个同学发起的。这两个昔日同窗原本是集体企业的工人,后来先后下海经商,几年下来都成了不大不小的"财主"。这一群参加聚会的同学,只有郭新民一人读了大学,当上了公务员。可那些没有高学历的同学,却似乎一个个过得都不比他差。有人骑上了摩托车,有人用起了大哥大。特别是梁某、孟某更是成了大家众星捧月的对象。梁某下海后做了建筑包工头,如今已身价百万,坐上了桑塔纳;孟某开了家塑料厂,汽车、手机也不在话下,同学聚会还堂而皇之地带来了一个年轻漂亮的情人,两人公然出双入对。看着已"官至副科"的郭新民骑着自行车,腰里连台BP机也没有,几个同学都是一脸的不屑:"新民呀,上了大学有什么用?现在,就是做个个体户,也不比你这个公务员差。"聚会回来后,郭新民郁闷了好多天。那些只有高中文凭或者干脆连高中文凭也没有的同学,凭什么过得比自己好?自己智商不比别人低,学历也比别人高,难道就要一辈子过这种默默无闻的日子吗?于是他将目光瞄准了民政局救灾办主任的权力和他管理的省级救灾扶贫基金账户上的大笔现金,通过各种手段贪污挪用公款120余万元,最终被三门峡市湖滨区法院一审判处有期徒刑17年。

陈明，重庆沙坪坝区原副区长，曾经在领导和同事眼中是业务能力强、勤奋好学、自律性强的好干部，甚至因为多次拒收礼金，而被开发商戏称为"沙漠中的绿洲"。就是这样一个年仅41岁，正处于事业黄金期，前途一片大好的干部，却随着权力的增大而心态渐渐失衡。随着与开发商交往的增多，陈明看着他们赚取大把大把的钞票，而自己仍很清贫，心理产生了不满情绪。在享受着开发商精心安排的奢侈生活后，陈明的心理防线逐渐崩溃，开始仅收受一些金额不大的红包、礼品，进而胃口越来越大，难以自持，最终滑入职务犯罪的深渊，被重庆市五中院依法判处有期徒刑10年。

这种心理失衡会引发内在需要的产生，并通过指挥个体的行动来获得满足。正是因为产生了对奢侈生活和金钱的需要，才会对手中掌控的权力动歪脑筋，渴望通过权力获得自己想要的一切，进而获得精神和心理上的满足。可见，内驱力是行为产生的根本性原因，是内因。

诱因是动机的另一个重要因素。人都有改善自身生存条件、享受舒适生活、被社会认可接受、充分实现自我价值的需要，但并不是所有人都会选择通过犯罪的手段来实现这种需要，也不是所有掌握公共权力的人都会通过手中的权力来谋取私利，走上犯罪的道路。基于同样的心理需要，之所以会产生这样的行为而不是那样的行为，是因为个体行为的诱因存在差异。职务犯罪者之所以会选择犯罪道路，而不是选择通过个人努力的正当途径，是因为他们的个体社会生活体验和生活环境具有特殊性，容易使他们将通过公共权力谋私作为满足心理需求的捷径。尤其在缺乏有效权力制约的现代市场经济体制下，制度的缺陷、监督制约的缺失、权力与经济的接轨、道德批判的无力、犯罪成本的低廉、金钱美色的诱惑、欲望的挣扎等混杂在一起，使得权力"出轨"成为快速聚集财富的主要手段，也逐渐成为很多人实现心理需求的首选。可见，诱因是决定具体行为方式的重要原因。

通过上述分析，我们可以大致了解职务犯罪的基本动机，即拥有特定社会生活体验的个体受到环境与条件的影响，为了满足自身的各种心理需要，而选择通过运用手中掌握的公共权力和已经形成的社会影响力进行实现。而其中性格、嗜好、人际交往、价值判断、制度环境等是促使产生职务犯罪行为的重要因素。

"霸气"与"义气"混杂的官痞性格

人们常说，经历决定性格，性格决定行为。性格特征不是天生的，是在先天素质的基础上，通过后天的家庭、学校和社会环境的影响，经过个体的不断实践活动和积极主动塑造才逐渐形成的。但性格一旦形成后，对人的行为价值取向又有极其重要的影响。在对多例职务犯罪案件的研究过程中,我们发现,很多本是优秀的领导干部,因为在个体社会化的过程中逐渐形成了一种骄横跋扈的性格特征,给他们的价值判断和行为取向带来很大影响,成为其走上犯罪道路的一个重要因素。

"痞",具有很浓厚的江湖习气,是社会生活中人们对好逸恶劳、偷奸耍滑的流氓无赖的统称。本来在人们的传统观念中,官应该是端坐高堂、正气凛然的形象,万万与流里流气的痞不可同日而语。但现实社会中的确存在这样一些官员,他们对待群众趾高气扬、颐指气使,对下属霸道骄横、目空一切,言谈举止带有浓厚的江湖味道,常打着名目多样的旗号,行中饱私囊之事。在台前正气凛然,邪气不侵,在台下却生活腐化,与行贿者称兄道弟,使人分不清这究竟是制度严明的官场,还是以权威说话的江湖,这样的官员,姑且可以称之为"官痞"。

一般来说,集"霸气"和"义气"于一身的通常是军阀、土匪和黑社会头目,他们的特点就是行事个人色彩很浓,常表现出以个人喜好和情绪为中心,大有顺我者昌、逆我者亡,"我的地盘我做主"的态势。但官场不是江湖,党的领导干部也不是武林盟主,这种江湖义气的官痞性格是官场的一颗毒瘤,它会使人产生呼风唤雨、唯我独尊的错觉,渐渐目空一切,视党纪国法为无物,为了个人喜好可以任意践踏法律,不计后果。

如郴州市原市委书记李大伦,习惯了"一把手"的感觉,脾气大,骂人多,待人严苛,办事不走程序,有时候甚至刻意作秀,被称为郴州"太上皇"。一次,李大伦在安仁县召开党员干部大会,发现一位乡政法委书记在会场上打哈欠,李直接走到他跟前说:"我现在宣布撤销你的一切职务!"后来经查实,这名被撤职的乡政法委书记是因为前夜与县公安局民警一起审讯嫌犯彻夜未眠才打哈欠的。李大伦事后知道了真实情况,但并没有纠正其错误决定。

当雷渊利从永兴县县委书记升任副市长时,有人举报其问题严重,结果该举报人被李大伦一怒之下轰出办公室,并将其调至其他部门闲置。当工程受到质疑时,李大伦马上对反对者实施"外科手术",而积极配合的人多受到提拔重用。对于李大伦的霸道,很多人不以为然,一些老干部私下嘀咕,他这样独断专行,听不进意见,一定会出问题。果不其然,因为长期的妄自尊大、目空一切,李大伦养成了任意妄为的习惯,无视党纪国法,利用职务上的便利,为他人在建筑工程、开采矿产、职务升迁等方面谋取利益,单独或与其妻陈立华共同收受财物折合人民币1434万余元;还有1765万元财产无法说明其合法来源,违法违纪金额达3200余万元,另有一批收受的贵重物品尚未估价。因犯罪情节特别严重,社会影响极其恶劣,被判处死刑,缓期2年执行,剥夺政治权利终身,并处没收个人全部财产。

天津市原检察长李宝金,也是一个典型代表,他被人们戏称为水泊梁山式的人物。在别人的眼中,他不时展示出"匪气"和"霸气"、"处事果决,说一不二",被人议论为"霸道"。

在天津和李宝金共过事的人大多知道,李宝金的口头禅是:"不行?不行就查你、办你!"而他经常讲的一句话是:"我是副市级,但我相当于三个副市长"!在与中纪委、中央组织部第二巡视组谈话时,李自信地宣称"来天津你们想办什么事儿就找我,市长办不了的事儿我都可以办"!在日常生活中,李宝金的言谈举止可谓飞扬跋扈、官痞味儿十足。

李宝金　　　　　　李宝金情妇王小毛

第一是必须保证下属的绝对"尊重"。一次,天津市检察院召开干警大会。李宝金在主席台上讲话,有人低头说话,李宝金当着全体干警面儿,破口大骂,台下的干警个个目瞪口呆,后背发凉。天津电视台曾有个留长发的摄像师,以拍邓小平专题片而知名,早年跑政法口时和李相遇。时任公安局副局长的李宝金走到他面前,很随和地劝,把头发剪掉吧?年轻人听了没当回事,依旧秀发飞舞。第二次,两人再遇。李宝金看到他仍留着长发,二话不说,上前抬手就给了两个嘴巴,"让你剪头发怎么还没剪?"

第二是"天老大,我老二",自己说的话就是金科玉律,违反不得。李宝金就任天津市检察院检察长一职后不久,市院机关和分院机关的人事安排及调整便由他一人说了算。如果中层干部岗位有空缺,他想让谁上谁就上,党内民主集中制、党组集体决策、党的干部任用制度在他的眼中荡然无存。有的干警对他任人唯亲、大搞一言堂的做法在私下里颇有非议,李宝金得知后根本不屑一顾,出口便骂:"谁想干就干,不想干就他妈的滚蛋。有意见爱上哪儿告就上哪儿告去!"

第三是"雷厉风行",有挡路者?平了!天津市检察院位居南开区,机关门前大街两侧的小餐馆、小商店等违章建筑很多。李宝金上任后不久,他的专车一次被个体小贩的摊位堵在了机关门外。李宝金阴沉着脸从泥泞的道路上步行到办公室,立即"现场办公",限令区有关部门在一个月内必须拆除所有违章建筑,并把马路修好。从行政权限上讲,李宝金作为天津市检察院检察长,根本无权过问地方一个区级行政单位的具体工作,更不能对地方的行政工作指手画脚。但他"金口玉言",令行禁止。久拖不决的违章建筑很快被迅速拆除,就连市检察院门前的马路也被整得平平坦坦,焕然一新。

第四是权力就是个人的能量,是用来解决问题的。有困难？找我！给你办了！2003年年初，天津某钢铁有限公司从国外订购的一批锅炉设备到达了天津港口，但因没有国家发改委出具的《国家鼓励项目确认书》和进口设备清单，这批设备不符合免税入关条件，被天津海关卡住，不予通关。设备出不了关，项目就无法上马，董事长韩重急得乱跳。

韩重走投无路之时想到了素有交往的李宝金。李宝金答应协调，立即打电话给天津海关领导。一直坚持原则的海关领导在这个行政司法权威的重压下，只好妥协。在李宝金的操持下，天津海关对某钢铁有限公司进口的设备放行并予以免税4100余万元。

韩重如愿拉回了进口设备，李宝金马上打电话过来："老韩啊，我山东老家在修桥，乡亲们让我帮他们化点缘。你看能不能想办法挤出100万元啊？"

李宝金刚刚为企业帮了大忙，区区百万元"赞助"怎好意思拒绝。不久以后，韩重以给付工程建筑款的名义，将100万元人民币转入了李宝金指定的账户。当然，这笔以为家乡修桥名义"募"来的赞助最终又变成了供李宝金私人挥霍的专款。

官痞性格的形成具有深厚的根基。一个官员之所以有霸气，是因为他手中掌握了权力，而这个权力又是不受监督或者制约很少的绝对权力。李宝金在调任检察院之初并不情愿，但在上任后不久，很快发现手中所握有的权力大得惊人，以至于有一次在内部会议上感慨地说："没想到检察院有这么大的权力。"照理说检察院权力再大,也要遵循法律,但由于对"一把手"监督的失控,使得李宝金将权力视作个人的能量,"想查谁就查谁",可以任意利用权力来谋取个人利益,并且可以利用手中的权力作为打击报复举报人和监督者的有力武器。在这点上,湖南省郴州市原市纪委书记曾锦春与李宝金如出一辙。

作为市纪委书记,曾锦春在任期间利用双规手段,要挟各县、局官员在煤矿审批、监察等方面听命于他,肆意干预办案,稍不遂意便以各种手段进行报复。自2000年至曾锦春案发,郴州市纪委基本上没有专门召开过立案和采取措施的常委会,基本是曾说立案就立案,双规就双规,放人就放人。伴随权力日重,他胆量也越来越大,扩充到司法等范围,被戏称为"告不倒、查不倒、管不倒"的"三不倒纪委书记"。

一个曾锦春在临武的关系户到桂阳搞工程,向该地建设局局长行贿2000多元,被局长将钱交给了财务。于是包工头找曾锦春帮忙。曾锦春立刻将这名局长"双规"起来,并指派专

曾锦春

第一篇 职务犯罪的原因

人前去查办,因为找不到确实的证据,市纪委常委会要求放人,居然被曾拒绝,又延后调查了20多天,在确实没有结果后方才放人。

官瘾性格的另一个重要方面是"义气",这种义气有别于传统的讲信义,是"霸气"在人际关系网络中的延伸,主要是表现为:手眼通天,"肯帮人忙",社会活动能力强,脑筋灵活,能够绕开束缚追求利益的最大化。孩子上学上不了,他们去办;房子贵想打折,他们去办;户口办不成了,他们去办;哪个人没有工作了,他们去给找。他们平时威风八面,仿佛无所不能,满口"大哥"、"老弟",喜欢被称作"老板"、"老大",特别是在酒桌上,觥筹交错、推杯换盏之时,往往意气风发,"兄弟,有什么难办的事来找我!"话里透着近乎,很讲江湖义气。仍旧以李宝金为例:李宝金任职期间,在为单位职工谋福利方面做了很多具体的事情。李上任前,天津市检察院是天津公检法系统最穷的部门,从1978年到1998年有20年没给职工分过住房。李上任后,解决了绝大部分职工的住房问题,职工福利待遇比以前明显提高,办公设备也得到了很大改善,光办公车辆就增加了几十辆。市检察院的职工都知道,"买房就找李宝金",市价几十万元的房子,市检察院的职工有时10多万就能拿下。只要李宝金开口,购买的商品房,比市价便宜约1000元/平方米。职工有病了他可以拨钱给看病,只要兴致来了,可能临时就决定给职工发奖金,这样能带来实实在在实惠的领导,即使用的是公家的钱,剥的是百姓的膏,又有几个人能公然提出反对意见?因而即使李宝金在任期间屡次出现问题,在检察系统内部的口碑评价还是比较好,被说成是"重情重义"的人,乃至案发落马,还有人感叹他"懂人情,讲义气,对身边的人也很照顾"。

讲"义气"是个很暧昧的东西,因为牵涉到个人利益与人情关系往来,很多本应是旗帜鲜明的事情变得模糊起来,因而对人的评价也出现了偏差。李宝金的案子也是如此,面对这种巨大的实惠和利益,人们对李的评价尺度也发生了倾斜,对他的违法乱纪行为视而不见,甚至觉得正是他的不守章法、越矩办事才方便行事,久而久之更助长了其气焰,使得李宝金在犯罪的道路上最终越滑越远。

贪官的"霸气"可以让其放手进行权钱交易,并打击对手、清除障碍;贪官的"义气"则可以让其团结部下,获得好的口碑与下属的拥护,形成"坚固团结"的核心,防止从内部被攻破。与此同时,"义气"也使其能与其他贪官结成同盟,形成抗打击的组织关系网。而实践也证明了具有官痞性格特点的官员往往比守财奴式的官员更容易升迁。李宝金从警员开始,一路官运亨通,从天津市公安局副局长到天津市政法委副书记、天津市人民检察院检察长,若不是被房产商意外出事牵扯出来,他可能还将继续当下去。由此可见,官痞性格是多么可怕,它会于不知不觉中逐渐腐蚀了人的本性,使道德标尺和制度规范统统被摆在一边,视而不见,逐渐陷入以自我为中心的境地,任意妄为,最终步入职务犯罪的深渊。

腐化的生活是美化堕落的致幻剂

我们讲一个人生活腐化,是说其思想蜕化变质和行为方式的堕落。本来私生活是属于个人领域,一个人有自由选择以何种方式进行生活。人们经常讲要保护个人隐私,所以涉及私生活领域,大家都讳莫如深,不予细究。私生活属于个人没错,但是若个体所选择的生活方式对他人造成了不良影响和损害,甚至蔓延到社会领域,成为影响秩序和公正的重要因子,就不能不加以过问了。从近几年落马的官员案例来看,私生活糜烂腐化占据了相当大的比例。2006年6月11日,北京市原副市长刘志华就因为生活腐化堕落被免去职务,并于2009年1月21日,终审被判处死刑,缓期2年执行。这是我国新时期反腐败第一个因生活腐化而获罪的高官。

生活腐化由单纯的道德评价上升到问题的高度,甚至可能成为犯罪的重要原因,足见其严重性。而事实也的确如此,通过对上百例职务犯罪案例的调查分析,我们发现,很多犯罪者正是因为贪恋腐化堕落的生活而不断伸出罪恶的黑手,想尽办法寻找钱权交易的渠道,用以维系这种非正常的生活方式。因此,可以毫不夸张地说,生活腐化

刘志华及其情妇王建瑞

是造就贪官的催化剂。但究竟什么是生活腐化呢?有没有一个确定的标准进行划分和归档呢?对于这个问题,检察机关或者其他相关的权威机构都没有给出一个明确的回答。但并不是说没有现成的答案就可以一带而过、人云亦云,很多问题的发生正是因为概念的混淆不清,因此我们有必要对腐化进行一番理性的分析。

在日常生活中,谈起腐化堕落,无非涉及吃、喝、玩、乐这几大基本消费领域,而且必然是超越了基本生存需求的最低标准,也就是说,是一种基本生存之外的扩展需求。具体到现实生活中,相对于每个个体而言,应该是一种超出了平均理性消费承受能力的行为。例如对于一般公职人员来说,动辄购买几万元的衣物就是生活腐化,因为这种消费支出是远远高于其现实收入的,是正常收入所不能支撑的,也不是理性的消费行为,用我们常讲的话就是奢侈。可见,生活腐化必然带有奢侈的影子。但并不是所有的奢侈都是腐化或者必然导致腐化,也不是说奢侈就一定是恶的行为。如果一个国家工作人员因为热爱旅游而自费进行一次境外游，可以说是奢侈一把，但并不一定必然会影响其工作的廉洁性和责任心，反而有可能因为身心得到了释放，见识到与众不同的世界而对生活充满热情，工作更加努力。这其中一个重要的区别是个体的行为是否基于自身所具备的条件的基础上，有没有涉及其所从事的工作和所掌握的权力，是不是成为一种常态化的行为方式或者生活习惯。反过来说，如果该工作人员因为旅游的费用太高，超乎个人基本承受能力，转而想通过自己所掌握的公共权力和社会资源来达到个体享受的目的，并且可能因为舒适方便而将这种行为经常化，这就实现了奢侈向腐化的转变。可见，腐化是与奢侈相连的，生活腐化可以理解为在日常生活中，为了维持奢侈糜烂的生活习惯，而利用手中职权，非法取得便利条件，获得不正当利益的行为和现象。这样就可以解释，为什么对于很多富商巨贾来说是正常的消费行为，例如打高尔夫、收藏古玩等，到了收入普通的公职人员这里就成了奢侈和腐化，因为前者是在自身已经具备条件的基础上进行的消费，后者则是超越了个人基本能力的行为，并且很可能诱发职务犯罪。

奢侈所消耗、侵蚀的是个体基础性的、根本性的东西，例如：经济基础、道德修养、名誉地位、价值观念等。正因为如此，即便是偶尔的奢侈，也会给个体带来一定的影响，并可能需要通过很长的时间才能逐渐消弭这种影响，恢复原状。如果将奢侈常态化，变为一种生活习惯，这种影响将延续下去,改变一个人基本的道德标尺和价值判断,混淆是非对错的界限,渐渐失去理性,不知不觉中被腐化的生活所奴役。这就如同生物的腐败一样,开始可能只是一个点、一个小问题,如果清理得及时,并不一定会对机体造成很大影响和损害,但如果不以为意、听之任之,就会慢慢渗入到机体内部,逐渐侵蚀掉本来健康的部分和根基,直至全部腐烂变质。可见,腐化的生活是美化堕落的致幻剂,它使得人们在不知不觉中陷入堕落的陷阱而不可自拔,直到全盘沦陷,于囹圄中追悔莫及。

公职人员生活腐化主要表现为追求档次,崇尚名牌;经常光顾高消费文体娱乐场所;配备高档通讯设备;喜好名车美女,聚会交友;热衷于讲排场,乐于攀比、赶潮流;追捧所谓上流人士的品位生活等。这种生活看起来很美,仿佛一瞬间拥有了世间所有的优势资源,可以尽情享受、挥霍人生,洒脱而不羁,也羡煞了旁人,赢得无数赞扬和美誉。但是维系这种生活所需要的成本非常高昂,长此以往会逐渐侵蚀个体的自身基础和社会根基,使他们走上犯罪的道路。在分析很多公职人员职务犯罪案例时,我们发现,由生活腐化作为诱因而引发的犯罪现象不胜枚举,很多人正是经历了这样一种从点到面、从部分到全部、从小到大的堕落过程。其中,按照腐化现象的普遍程度由强到弱可以进行如下排序:

生活作风腐化

主要是包养情妇和嫖娼狎妓。建国之初,我们对领导干部的考核要求是德才兼备,对于生活作风问题有很强的敏感性,领导干部若自身不检点,不但会招致道德上的批判,更会影响其政治前途,这种高昂的代价使得作风问题在这个历史时期内并没有发展成为显著的社会问题。但是随着改革开放的发展,人们的注意力过于集中于以经济建设为中心上,很多地方放宽了对官员的考核标准,由原来的德才兼备逐渐向唯经济论倾斜,多以"政绩论英雄",对官员的私生活却缺乏监督,认为生活作风问题是细枝末节,可以忽略不计。而价值的多元化和社会人格的发展又使人们对生活作风的评判标尺发生变化,认为养情妇、"包二奶"是简单的男女关系,是个人隐私,他人不应干涉。生活作风问题逐渐解下了严肃的政治外衣,披上了私生活的外套。这种考核体制和价值观念的双重变化导致很多官员对自己的行为缺乏道德约束,发展出奢侈嗜好,流连于声色犬马,将包养情人、"二奶",甚至嫖娼狎妓视为正常现象,生活极度腐化。现行婚姻法修改起草专家小组主要负责人巫昌祯教授在调查时就发现,官员腐败中有60%以上有"包二奶"现象,而被查处的贪官中,95%的人有"情妇"。情妇现象,俨然成为职务犯罪的一个伴生物。媒体公开曝光的安徽省原宣城市委副书记杨枫,安徽省原省委副书记、省政协副主席王昭耀,湖南郴州原副市长雷渊利,湖南

▋职务与犯罪

雷渊利在法庭上

湘西吉首市国土局原局长杨云祥等"多情贪官",有的"色胆"包天,养了八九个情妇,甚至用MBA管理情妇团队;有的自认为"多情"、"负责",不但包养多名情妇,还为私生子建立1500万元的"贝贝生活基金";有的骗取结婚登记证,娶好几个"老婆"。

官员作为公权人物,其言行具有社会示范效应,他们的腐化堕落所产生的社会危害远大于普通人,不但会带坏整个社会风气,也会严重损害政府在民众中的威信。而生活作风腐化附带的高额支出常常会催生工作腐化,导致职务犯罪的发生。

董苏皖,从1997年至2006年在担任安徽省国际经济技术合作公司总经理,安徽省投资集团公司副总经理、兼任华威公司总经理期间,利用职务上的便利,索取、非法收受他人贿赂共计339.2万元人民币、7万美元、4万澳门元、1万港币和2000元购物卡,而其中最大的花费约200万元,则用在了情人身上。在谈到自己的犯罪经历时,董苏皖称"我养了一个情人,开销很大",为了能哄情人开心,他想尽办法侵占公款、收受贿赂,大肆敛财,并将大部分钱用于给情人买房子、投资,陪情人到各地旅游、购物上,在犯罪的道路上越滑越远,直到案发被判刑时才幡然悔悟,并暗自庆幸:幸亏被查处得早,否则再过几年,我可能已经受贿千万,会被判处极刑!

江西省路桥局原副局长廖雄文,于20世纪90年代初期看中了手下的临时工邱某和承包零散工程的孙某,先后将两人包养,过起了"家外有家"的糜烂生活。孙某是个非常现实的女人,她跟廖雄文只有一个目的,就是将他当成让自己生活更加滋润逍遥的摇钱树和提款机。十余年间,孙某频繁地向廖雄文索要财物,小到孩子学费,大到商品房,她都直截了当地向廖雄文提出要求。为了满足孙某的要求,廖雄文便屡次向工程承建商伸手。据统计,廖雄文

廖雄文在法庭上接受审判

共送给孙某近40万元的钱物,供其买房及日常开销,占他受贿总额的三分之一。

可见,个人生活作风腐化与工作作风腐化只是一线之隔,从此岸到彼岸的跨越并不遥远,往往是一个松懈就发生了变质,再想回头已然晚矣。

崇尚高消费的"潮流"与"时尚"

主要是追求名牌效应,进行奢侈的活动(如打高尔夫球、到处旅游等),吃、穿、住、用均讲究名牌和享受,或者附庸风雅,迷恋古玩收藏、喜欢沽名钓誉(如乐于出书、开成果展示会等)。这些仿佛装饰一样的外在附属品看似无关紧要,却有着侵蚀本质的极大能量。潮流是流动和从众的东西,公职人员崇尚和追逐潮流,既是被消费引导的牺牲品,又是进一步促进高端消费的推动力。说是牺牲品,是因为一旦搭上潮流这班飞速行进的列车,生活就可能冲出常轨,渐渐失控,超出自己的承受和控制范围。说是推动力,是因为官员的奢侈行为推动了高端消费市场的快速发展,逐渐形成一种畸形的消费文化。浸淫其中的人们不以奢侈浪费为耻,反以之为荣。长此以往必将扭曲人的价值判断标准,沦丧基本道德操守,沦为"潮流"、"时尚"的倡导者与被奴役者。

设在北京国贸商城的路易·威登,是法国在中国开的第二家旗舰店,开业以来生意十分红火。路易·威登素有"奢侈品敢死队"之称,足见其商品之昂贵,但即使是这样

第一篇 职务犯罪的原因

高昂的价格,也阻挡不了人们追捧的热情。据卡地亚驻华代表卡索诺奇称,在中国,他看到了"一场奢侈品消费浪潮的开端,因为其在华销售额近几年翻了一番"。据调查,在主要顾客群中,除了演艺圈明星、商界大款外等高收入群体之外,给高层送礼的官员也占据了不小的份额。虽然送礼者多是低级官员,收入或者不高,但他们出手阔绰,越珍惜越好,越昂贵越妙,这其中有很大一部分人是通过公款支付来为送礼行为埋单的。正因为用的是公家的钱,谋的是私人的利,所以才会一掷千金,毫不含糊。《纽约时报》引述全球知名咨询公司贝恩公司的调查中说,中国现在是全球增长最快的奢侈品市场,每年的销售额达到76亿美元。行业专家认为,其中送给官员的礼品占中国奢侈品销售的50%。可见,在我国,官员对奢侈品的追求到了何种变态的地步。

原重庆沙坪坝区征地办公室的年轻干部丁萌就是这样一个"弄潮儿",他一直都自诩很时尚:1000元以下皮鞋,看都不会看,万元以下的西服,根本不会买。虽然

丁萌在法庭上接受审判

其工资收入不低,但对于喜欢收藏奢侈品的他来说,仅靠工资这点钱是远远不够的。为了能满足自己的奢侈生活需求,丁萌大肆运用手中的权力敛财,在2006年1月至2007年9月一年多的时间里,前后共收受他人贿赂161.4193万元,其中大部分都用在了购买奢侈品上。案发时,检察官从其家里搜出的名牌皮鞋有200余双;最贵的一双Gucci(古奇)皮鞋,价值1万多元;其家中的100余件衣服几乎全部是国际顶尖品牌;其中Armani(阿玛尼)、Versace(范思哲)等品牌的服装,都是其专门到香港购买或是从外地邮购的。因为喜欢喝茶,丁萌家里藏有100余套紫砂壶茶具。这些茶具中,最贵的上万元,总价值超过10万。正是这种不知节制的所谓追求时尚的奢侈嗜好使丁萌的价值观念发生错位,以满足个人私欲为行为目标,枉顾党纪国法,年纪轻轻就踏入了犯罪的深渊。

郝和平,国家食品药品监督管理局医疗器械司前司长,平时喜欢打高尔夫球。在他收受的贿赂中,用于这项贵族运动的高尔夫俱乐部的会员卡就高达50万元,占了其受贿款的一

郝和平受审

半。为了玩高尔夫,郝和平不惜重金在全国打"飞的",只要听说哪里有高档的高尔夫球场,他会立即飞去体验球场的好坏,而与药商们结为球友,探讨高尔夫球场的优劣也是郝和平的一大爱好。广州海慧公司的老总知道他的这个癖好后,千方百计在高尔夫球场与郝和平结识,以球友相称,并找机会送他一张价值3万余美金的高尔夫会员卡。郝和平收到这个中意的"礼物"后,非常满意,认为对方是一个懂礼识趣的人,自然自己这边也不能落了"礼数"。于是将其"引荐"给了通用电气(中国)医疗集团的老总。很快,海慧公司拿下了通用医疗彩超机广州地区的代理权。

申庆华,湖南"娄底搬迁办窝案"主角,喜欢收藏古玩字画,尽管是副厅级干部,但这种高雅的收藏爱好对于其个人收入而言还是过于奢侈。为此,很多人投其所好,纷纷带来"雅致的礼品"或者"赞助"来搞好关系,为自己打开方便之门。开发商陈隆基在承包到了娄底市新市政府办公楼外石材装饰工程后,于2004年4月,到申庆华家中送给其一个价值12万元的罅。一个月后,陈隆基再次送给申庆华一个10万元的香炉和价值2万元的画以及扇面。一来二去,两个人的关系热络起来,申庆华多次为陈提供工程项目上的方便。为了感谢他的屡次关照,2007年,陈隆基又在福建以10.8万元的价格买回一个青花龙纹牡丹缸送给了他。市政府办公室财务科科长兼娄底市搬迁办财务科科长罗善艺也把准了申庆华的脉,3年多时间给其送去了价值2.4万元的花瓶、4万元的画及数万元不等的礼金,共计12万元之多!申庆华为了表示感谢,遂利用自己在市政府系统中的影响力,多次为其在人事任用上出力。

对于"潮流"和"时尚"的崇尚与追索更多时候是对社会认同和他人的崇拜追求,是炫耀心理和超越心理的外化反映。很多公职人员因为抵制不了世间物质享受的诱惑,甚至根本就不想抵制诱惑而沦为物欲的奴隶,只看到眼前的快乐,丧失了忧患意识,看不到隐藏的危机。一方面是巨额的消费支出,一方面是有限的经济实力,为了能撑起这种奢侈的嗜好,他们只能另辟蹊径,在公共权力寻租上打主意,最终被司法机关查处判刑也就是必然了。

沉迷赌博

主要是为了追求感官刺激而从事的犯罪性赌博活动。据中纪委通报,2006年全国5754名党员干部因赌博受到查处,其中境外赌博的45人。对于赌博的危害,很多人认识不足,以为"赌博只是一种娱乐而已,大多数人都可以享受赌博的乐趣而不会导致什么问题"。这是因为他们混淆了娱乐性赌博与犯罪性赌博的边界。娱乐性赌博不以营利为主要目的,不把赌注、赌资等作为主要的追逐目标,即使在赌博过程中使用了赌注、赌资,也只是为了刺激赌博兴趣而已。但犯罪性赌博不同,它是以营利为主要目的而进行的赌博活动,不仅腐蚀人心,而且毒化社会风气,一向被视为毒瘤和公害。个体一旦沉迷于这种带有明确营利目的的犯罪性投机活动，就会逐渐沉沦而不可自拔，不但会丧失信仰和理智，更会泯灭人性，走向堕落和毁灭。

广东的"赌博镇长"李为民，43岁，是号称"拥有上亿身家的大款镇长"，当过东莞塘厦镇副镇长、镇长。虽然他在内地的级别是一名月收入几千元的科级干部，可在港澳地区那些大大小小的赌场眼里，却是个不折不扣的大款。李为民的赌博史和他的当官史是紧密相连的，当公务员的时候，他还只是小赌小闹一把，当上副镇长之后，他也升级成了专业赌徒。改革开放以后，由于工作的关系，李为民有机会到香港、澳门出差，在澳门，他觉得大开了眼界，开始有了赌瘾。起初李为民还只敢在双休日去港澳赌博，一开始也还只敢玩大小、玩老虎机，后来他的胃口就越来越大。用他的话来说"赌这个东西很容易令人沉迷"，"赌了之后想赢，赢钱又想去赌，输了又想去追回来……想去赌的话，肯定要拿钱去赌！"

李为民和他迷恋的赌博场所

■ 职务与犯罪

2001年,李为民终于当上了镇长,他的赌瘾也越来越大,甚至还跑到公海的集美号和澳玛号的赌船上去赌。为了方便自己的赌博活动,李为民在塘厦镇修筑了一条专门的高速公路,从这里可以方便地出入到澳门。仅2004年,他就曾出入澳门67次,最频繁的一个月,竟然高达17次,最多的一个星期,曾经往返澳门5次。检察人员沿着李为民的赌博路线走了一次,在最顺利的情况下,来回花在路上的时间也要超过5个小时,李为民这样不辞辛苦,并没能提高他的牌技和运气,他还是输多赢少。

赌博带来的极度刺激,使李为民欲罢不能,于是他频频伸出黑手,挪用侵占公款,四年来,他在港澳赌场一共输掉了9000多万人民币,共往返港澳257次,几乎每个星期都要去赌一次,最多的一个晚上,他输掉了400多万元。

朱德华,海南民生燃气(集团)股份有限公司原董事长(副厅级),曾任海口市委常委、海口市人大常委会副主任。自其2001年涉赌后,便应了那句"一念之差不能制,而祸流于滔天"的古话,沉迷于赌博的他无法

法庭上的朱德华后悔不已

自拔，走上了受贿、挪用公款的罪恶之路。

2001年，朱德华作为海南民生燃气集团的董事长到香港洽谈项目，期间结识了一名港商，该港商为了讨好朱德华，带其到澳门去"见识"了一把。开始只买了5000元筹码玩俄罗斯轮盘，赢了差不多7000元。见赢了钱，港商又给朱1万元筹码玩百家乐，结果赢了3万多元。此后朱又与朋友玩了两三次，赢了差不多60万元，这让他觉得还是"赌"来钱快。这次澳门葡京赌场的"见识"使朱德华泥足深陷，从此他就像吸食鸦片上瘾了一般，对赌博欲罢不能。一开始，一遇有到深圳开会、办事的机会，朱德华就抽空往澳门跑，将手机一关，没人知道他在哪里，在干什么。到了后来，他有机会必赌，没有机会创造机会也要赌，即使人在海口，也会不顾一切地飞到澳门，一赌为快。

2003年8月，朱德华两次豪赌欠下了400多万元的赌债，他将老婆仅有的26万元、舅舅的30万元、还有准备给女儿买房用的30万元都用于还债也无法补上这个大窟窿。当自己原本丰厚的薪水已不能填满赌博欲望的沟壑时，朱德华为筹集赌资动起了脑筋，最终走上了受贿、挪用公款的腐败道路。经检察机关察明，2001年至2007年，朱德华先后从深圳、海口口岸出入境120多次，最多的时候一个月9次，在香港游轮、澳门葡京娱乐场及东方酒店娱乐场等赌场赌博。为了能筹集赌资，他利用职务之便涉嫌受贿港币145.78万元、人民币99万元，挪用公款人民币

88.78万元,最终以受贿罪和挪用公款罪数罪并罚,被终审判处有期徒刑15年。

扭曲的人情关系与利益最大化

"交友不慎",这是很多职务犯罪者在对自己的人生轨迹进行忏悔时所发出的感慨。很多人回忆说因为放松警惕而交到了心怀不轨的"朋友",受到他们的引诱,于天长日久中逐渐欠下了大笔的"人情债",于是不得不动用手中的权力为其谋利以进行归还。其实何止是朋友,为亲戚、为情人、为同事而徇私枉法,哪样不是涉及人际和人情!难怪曾经有一位市长感慨地说:"这年头,欠什么债也别欠人情债,欠了人情债,有时得拿原则还。还不起呀!"可见,人情的力量远超乎人们的想象,虽然从理论上看,它是无形的、不可衡量的,但是在现实生活中它又是可以具化为物质,可以用具体的行为去进行补偿的。因此人情可以干扰人们的行为和价值取向,从而对现实生活产生影响。

"人情",字面的意思就是人的感情,是一种与生俱来的心理情感因素,包括了我们常说的喜、怒、哀、乐、忧、惧、惊。但在社会交往与互动中,"人情"被广泛用于指代人际关系中的私人感情,它同广义并具有一定公共性的社会规则相对应,讲究的是个体间的情感交流与行为互动。按照个体间的关系不同可以大致分为亲情、友情、爱情,其中,又以友情最具有广泛性和社会性。

在初民社会中，人们为了降低生存成本，提高生存机会而借由血缘和亲缘关系建立起相对稳固的关系群体，并将其间产生的基本情感道德规范作为维系群体秩序的行为准则，这便是人情社会化的开始。这种关系在漫长的封建社会中得以丰富和发展，逐渐向地缘、业缘泛化，形成形式多样的人际关系，在此基础上又建立了一套较为完整的礼法和礼制文化，并在社会的主流意识形态中统治了上千年，成为在人们心中根深蒂固的人情关系文化。尽管新中国建立以来，我们对思想文化进行了多次的改造与重塑，并逐步确立了相对完善的法制体系对其进行纠正和制约，但从实践效果来看，现行的法律制度并未能彻底改变这种传统。种种亲情和私情以及通过亲密关系而构成的特殊关系不仅没有被现行制度规则所改变，相反，这些东西反过来实际改变着国家法律的规定，使理性制度规则的功能大为削弱，甚至难以奏效。关系主义的话语和人际关系网络，渗透进社会每一个层面，瓦解了国家法律制度的正常实施，削弱了制度的垄断性和权威性，使得很多具有美好初衷的制度和规定不能带来理想的实践效果。很多学者将这种社会现象概括为"人情社会"或者"熟人社会"。

熟人社会的一个典型特征就是以亲缘关系、地缘关系、业缘关系为基础建立起来的人情关系在很大程度上影响着社会成员的交往方式。在社会活动中，人们攀的是关系,讲的是交情,对刚性的制度规定存在一种规避的集体无意识,因此对行为评判的标准就具备了双重性特点:表面上是以理性的制度框架为准绳,而内心里又下意识地倾向于感性的人情关系。如果一个人欠了对方的人情,则他在社会关系上就失去了平衡,失去了自己在人际往来上的独立性,因此人情总是要还的,这也就体现了在人际交往中利益的互惠性和均衡性特点。这种私人关系的社会化必然导致公务活动的私人化:只要是熟人或自己人,一切

名目多样的"感情投资"

公共生活中的责任和规矩都可以进行改变与融通；反过来说，如果是他人或陌生人，一切本属正常的程序都可能成为障碍和关卡。在这种情况下，所有的道德、法律和制度都因此而变得具有伸缩性，究竟应该保持什么标准和尺度，要视施与者和被施与者之间的关系而定。因此，人们可以借由人情关系，绕开制度的门槛，获得额外的收益。在这样的环境中，拥有一定权力者为自己的亲友谋取地位和利益，在许多人看来是天经地义的，并不是一件可耻的事，反而会得到"够义气"、"乐于助人"等赞许。尽管权力者从中得到了一定的好处，尽管实施这些行为时违背了原则、出卖了公共权力，但这些都会被罩上人情的外衣，显得温情脉脉，而被人们忽略不计。因此，很多人乐于"广结善缘"，进行"感情投资"：每遇重要节日、红白喜事，或者对方有其他可供庆贺之事，甚至生病住院、出差旅游，都要向对方表示一点自己的心意，或送钱、或送物、或尽可能提供方便，凡此种种，在日积月累中培养超出一般的、带有特殊功利性质的亲密关系，以便于今后在方便的时候可以利用对方所拥有的社会能量为自己服务。

这种扭曲的人情关系实质是一种社会交换，是一种结构化了的交换关系网络，它以互惠原则为基础，一旦交换的平衡被打破，关系就会中断。在这个网络体系中，人情的授予方在向接受方寻求一种庇护，一旦对方承认并接纳了授予方的人情，他们之间的庇护关系就得以确立。可见,通过这种具有社会交换性质的往来,人情关系中的双方都得到了各自想要的利益和保障。当庇护关系蔓延到公共权力领域、超越了个体所拥有的社会资源和能力时,就不可避免地会产生腐败:关系网络中掌握公共权力的一方会利用间接控制的社会资源或者权力给另一方谋取利益和好处。例如:权力者给自己的亲戚批工程项目,给老朋友的孩子安排工作,为老乡或者有交情的下属提升,托关系、走后门,为情人或者爱人的业务创造便利条件、为之牵线搭桥等。这种借助公共资源来构建庇护关系,将公共权力用于谋取私人或者特殊团体利益的行为,被人们称为庇护式腐败,也是现阶段职务犯罪中的一种典型腐败。

河南省西华县原县委书记栾蔚东,在任西华县县长、中共西华县委书记期间,涉嫌索取或者非法收受他人财物330多万元。其中仅中秋节和春节收受各乡镇、局委的"节礼"就高达80多万元,如果再加上因病住院、外出开会、进修学习期间收到的慰问金,礼金总额将近140万元,占到了检察机关查明受贿总额的40%以上!有资料显示,因贪赃枉法而受到法律惩处的贪官,在春节期间

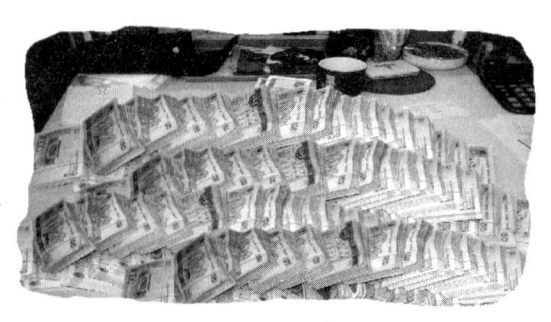

栾蔚东受贿的赃款

收受贿赂的比例占所有案例的31％，而大部分贪官认为在节日里收礼不是受贿。淮南市原政协副主席从善明在庭审时就说："钱是收了，但我不认为是受贿，很多都是过年过节的礼金，是亲戚朋友送的。"他认为自己和行贿人的关系不是战友就是亲戚，对收这些人的钱都不能算是受贿，只是一种人情关系往来。对于自己收受了北京一战友的贿赂8万多元，为其在淮南开矿向多个部门打招呼，并为其孩子安排工作等事实，从善明认为两人是战友关系，两家的往来本来就很频繁，拿他的钱算不得受贿。而亲戚托他办完事儿后在年节探望时送来的礼金也是正常的人情往来，不是受贿。无独有偶，安徽省原副省长王怀忠也这样为自己辩解："逢年过节，总会有人前来表示一下心意，这些都是礼尚往来，怎么能认定是受贿呢？"宿州市委组织部原副部长杨哲信在接受调查时，对于收受别人的年节礼金也道出了类似的逻辑："这些人后来给我钱，我认为是逢年过节正常的拜访领导，属于礼金概念"；"我跟别人交往，是朋友之间的礼尚往来"；"不能把关系搞得太僵"，所以别人送钱，就统统笑纳。

俗话说"吃人嘴短、拿人手短"，既然收了人家大笔的"心意"，自然要出力为人家谋利。但是一个公职人员个人所合法拥有的财富和资源往往与所接受的赠予是不均等的，既然本身没有能力合理偿还这份厚重的人情债，自然要打起手中掌握的公共权力的主意。可见，这种扭曲的人情关系有一种麻痹性,它会使人不知不觉深陷其中,直至积重难返。因为关系中的双方已经由简单的钱权交易逐渐演化为长期合作关系,而交易的对象也由直观的钱物转变成间接的权力影响、机会供给、帮助扶持、政策措施、项目工程等,更具有隐蔽性和迷惑性,带有"低风险、高收益"的特点,因而备受贪官们的喜爱,这也使得这种腐败形式具有很强的持续性和顽固性。从目前涉及人情关系的犯罪案例分析来看,根据庇护者与受益者之间建立关系的基础不同,可以大致分为三种类型:

交友不慎型 主要是结交了带有明显利益交换目的的"损友"。在我们统计的案例中,这类案件占到了90%以上。俗话说得好,"在家靠父母,出外靠朋友"。广结人缘是个体社会化的必然结果,科学交友不但有利于个体的身心健康,而且对个体的社会发展也有益处。因此我们常说,学会交际,懂得交友是进入社会的重要一课。但是科学交友的前提是能分辨善恶,会鉴别友谊,并且彼此间关系的维护是以个体合法拥有的社会资源为基础。很多领导干部正是没有弄清这个前提,盲目沉醉于推杯换盏的骄奢与前呼后拥的浮华,自以为人缘好、朋友多、路子广、关系铁,殊不知这些所谓的"朋友"是专门冲着他们手中掌控的权力而来。他们千方百计与领导干部结交,走"公子路线"、"夫人路线"、"老乡路线"、"战友路线",言谈举止都投其所好,以达到借助对方手中的权力为自己谋利的目的。

如果领导干部不能树立正确的权力观和利益观,存在视权力为权钱交易、权色交易本钱的主观故意,必然会被不法大款们所牵制,与他们进行权、利交换甚至同流合污,最终被这些"损友"拉下水也就在所难免。

重庆市巫山县交通局原局长晏大彬在忏悔时感叹道:"曾经努力过,曾经坚持过,但是没有坚持到最后。"晏大彬也曾经是一个兢兢业业、努力工作的好干部,虽然出生于普通农民家庭,但是他凭借自己的才干和努力得到了上级领导的认可和赏识,并于1998年被任命为巫山县交通局副局长,3年后成为局长。从升任副局长起,一些人就开始寻找各种机会和借口和他套近乎,希望能通过行贿得到工程项目,但是都被他严词拒绝了。晏大彬回忆说:"当时我对自己要求很严,有一些原则,任何人找我要工程都不行。"有的施工单位在多次行贿都被拒绝之后,开始转而寻找新的突破口,大打人情关系牌。2001年,巫山县交通局为一座大桥的建设施工组织招投标,当时的招标完全按照规定进行,目的就是找到一个优秀的队伍来进行项目建设。招标结束后,晏大彬去视察中标的施工单位。在他准备离开的时候,一个施工单位负责人追了出来,递过来一个信封。晏大彬打开一看,里面有2万元钱,他马上表示拒绝。但是这个负责人当时很真诚地对他说:"我能中这个标,完全是因为你们的公平公正。我中这个标是4000余万元,我拿出这2万元钱,给交通局的同志们买点烟酒,

■ 职务与犯罪

这怎么能算是受贿呢？我只是希望表达一些感激之情。"就是这番"发自肺腑"的话让晏大彬动摇了，他觉得对方是个知恩图报的人，很是受用，碍于情面，他便收下了这 2 万元钱。从此，两个人成了朋友。在晏大彬看来，虽然对方是冲着他手中的权力而来，但是人家一片"真心实意"，并且"很讲究"，实在很难拒绝。久而久之，他便慢慢放松了警惕，逐渐习以为常，和越来越多的施工单位负责人交上了朋友。成为朋友以后，这些人开始不断在招投标等事宜上请求他的指点和帮助，并且每次都不忘奉上一点"心意"：少则几十万元，多则上百万元。有时候看着这些钱，晏大彬的内心会产生一种纠结的复杂情绪，很矛盾，既想拒绝，又有些舍不得。对晏大彬当时的处境，因受贿而被逮捕的巫山县交通局原副局长徐涛有一个形象的比喻，他说："一块好肉，那种味道每天都围着你，慢慢地，就能

晏大彬与其妻付尚芳同堂受审

变腐。"每天被酒肉朋友们捧着、哄着,晏大彬在享受着从未体验过的刺激与快乐的同时,也在受贿与不受贿之间不断斗争煎熬,但是他最终还是禁受不住金钱的诱惑,被"朋友们"推着迈入罪恶的深渊。一如他自己所言:"一旦误入歧途,就会被他们牵着鼻子走,欲罢不能!滥交朋友满盘皆输。"

特定关系人型 特定关系人是指与国家工作人员有近亲属、情妇(夫)以及其他共同利益关系的人。这里面除了简单明了的近亲属和情妇(夫)这种特殊的亲密关系以外,还包括基于其他特殊关系而形成的有别于一般朋友关系的共同利益关系人,如:通过其他亲属关系形成的特定关系人,主要指本身并非近亲,而是通过攀亲结识的往来密切的亲戚;或者是基于校友、老师、司机等特殊身份和关系而形成的共同利益关系人等。在这种类型中,因为庇护者与被庇护者拥有超越一般情感之上的近密关系,通常是一损俱损、一荣俱荣,因而庇护者在情感上会与受益者产生通感,这种强烈的情感共鸣常常使得庇护者不因对方的要求而主动做出庇护行为,以便能为对方提供方便,使其谋得利益,获得发展,从而换得自己内心的平静。浙江省交通厅原厅长赵詹奇的人生轨迹就是典型的代表。

1998年,时任浙江省计划与经济委员会副主任的赵詹奇被任命为浙江航空投资公司总经理,同年又兼任杭州萧山机场工程建设指挥部副书记、副总指挥。年初,萧山机场候机楼招标,龙元建设集团股份有限公司项目经理徐文通找到了曾与自己有过工作来往的汪沛英。汪沛英是赵詹奇多年的情人,徐文通希望她能从中斡旋、牵线搭桥,请赵詹奇在项目招投标时给予关照,并承诺事成后将按照合同总金额1‰的比例提取好处费给汪。于是汪找到赵詹奇,向他提及了徐文通想要参加招投标,拿到工程项目一事。赵詹奇果真不负所托,在候机楼的招投标过程中,大力推荐龙元建设集团股份有限公司,使得徐文通如愿以偿地拿下工程项目。为了表示感谢,徐文通宴请赵汪二人,席间赵詹奇向他暗示,能拿下这个标,汪沛英出了不少力,该兑现的事情可要兑现。于是徐文通赶忙于1998年11月到汪沛英家先期奉上20万元"谢礼"。汪沛英得了钱自是不能独享,便开了一张赵詹奇儿子赵广宇名头的10万元存单送给他,但是赵詹奇没有收这笔钱。他觉得汪沛英跟自己很多年,还离了婚,自己没有给过她什么,她也没有在经济上向自己要求过什么,在情感上有些"亏欠",能有机会给她谋点"福利",让她生活好一点,是应该的,并且也不算是自己受贿。于是他让汪沛英独自笑纳了徐文通分两次送来的55万元"中介费"。

1999年,赵詹奇的儿子赵广宇从新加坡读书回来以后,一些老板提出要聘请赵广宇帮助跑业务,后又聘其为业务副经理,赵詹奇欣然同意,觉得对方很"够意思"。于是在遇到有相关的工程项目时,都不遗余力地为其谋取利益。当赵广宇向他提出因公司业务,需要一部丰田佳美轿车时,赵詹奇想到了自己的铁哥们儿——浙江省钱江建筑公司三分公司经理毛建强。毛原来只是一个小包工头,是赵詹奇帮助他承揽了9个工程业务,还将毛的妻子刘群调入浙江航空投资公司,使得毛能够一步登天,坐拥千万资产。毛建强当然也不会忘记赵詹奇的好,每次工程结束后都会给赵表示一点心意,前前后后共送给赵近百万的钱物。于是赵詹奇向毛建强提起了儿子想要买车的事儿,在他的"点拨"下,毛建强将36万元划进赵广宇公司的账户。不仅如此,毛建强还装模作样地与赵广宇签订了一份虚假聘用协议,约定"年薪"为20万元,三年里共发给赵广宇60万元。2003年1月,赵广宇的公司流动资金困难,于是便向杭州市锦江集团的老总钭正刚提出借款,刚巧钭正刚多年来要感谢赵詹奇对自己的多次照拂,但苦于送礼屡屡被拒,正找不到门路,于是一出手便"借"出80万元,并声称不用还了!

赵詹奇就是这样在这条"人情味儿"浓厚的道路上不断堕落,他自欺欺人地以为只要不是自己收受贿赂就不是犯罪,而情人和儿子,都跟自己有着"深厚"的感情和亲密的关系,给他们谋点利益,算不得什么错误。但事实显然与他的如意算盘有很大差距。2007年7月8日由最高人民法院、最高人民检察院颁发的《关于办理受贿刑事案件适用法律若干问题的意见》对这种特定关系人受贿问题做

情妇汪沛英与赵詹奇

出了明确的规定:国家工作人员利用职务上的便利为请托人谋取利益,授意请托人以本意见所列形式,将有关财物给予特定关系人的,以受贿论处。特定关系人与国家工作人员通谋,共同实施前款行为的,对特定关系人以受贿罪的共犯论处。特定关系人以外的其他人与国家工作人员通谋,由国家工作人员利用职务上的便利为请托人谋取利益,收受请托人财物后双方共同占有的,以受贿罪的共犯论处。赵詹奇只能以无尽的悔恨来面对未来无穷无尽的牢狱生涯,还有他自以为深爱的情人和儿子也难逃法律的制裁。

山东省经贸委原副主任孔繁礼也有自己的"苦衷"。2002年年底,他唯一的儿子想要出国留学,但留学手续办得并不顺利,两次申请都遭到拒签,这让位高权重的他感

第一篇 职务犯罪的原因

到很不舒服。问题究竟出在哪里呢？经过多方打探，他了解到办理出国留学需要一笔很高的保证金，可是自己一直都比较清廉，生活也不算宽

孔繁礼在法庭上

裕，一遇到用钱多一点的事就犯难，有些年还一直欠债，怎么才能凑够这一大笔的开销呢？正在犯愁的时候，有人找上门来了。一天下午，济南某汽车营销公司经理陈某为取得进口汽车的配额指标，经人介绍拿着向山东省机电办公室（经贸委下属单位）申请进口汽车配额的报告找到了他。开始，孔繁礼以该部门不归自己分管为由拒绝了他，但禁不住陈某的多次请求，孔繁礼碍于情面便在报告上签署了"请机电办酌情处理"的意见。机电办接到签字的申请报告后不敢怠慢，立刻从国家分配给山东省2002年第二批汽车进口配额中拿出20个配额给了该公司。为感谢他的帮助，陈某在济南舜耕山庄宴请了他，并奉上了10万元人民币，还特意开了一张"退款收据"，证明孔繁礼没有收受该款，以便让他收的放心。见对方服务如此细心周到，孔繁礼在"收了心不安，不收心不甘"的矛盾中收下了这笔

钱。就这样，孔繁礼迈出了犯罪的第一步。这次受贿既解决了儿子出国留学的经费需求，也使他看到了自己手中权力的分量。为了能让儿子出国留学过上好生活，孔繁礼放开手脚，大肆疯狂敛财，直至毁掉了自己的一生。

在特定关系人型中还有一个重要的现象，就是贪内助的推波助澜。夫妻关系是最亲密的人际关系之一，彼此之间经过长期的接触与磨合在行为和思想上会相互影响与共融，因此，很多职务犯罪案例中都不乏贪内助的身影。她们或是吹"枕边风"、牵线搭桥，或是"同舟共济"、共同受贿，或是设障刁难、巧取豪夺，或是坐收渔利、协助销赃。正是贪内助们的配合与默契，为贪官们搭建了稳定的"后花园"，也给了他们更大的推动力，使得他们在腐败的道路上"大展拳脚"，欲罢不能，直到双双身陷囹圄才会空悔恨：是当初的贪婪与疯狂毁了他们全家。

群体腐败型

这主要是强调基于业缘、地缘关系而

"十五的月亮"

形成的人际关系网络。前文已经分析过,一旦双方形成了以利益互换为核心的人际关系网络,并将之延伸至公共事务领域,网络中的个体就很难保持独立性和原则性,犯错误也就在所难免。而更为可怕的是,被卷入的双方经过多次的交易和互动,会逐渐形成一个存在着较高信任度的"准组织"。在这种组织中,庇护者、中间人和被庇护者之间借由彼此的互动逐渐形成一系列相对稳定的角色关系与制度化的运作机制,谁提供庇护、提供何种庇护,谁提供资金、实现什么目的等等,都有相应的较为明确的运作流程,并因此而产生类似于责任和义务的行为准则,如果有一方背信弃义,就会遭到其所属群体的谴责和抛弃。这种准组织带来的压力会迫使其中的成员沿着组织规定的方向继续走下去,如果要脱离,将付出巨大的代价,并且组织中的成员为了避免集团利益受损也会极力阻止类似的事情发生。因此,在查处的很多公共权力部门的案件中,我们发现,集体腐败、连环腐败是一个较为显著的现象。因为当一个部门甚至一个地区形成了这种彼此纠缠且相对稳定的"官场人情文化"时,身处其中的官员就很难独善其身,有所幸免。

杨哲信回忆当年在灵璧县工作时就说:"各单位'一把手'逢年过节去看望领导是'规矩',也是惯例。每年一到节日,灵璧县各局、各乡镇的领导,都会过来看望我,不收不行。"虽然知道这样是违法,但这也是"传统"。"有时候

▌职务与犯罪

我也不愿意收太重的礼,但是没办法,他们死活都要把信封放下才行","有时候,乡镇的'一把手'来看我,只是简单的几句寒暄后,丢下信封就走。我也不知道该怎么处理这事。"就是这样约定俗成的年节文化,讲究的是"人情往来":只要送的礼对方收下了,就不愁日后对方不会给自己办事。所以杨哲信可以坦然地收下巨额的贿赂,并不遗余力地为出钱者谋取一官半职。自以为"办事拿钱,天经地义"。

在徽商集团腐败窝案中,移送司法机关和有关部门处

拔出萝卜带出泥

理的涉案人员里,蔡文龙的同乡11名,情人多名,蔡文龙在安兴公司任职时的老部下10人,部门和二级公司负责人24人。其中,集团财务处长、分公司财务总监等财务负责人9人,呈现出老乡、情人、老部下及企业中层官员上下勾结,共同作案,大肆侵吞国有资产的特点。这是一个明显由从事同种行业、借由地域关系和人脉关系形成的集团网络的连环腐败案。由于蔡文龙在取得了巨大的商业成功后,始终无法从"官商"的角色中转变过来,习惯家长式管理,将自己自视为徽商集团的"精神领袖",平时骄横自傲,做决定常常一个人说了算,容不得别人质疑。在这种情况下,集团内部人员往往丧失了自己的独立性,习惯于跟随领导的意图办事,并形成效仿领导的习惯。在蔡文龙大肆贪污、受贿、挪用公款的时候,他的下属也自愿或者被迫地参与到这些违法犯罪活动中来,使得集体行为失范,贪污、挪用、侵占成风,并逐渐形成一个遵循特定潜规则的利益集团。这个利益集团以蔡文龙为首,十余名企业高管参与,上自领导,下至普通财务人员都接受并认可这种贪腐的风气,并服从和服务于这种风气,以便能更好地"团结起来",维护好小集团的利益。他们大肆挪用公款从事证券、期货交易,截至2006年年底累计导致集团亏损3.35亿余元。到案发时,徽商集团已经基本被蛀成了一具空壳,经审计,到2006年年底,徽商集团负债率已经高达94.64%。在这个案例中,每一个人都是个体,但是放到徽商集团之中,每一个人又都抽象为一个节点,如果这个节点不能满足利益集团的要求,那么他就会被剔除,如果他满足了利益集团的要求,那么他便不可避免地走上了犯罪的道路。这就形成了一个可怕的环境压力,使得身处其中的人难以做出清晰的判断。

再来看看另一个典型的窝案:郴州腐败窝案。这个涉案人数高达158人,受贿总额数亿,涉及六名厅级干部的大型腐败窝案所折射的是一个混乱到极点的官场怪圈。在李大伦、曾锦春、樊甲生等人执掌郴州的时期内,他们肆无忌惮地瓜分郴州的社会资源,擅自滥用人民赋予的公共权力为己谋利,当地官员耳濡目染,上行下效,逐渐形成了腐败成风的官场文化氛围,并根据自己的情况不同而有选择地"投靠"不同的领导势力,逐渐形成了势力割据,将郴州的矿山资源、城建工程、官位买卖瓜分殆尽。在这个地

郴州群贪谱

李大伦(原郴州市委书记)
一审被判处死缓,剥夺政治权利终身,并处没收个人全部财产

曾锦春(原郴州市委副书记、纪委书记)
一审被判处死刑,剥夺政治权利终身,并处没收个人全部财产

周政坤(原郴州市市长)
一审被判处无期徒刑,并处没收财产200万元

樊甲生(原郴州市委宣传部部长)
一审被判处有期徒刑19年

雷渊利(原郴州市副市长)
终审被判处有期徒刑20年

刘清江(原郴州市委组织部部长)
一审被判处有期徒刑18年,剥夺政治权利5年

郴州窝案的主要涉案人员

方利益集团中,错综复杂的关系网络将他们紧紧地联系到一起,难解难分:行贿者又是受贿者,庇护者也是被庇护者,每个人都"欠着别人的情",受着别人的惠,于是谁也不能独善其身跳出这个樊笼,只能是抱成团地一起腐败、变质,直至被绳之以法。这其中一个官员在描述郴州窝案时所说的话很发人深省,他说,有些官员是在这种环境下而被迫行贿的。可见,腐败的官场文化具有多大的侵蚀性与破坏力。

制度漏洞与文化缺陷是腐败的重要原因

2006年9月1日,曾在抗击"非典"中荣立三等功的广东省疾控中心免疫规划所原所长罗耀星,因利用职务便利,收受各大疫苗销售商贿赂款逾千万之巨,被广州市中级人民法院判处无期徒刑。从一个备受嘉奖、光环围绕的业务精英到受贿千万、遭人唾弃的犯罪分子,罗耀星的人生轨迹可谓是进行了180度的大转变。

1990年,罗耀星参加工作时曾是一个兢兢业业、成绩突出的业务骨干,在疾病控制工作、应急疫情处理、免疫规划管理、预防用生物制品管理等方面做了大量卓有成效的工作。2003年,在抗击"非典"工作中,他率先提出了"防非典必先防流感"的有效措施,并向全国推广,因此被广东省政府授予抗击"非典"先进个人三等功。他也曾多次被卫生部、广东省卫生厅授予先进个人、优秀共产党员、优秀预防工作者等称号,被聘为广东省免疫预防技术咨询委员会委员、广东省预防接种异常反应诊断专家组成员。还是这个有着卓著成果和很高社会声望的专家,却在担任免疫规划所所长期间,利用掌控着广东全省的疫苗购买及配送的权力,在5年时间里受贿1118.5万元!而其所在的广东省疾控中心更曝出系列贿赂"窝案",涉案人数10人,总涉案金额高达2242万元!是什么原因使得罗耀星演绎出反差如此巨大的双面人生?又是什么原因使广东省疾控中心从"抗击非典模范单位"变成了腐败窝案的制造地?顺着案例的脉络细细梳理,不难发现,罗耀星们的堕落不能简单归罪于贪婪心理作祟,在这个巨额贿赂窝案背后隐藏的是广东疾病免疫预防控制领域中一条牢固的垄断利益链条,而罗耀星只不过是这根链条上结出的一个"恶果"。

罗耀星的腐败所凭借的是手中掌握的负责全省疫苗销售、推广、使用、管理以及货款回笼的权力,而这个权力按照规定应该是由广东省预防性生物制品管理委员会来集体负责的。但是这种看似民主的委员会集体负责制度并没能很好地控制住腐败,相反,由于它对疫苗采购和调配高度集中的垄断控制和相应监管制约机制的缺乏,为身为办公室主任的罗耀星大权独揽创造了方便条件。剑桥大学教授阿克顿勋爵有句名言:"绝对的权力必然导致绝对的腐败。"在这种权力高度集中的情况下,罗耀星及其同

第一篇 职务犯罪的原因

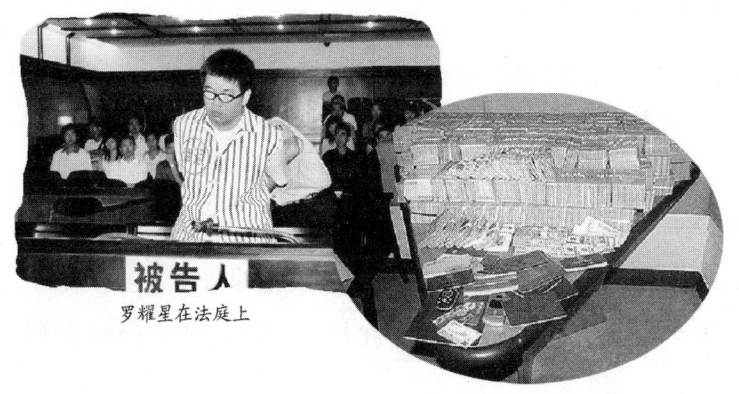

罗耀星在法庭上

罗耀星受贿的赃款

伙的堕落也就成为一种必然。

　　由于历史原因，我国长期实行高度集中的管理体制，而民主集中制在实践过程中并没有得到全面、有效地贯彻执行，使得一些领域中权力过分集中于个别领导者手中。权力过分集中的一个主要弊端就是容易产生特权现象，使对领导干部的监督管理软弱无力。过于集中的权力膨胀了一些自恃大权在握者的个人意志，他们为所欲为，自恃无恐，骄横跋扈，违法乱纪，以权谋私，权钱交易，大肆进行贪污受贿。古今中外的历史一再证明如果权力失去制约，就必然出现滥用权力的现象，不受制约的权力只能导致腐败。不单一个罗耀星，很多领导干部的堕落都有权力高度集中的影子。有的人长年身居高位，对部门或企业"居功至伟"，慢慢形成了一家独大的局面，在他们的面前，所有的监督和权力制约机制都形同虚设，脾气好的还能"装装样子",象征性地开开会、征求征求意见,脾气不好的干脆"一言堂",做事以个人意志为标准,遇有反对的声音直接将之驱逐。有的人凭借自己特殊的身份地位,向下属或者关系单位捎个口信、打个条子,就能绕开制度的规定,直接"特事特办"。还有的人利用行业与职位的特殊性,大胆进行暗箱操作,由于专业性太强,旁人很难监督,也就难于及时发现问题,于是潜规则大行其道,很多规定都被慢慢架空,成为一纸空文。

固然,罗耀星们的堕落有其个人品质原因,但他们的职务犯罪活动发生于体制内,这就要求我们必须认真检讨制度环境存在的内在疏漏。首先,高度集权的体制为某些掌权的人提供了自由用公的可能。权力过分集中往往把党的领导变为个人领导,膨胀了掌权者的个人意志,必然造成官僚主义,导致错误的发生。此外,高度集权的体制可以在客观上为权力主体提供排除障碍的力量,使腐败行为在初期不能得到有效惩戒与遏止。其次,制度不健全和管理疏漏为职务犯罪提供了空间。由于很多领域的制度建设与管理存在疏漏,无章可循或有章不循,财务账目不清,内部管理混乱,缺乏监督,使掌权者可以方便地利用漏洞进行犯罪。再次,监督机构效能不高,为职务犯罪提供了方便条件。新中国成立以来,我国在权力监督机构的设置方面可谓是不遗余力,但是监督效果却不甚理想。这是由于一直以来体制没有理顺,监督机制不畅,某些地方的

第一篇 职务犯罪的原因

监督机构形同虚设,而多年以来舆论监督并没有受到真正的重视,对官员的社会评价与抨击很难对正式的组织行为产生有效制约,致使某些手握权力者有恃无恐,无所顾忌,助长了贪污受贿行为的发生。

有鉴于此,很多学者从制度建设的角度进行研究,指出完善制度建设,加强权力监督是反腐败的第一要务,要从实践中不断总结经验教训,及时地对制度漏洞进行修补,堵住职务犯罪发生的可能途径。这种思路对防治职务犯罪行为起到了一定的效果,但是因为正式制度的建立本身就具有滞后性,而制度的变革与建设更具有延时性,这就使得单靠完善制度来遏制腐败的设想在现实生活中不能得到很好地贯彻。我们所看到的常常是一种现象已经发生了,并且可能是屡次发生了,才会对已经成形的制度产生触动,而这种触动导致的变革可能还没有完成,新的犯罪形式又出现了。于是产生了这样一种难堪的局面:制度总是紧随着腐败现象跑,却很难超越并进行有效拦截。实践也证明,很多在国外可能是先进的、有效的制度,移植到国内,往往因为水土不服而变了味道,无法对腐败现象形成有效的震慑力。因此,单纯地寄希望于打造出一个完美的体系,一劳永逸地解决腐败这个令人头疼的问题是不可行的。很有必要转换一下思维,从另一个角度对制度与职务犯罪的关系进行研究。

我们知道,制度是人的制度,是人制定并对人的行为进行规范的体系,这里面包含了三个重要层面:一是制定者本身是人,刨除其社会公共属性,其也是有独特需求的个体,因此在制定制度的过程中,个体的行为不可避免地会受到其所接受的文化教育和道德观念的影响,带有明显的社会文化痕迹。也就是说,基本的文化传承和社会规范会对制度的制定产生一定的影响。二是制度所规范的是人的行为,是对个体的普遍行为进行分析概括后,抽象出共性,并对这种共性进行管理的体系。但是在实际生活中,每一个个体行为本身都是特别的,具有独特性,因此也就很容易发展出超越普遍行为共性之外的特殊行为形式,在这种情况下,针对行为共性而规定的制度就会显得很无奈,无法有效发挥效力。可见,制度规范不可能是全面的,必然是有漏洞的,并且这种漏洞是可以被个体在具体的行为中所把握的。这也就是在现实生活中钻制度漏洞的行为会屡屡发生的原因。三是执行制度的主体也是人。再完美的制度也需要一个个具体的人来执行,而执行本身就是一种个体行为,不可避免地受到个体价值观、世界观的影响,也不可避免地带有一定的主观色彩。我们通常所讲的遵纪守法的个体,就是指尽量将个人意志控制在合理范围,并最大可能地遵循制度的规定行事的人。但是现实生活中人都是有欲望的,并且欲望会受到个体所接触的环境的影响,当个体处于这样一种局面:可以通过简单动用手中掌握的公共权力,运用对制度和政策的把握,花费较为低廉的成本,换取可能是一辈子通过合法辛勤劳动都不能获得的高额利润时,其所面临的诱惑和斗争将是超乎想象的激烈。虽然我们可以从道德和理论上去对其行为进行规定和要求,但并不是所有的个体都可以达到理想中的道德与文化高度,因此经受不住诱惑而走向堕落的可能性是存在的,并且这种可能性广泛存在于各种形式和性质的制度中。

由是观之,制度从诞生到实施再到发展,都离不开人,离不开基本文化观念的影响。基本文化观念就是指人们在长期交往中无意识形成,并构成历代相传的文化的一部分,主要包括价值信念、伦理规范、风俗习惯、意识形态等,它侧重于道德教化和宗教功能,无法用文字进行精准的描述和定性。道格拉斯·诺斯将之概括为非正式制度,即有别于条理清楚的、确定的、成文的制度规定之外的,被社会成员所奉行的体系。非正式制度是正式制度产生的母体,任何正式制度的建立都对其存在路径依赖,而非正式制度对正式制度又存在张力效应,当新建立的正式制度与非正式制度不兼容时,将会产生偏离预期的结果,如果正式制度的力量弱于非正式制度的惯性力量,则制度演化的过程可能出现制度锁定,因此,研究制度不仅仅要对正式制度进行研究,还要对特定社会中正式制度与非正式制度之间兼容性与发展性之间关系进行研究。

前文我们曾探讨过,在中国传统封建文化中,官本位思想根深蒂固,人们的思考、评价和行为时常下意识地流露出崇拜官和畏惧官的双重心理。一方面是对权力的高度崇拜,无法将实行权力的个人和代表权力的岗位分离开来,认为人就是权,权就是人。另一方面,由崇拜而产生了自卑,因而面对掌握权力的官僚时具有天然的卑微和畏惧心理。习惯于被权力所摆布和左右,很难做到理直气壮的站出来争取和维护自己的合法权益。这种崇拜与畏惧相混合的特点,被很多研究学者概括为"奴性",即对强大力量的下意识服从,在处于低位时甘于被统治,以讨好与遵奉为先,在处于高位时则反过来打压呵斥相对弱势的群体,唯权力至上。这种心理天然地排斥各种可能的监督与制约,将权利与义务分裂开来,根据身份、地位的不同而有所倾斜。在这种情况下,所有在设计上看似合理的制度与监督都可能成为一种形式,既无法有效约束被监督者的行为,也无法真正调动监督者的积极性,不能发挥出应有的效力,于是权大于法的现象便难以避免地频频发生。可见,权大于法既是制度漏洞的产物,同时也是权力崇拜文化发展的必然结果。纵观近几年的职务犯罪案例,从交通到医疗,从税务到城建,从教育到食品安全……几乎所有涉及公共资源的领域都存在腐败,而其中最为普遍的现象是权大于法。

所谓权大于法,就是指权力高于法律制度规定的一种现象,它是权力高度集中的重要表现。领导干部在掌握了公共权力后,利用权力所掌控的资源和能量越过正常的制度规定和程序而行事,就是权大于法的行为。权大于法的一个必然结果是,制度的刚性被破坏,掌握权力的个体,其个人意志会在一次次的越矩中不断膨胀,最终藐视制度的约束,走上犯罪的道路。

让我们来看看谢明中堕落的轨迹。谢明中,海南文昌市原市委书记,2008年8月25日,被海南省中级人民法院一审判处死刑,缓期2年执行,剥夺政治权力终身,并处没收个人全部财产。仔细回顾他的从政生涯,有些现象很耐人寻味。

谢明中出身于一个贫穷的农民家庭,早年通过勤奋努力进入地质大队工作,因为能力突出,28岁担任正处级领导职务,34岁走上正厅级领导岗位,连续三届任海南省委委员,主政海南共青团和文昌市委"一把手",曾一度在坊间享有"百年一遇好书记"的美誉,是一个典型的政治明星。在他主政文昌期间,恰恰是文昌大发展的时期。上任之初,为了能够改变文昌落后的面貌,谢明中以个人魅力搅动一池死水,完全展示出一个个性官员的特点。有人回忆说,他"敢想敢干、敢爱敢恨,个性张扬,有一股干事创业、敢为人先的勇气和魄力",口才卓越,经常脱稿演讲,并把自己的讲话当做工作指示,事后频频亲临第一线检查属下们的落实情况。谢明中以他的执著辛勤打拼,带领海南岛东北角的侨乡文昌从恢复性增长到加速性增长,5年间财政收入翻了5倍,并因此很快在文昌树立了较高的威信。以至于有人编制歌谣,频频公开对其政绩歌功颂德,这其中既有真实的情感表达,也有虚伪的奉承吹捧。在这样的舆论环境中,谢明中很难听到理智的或者反面的声音。本来就是意气风发、事业顺风顺水,再加上群众口碑,表面上如此风光无限,谢明中颇感飘飘然,进而激发了张扬狂傲的个性。于是他的脾气也一天天"坏"起来,本来在团委工作时还是"平易近人",如今已经听不得反对的声音,见不得不一致的步调。

　　此时的谢明中已经开始妄自尊大,频频越矩起来,如果这个时候，原有的监督体系和权力制约机制能够适时发挥作用，或许这个颇有能力的领导干部还不至于走到最后一步。但是有两大方面的制度原因使这个本可以控制在萌芽状态的倾向愈演愈烈。第一是硬性制度设计上，海南实行的是省直管县的体制，也就是说县（市）委书记的行政级别比较高，属于正厅级，因此县（市）一级的监督机构无法对其进行较为有效的监督管理，导致权力在局部范围内高度集中。这种制度弊端使得个体的权力与制约发生严重失衡，于是出现了戏剧性的巧合——海南在2005年到2007年三年连续倒下了三个县（市）委书记。第二是非正式制度方面，文昌多年来的复杂官场形成了不健康的文化氛围，潜规则盛行，工程行贿受贿成为司空见惯的现象，加之谢明中主政期间风头正盛，很多人虽然看到他的错误或者预见到了他的悲剧性未来，但是不愿意站出来"冒犯"他。对他们而言，放弃原则、服从"一把手"的命令，远比坚持原则更为简单，也更为有利。因此他们对谢明中的错误言行视而不见，甚至颇以为然。正是这种纵容的态度和事实上的不作为使谢明中越来越自大，为了可以名正言顺地集中权力，他大搞"创新"，建立了一套"总司令直接指挥到连、到排"的执政模式，架空市长，绕过市政府直接指挥各职能部门、各乡镇。不但如此，他还兼任人大常委会主任，在这种高度集权的情况下，寄希望于班子内部监督和同级纪委、人大监督已经几乎不可能实现。至此,谢明中完成了全面掌控文昌上下的工作,将人事权、财权、行政权揽于一身,形成一家独大的局面。

于是我们就不难理解,他为什么可以顺利地连续逼走两位"政见不合"的市长;安排工作时频频使用铁腕手段,大打"退官政策"牌,声称谁不完成自己交代的工作就免了谁的官;后来又大搞权色交易,明目张胆地将小学女教师、女高中毕业生、女服务员等情妇陆续安排进公务员单位或机关"吃财政饭";在发展文昌的政策上,大搞"特超前发展",开展了许多并不符合实际发展需求的工程项目……这些广泛涉及工程审批建设、干部人事任用、资金项目安排的职务犯罪行为都是在一个高度集权的环境下顺利完成的。在谢明中的眼中,他俨然已经成为文昌的皇帝,而更令人深思的是,很多干部居然默认了这种"土皇帝"的局面。谢明中头顶上的光环和手中偌大的权力蒙蔽了他的心神、晃花了他的双眼,而正式制度与非正式制度的双重缺陷又屏蔽了周围可以看到的危险,使得他认识不到自己的错误,大踏步向着万劫不复的深渊迈了下去。

无独有偶,另一个值得深思的现象是:在谢明中主政文昌的初期,还是比较注意对个人形象的塑造的,很多人回忆说,他当时非常喜欢讲的一句话就是"公则明,廉则威"。他曾多次强调要严防工程领域的腐败问题,不能昧

第一篇 职务犯罪的原因

谢明中受贿的赃款

着良心搞建设。但就是这个曾经两袖清风的廉洁官员，最后却堕落成为海南巨贪，这种巨大的反差颇有讽刺意味。不止谢明中，很多因职务犯罪而堕落的官员在上任之初的确曾经对腐败深恶痛绝，但是他们在自己掌握了缺少监督制约的权力后却发生了戏剧性的转变，频频研究如何钻制度的空子，充分利用手中的权力为自己谋利。很多人在犯罪之初并没有明确的意识，他们觉得这不过是利用优势占了一点便宜而已。但就是这种贪图便宜的心理使得他们的行为取向出现偏差，积少成多，逐渐从小贪小占发展成巨贪蛀虫。这就回到了我们开篇探讨的话题：很多人都对腐败表示深恶痛绝，但当自己处在特定的位置，离特权如此之近，可以获取巨大的利益时，又无法抗拒腐败的诱惑。因为贪占心理在很多人心中已经根深蒂固，而制度的缺陷恰恰为这种心理转化为行动提供了方便的条件。尤甚的是,由于廉政法制建设一直步履蹒跚,对职务犯罪的打击受到地方保护主义及关系网络的干扰,查处力度相对薄弱,而且出于"自古不打送礼人"的观念考虑,对于行贿者的惩处措施一直处于缺失状态,执法不严、惩戒不利的现实更助长了犯罪者的侥幸心理,使腐败现象屡禁不止。可见,制度漏洞和文化缺陷是腐败发生的原因之一。

第二篇　职务犯罪的种类与手段

核心提示：我们正处于社会转型和观念变迁的时期，物质的诱惑与信念的冲击常常会使人迷失方向，无所适从。随着社会主义市场经济体制的建立和发展，职务职权也染上了更多的商业色彩，利益驱动更为明显，权力"寻租"成为掌权者获取高额利润的重要途径，使得当前的职务犯罪表现出与众不同的特点。带病提拔、数罪并罚、窝案串案、情妇现象、期权腐败、公权涉黑……这些出镜率极高的词形象地概括出职务犯罪的表象特点，进而折射出职务犯罪的易发性、行业性和集中性、多样性和复杂性、层次性、严重的社会危害性等特性。由此我们可以隐约地看到职务犯罪发展脉络轨迹，进而总结出发展规律。

前文我们曾谈到，根据职务犯罪的集合客体不同，在修订后的刑法分则中，将检察机关管辖的国家工作人员的职务犯罪划分为三大类：贪污贿赂罪、渎职罪、侵犯公民人身权利和民主权利罪，共涉及53种罪名。在这些繁复的罪名中，最为人们所熟习的是职务行为经济犯罪，也就是我们经常谈及的贪污罪、受贿罪、挪用公款罪、巨额财产来源不明罪、私分国有资产罪、私分罚没财物罪等，以及渎职类犯罪，包括滥用职权罪、玩忽职守罪、国家机关工作人员徇私舞弊罪等。这些罪名的背后，常常伴随着五花八门的犯罪手段，令人眼花缭乱，叹为观止。这里所讲的手段是指人们为了实现一定的目的所采取的措施与方法，它既是一种静态的描述，同时也是一种动态的过程。在生活实践中，人们会针对目标性质的不同以及所处环境的特质对实现目的的方式和途径进行甄别与优化选择，从而诞生了形式多样的手段，可以说不同特质的类型必须通过一定的手段进行表达与实现。而手段作为一种表象具有很强的可视性与代表性，人们可以通过对手段现象的归纳，根据共性进行研究分类，整理划分出主体的不同种类。可见，手段与种类关系密切，互为表里。因此在研究过程中，我们将职务犯罪的种类与手段联系起来，尝试在研究共性的基础上整理出一个职务犯罪种类与手段之间的关系脉络，以便能够更好地预防职务犯罪的发生。

经济犯罪是职务犯罪的主要类型

职务犯罪涉及的罪名繁复，很多罪名具有特殊性，且社会危险性的程度也各不相同，就目前而言，最主要的类型是职务行为经济犯罪,从刑法上讲就是贪污贿赂犯罪。据国情学者统计,20世纪90年代后半期以来,我国每年以贪污受贿为主要形态的权力腐败,给国家造成的经济损失高达9875亿元～12570亿元,占GDP的15％;贪污受贿案件以每年12％以上的速度递增,尽管国家不断加强惩治腐败的力度,但贪污受贿仍是"出生率大于死亡率"。这是因为我国目前正处于建立和完善社会主义市场经济的历史时期,发展经济是从中央到地方工作的重中之重,表现在具体生活中,就是职务工作内容与经济发展的联系日益紧密,这一方面促进了经济的发展,另一方面由于制度尚存在缺陷,使得从公共权力向经济利益的转化变得更加方便,因此涉及经济领域的犯罪案例数量也成正比增长。

在研究职务行为经济犯罪时,我们对建国初期和近几年的案例进行了归纳和比较,发现随着社会主义市场经济体制的不断发展和完善,职务行为经济犯罪也发生了相应的变化:在建国初期,职务行为经济犯罪的主要类型是贪污罪。在刑法中,对贪污罪进行了明确的规定,即国家工作人员利用职务上的便利,侵吞、窃取、骗取或者以其他手段非法占有公共财物的行为。在这种犯罪行为中,对公共财物的侵占是主要目标,而采取的手段主要是侵吞、窃取、骗取等方式,涉及的犯罪客体常常是个人或者少数几个人。因为在建国初期,受贿罪并没有作为一个独立的罪名而存在,法律上将国家工作人员的受贿行为作为贪污来进行归罪,直到1979年颁布的《中华人民共和国刑法》中,才明确了受贿罪是一种独立罪名。此外,在计划经济条件下,政府与市场不分家,所有涉及市场的东西都在一定程度上表现为一种公共财物,犯罪者想要获取超额的利益,就不可避免地要将目光投向对公共财物的占有上来。但是随着市场经济体制的逐步建立和发展,公共权力与市场之间产生了微妙的变化,虽然政府职能不断转变和发展,但是仍然对市场具有较高的决定与领导权,这使得掌权者可以通过权力寻租间接转化,参与到市场的发展中分一杯羹,获得巨大的经济效益。这种方式隐蔽而效益巨大,相比之下,贪污公共财物的行为则更易于被发现,因而风险性更大,因此犯罪者慢慢转移了视线,更多地采用贿赂行为来实现经济目的,于是受贿罪逐渐取代了贪污罪的地位,成为主要的职务犯罪类型。受贿罪是指国家工作人员利用职务上的便利,索取他人财物,或者非法收受他人财物,为他人谋取利益的行为。"利用职务上的便利"是指利用职务上的主管、管理、经手公共财物的权力及方便条件,既包括利用本人职务上主管、负责、承办某项公共事务的职权,也包括利用职务上有隶属、制约关系的其他国家工作人员的职权。担任单位领导职务的国家工作人员通过不属于自己主管的下级部门的国家工作人员的职务为他人谋取利益的,也应当认定为利用职务上的便利为他人谋取利益。刑法中明确规定,国家工作人员在经济往来中,

第二篇 职务犯罪的种类与手段

违反国家规定,收受各种名义的回扣、手续费,归个人所有的,以受贿罪论处。可见,受贿罪是典型的权力寻租行为,是寻求公共权力经济利益最大化的行为。

除去这两种主要的犯罪类型之外,涉及职务行为经济犯罪的罪名还有很多种。这些罪名多是在总结繁复多样手段和形式的基础上做出的概括和界定,并且由于经济活动的关联性,很多罪名彼此之间有一定的内在联系,因此在涉及经济犯罪时常常会出现犯罪者的犯罪行为涉及多种罪名,被数罪并罚的情况。例如安徽漯阜铁路有限责任公司原董事长、总经理张海英一案就涉及贪污罪、职务侵

肆无忌惮收受贿赂

占罪、挪用资金罪、行贿罪等多项罪名,被阜阳市中级人民法院一审数罪并罚,判决其死刑,缓期2年执行,并处没收个人全部财产。让我们来详细分析一下她的犯罪行为:

1988年5月24日,阜阳在安徽省经委的批准下,成立了地铁局,当时核定为全民所有制企业。为了能够提高企业效率,2004年7月23日,阜阳市政府批准实施地铁局改制方案,将阜阳地铁局改制为安徽漯阜铁路有限责任公司,并于同年7月31日取得法人营业执照。此时张海英以出资540万元,持有公司54%股份,出任该公司董事长兼总经理。

在整个改制过程中,张海英通过安排属下工作人员虚报职工人数,提高安置补偿金计算标准等手段,截留补偿金386.9万元。由于执行的运费新旧计算标准存在差异,到改制时,郑州、上海、武汉、北京等四个铁路局代阜阳地铁局收取的运费中多出1422万元,张海英安排工作人员暂不将这笔多出的运费款项确认为收入,直至2005年9月,才安排财务人员将该款项调整为漯阜公司收入。与此同时,张海英安排财务人员隐瞒了阜阳地铁局下属的客货服务公司价值204.3万元资产不参与改制审计评估,待改制后将资金转入到漯阜铁路有限责任公司账上。张海英以为个人谋取利益和非法占有为目的,使被截留隐瞒的国有资产处于其绝对控制下,并实际非法占有了该部分资产,因此其行为依法构成了贪污罪。

此外，张海英在担任漯阜公司董事长期间，利用职务之便，于2005年8月至2007年4月间，先后多次向其设立并控制的铁龙公司、徽凰公司转移款项，并采取虚列支出、收入不入账等手段，共非法占有公司资金4776.79万余元，这种行为又构成了职务侵占罪。

由于张海英在2004年7月至2006年3月期间，违背公司财务管理制度，不经董事会批准，个人擅自决定将公司资金用于为其丈夫缴纳违纪款和归还个人贷款，并多次挪用单位资金归其个人使用，数额高达2005万元，其行为构成了挪用资金罪。

最后，张海英在个人职务升迁及其他事项中，为谋取不正当利益，于1997年至2004年10月期间，先后14次向他人行贿15万元，于是又触犯了行贿罪。因此阜阳市中级人民法院在一审时，以贪污罪、职务侵占罪、挪用资金罪、行贿罪，数罪并罚，决定对张海英执行死

张海英在被告席上

刑,缓期2年执行,剥夺政治权利终身,并处没收个人全部财产。

由此可见,随着社会经济的不断发展,职务犯罪也逐渐向复合化方向发展,由于涉及领域宽广,手段复杂,因此隐蔽性越来越高,这就需要我们在实践过程中认真甄别各种犯罪类型,并了解和熟悉相应的犯罪手段,以便更好地预防和打击职务犯罪。

常见的职务行为经济犯罪辨析

为了能够对当前主要的经济犯罪有一个大致的把握,我们对除了上述谈及的贪污罪及受贿罪以外的几种常见的经济类犯罪做一个简单的介绍与辨析。

挪用公款罪 即国家工作人员利用职务上的便利,挪用公款归个人使用,进行非法活动的,或者挪用公款数额较大、进行营利活动的,或者挪用公款数较大、超过三个月未还的行为。如原上海市劳动和社会保障局局长祝均一,为了能让自己的"运作业绩"成为全国第一,为自己脸上增光,不顾国家在社保基金管理上的社保基金只能买国债、存银行,不能进行其他投资运营的相关法令与规定,擅自挪用社保基金13亿元进行违规投资,给国家造成了巨额损失。

对于挪用公款罪的处罚,刑法有明确的规定:情节较轻的，处五年以下有期徒刑或者拘役；情节较重的，处五年以上有期徒刑；挪用公款数巨大不退还的，处十年以上有期徒刑或者无期徒刑。挪用救灾、抢险、防汛、优抚、扶贫、移民、救济款物归个人使用的，从重处罚。

例如四川省广元市元坝区中医院原副院长伏洪元，在"5·12"汶川大地震发生后，利用负责领取救灾药品的职务之便，采取私自截留手段，侵吞价值17950元的救灾药品，就是典型的挪用侵吞救灾物资的行为。2008年5月20日，伏洪元将从广元市区领取的救灾药品装车后独自一人押运返回元坝区中医院。在途经元坝场镇时，将4件价值17950元的药品截留，并藏匿于运货驾驶员的家中。23日，伏洪元将截留的救灾药品转移至其兄长开设的王家中心医院二门诊内隐藏，直至案发。虽然单纯从经济数额上来看，伏洪元所涉及的贪污财物并不大，但由于他挪用侵吞的是救灾物品，犯罪行为性质恶劣，依法应予以严惩，因此法院以贪污罪判处其有期徒刑7年。

行贿罪 即为谋取不正当利益，给予

国家工作人员以财物的行为。刑法规定,在经济往来中,违反国家规定,给予国家工作人员以财物,数额较大的,或者违反国家规定,给予国家工作人员以各种名义的回扣、手续费的,以行贿论处。因被勒索给予国家工作人员以财物,没有获得不正当利益的,不是行贿。一般来说行贿罪主要是经济活动主体向国家工作人员进行的犯罪行为,但是如果行贿的主体是国家工作人员,即成为职务犯罪的一种类型。在现实生活中,一些国有性质的企业工作人员为了得到经济方面的好处或者提拔升迁而向相关领导干部"贡献"财物的行为就是行贿行为,当数额达到法律规定的下限时,就构成了行贿罪。如湖南"明星法官",原长沙市中院副院长唐吉凯的跑官行为就是典型的行贿行为。

唐吉凯(中)昔日在庭审中

唐吉凯毕业于复旦大学法律系,后来又在华东政法大学攻读硕士,至案发时仍在攻读博士学位,具有过硬的业务能力与水平,曾因主审"湖南最大女贪官蒋艳萍案"而名声大噪,成为湖南的明星法官。为了能够较快地获得升迁,2000年开始,唐吉凯多次向原湖南省高院院长吴振汉行贿。曾先后送给吴生日红包1万元,参加人代会的旅途费用4万元,拜年礼金10万元,希望吴能在2002年年底长沙市中院换届时提拔自己为中院院长。虽然后来湖南省委组织部门没有通过吴振汉的院长候选人提案,但是唐吉凯的行为已经构成了行贿罪。

按照法律规定:对犯行贿罪的,处五年以下有期徒刑或者拘役;因行贿谋取不正当利益,情节严重的,或者使国家利益遭受重大损失的,处五年以上十年以下有期徒刑;情节特别严重的,处十年以上有期徒刑,可以并处没收财产。行贿人在被追诉前主动交代行贿行为的,可以减轻处罚或者免除处罚。

私分国有资产罪 指国家机关、国有公司、企业、事业单位、人民团体,违反国家规定,以单位名义将国家资产集体私分给个人的行为。在国企改制的过程中,私分国有资产的现象非常普遍,因此该罪也是职务行为经济犯罪的重要类型。刑法规定,私分国有资产数额较大的,对其直接负责的主管人员和其他直接责任人员,处三年以下有期徒刑或者拘役,并处或者单处罚金;数额巨大的,处三年以上七年以下有期徒刑,并处罚金。孙殿华、刘汉芳及大古铁路公司职工焦裕嘉贪污825万余元、私分国有资产783万余元案就是一起典型的私分国有资产案件。

1999年7月21日。大古铁路公司下属企业宁夏隆湖华兴物资贸易公司(以下简称华兴公司)改制为由自然人出资的有限责任公司。时任大古铁路公司法定代表人、总经理的孙殿华,为了能给自己找到一个安全的"退路",在和自己的老部下、公司财务部原部长刘汉芳以及邬炳洪商议后,决定以铁十三局银川办事处名义开设临时账外银行账户,通过铁十三局银川办事处将款转入华兴公司。随后,刘汉芳、邬炳洪分别安排人员以铁十三局银川办事处名义开设临时银行账户,以应付工程款的名义将其中551万余元转入临时银行账户,剩余的32万余元转入铁十三局银川办事处的银行账户中。上述计划完成后,刘汉芳又将这551万余元公款分成四笔转入华兴公司,其余32万余元被铁十三局银川办事处以手续费的名义留下了。为了掩盖假工程的事实,孙殿华指使大古铁路公司工作人员与铁十三局银川办事处签订了假的工程承包合同。刘汉芳指使财务人员制作了大古铁路公司转账凭证平账。此后,孙殿华又以完善大古铁路沿线生产、生活配套工程等为由,指使大古铁路公司

孙殿华等人在法庭上受审

工作人员分别与铁十六局西北指挥部签订了大古铁路补充配套、防洪抢修工程的《施工合同》、《验工计价单》，工程款为249万余元（扣除税金8万余元后，实为241万余元）。1999年8月11日，在孙殿华的授意下，刘汉芳以应付账款名义将大古铁路公司241万余元资金分两笔转入铁十六局西北指挥部银行账户，在制作了付款凭证平账后，铁十六局西北指挥部将这笔资金转入铁十六局银川办事处。铁十六局银川办事处扣除手续费10万元后，将剩下的231万余元转入华兴公司。

华兴公司原是1992年12月由大古铁路公司出资100万元设立的全民所有制企业，孙殿华如此操作的目的就是想把这两笔钱留在华兴公司改制成为民营企业以后，再以与大古铁路公司合作投资的方式，把这些钱转化成私有股权，从而达到瓜分华兴公司优质资产的犯罪目的。1999年7月，华兴公司改制为由孙殿华等34名大古铁路公司职工为股东的民营企业，注册资本是851万元，经评估确认净资产为982万余元。在华兴公司的资产评估报告及资产处置报告未经自治区国资管理部门确认和批复同意的情况下，孙殿华等人擅自对其进行了处置，并办理了产权变更登记和工商注册手续。将华兴公司982万余元净资产以股权等形式量化到个人名下783万余元，其中孙殿华分得81万余元，焦裕嘉分得36万余元，孙殿华成为该公司最大的股东。国有资产就是这样被一点一点地蚕食殆尽了。

私分罚没财物罪 即司法机关、行政执法机关违反国家规定,将应当上缴国家的罚没财物,以单位名义集体私分给个人的行为。数额较大的,对其直接负责的主管人员和其他直接责任人员,处三年以下有期徒刑或者拘役,并处或者单处罚金;数额巨大的,处三年以上七年以下有期徒刑,并处罚金。例如:2004年二审宣判的海南省万宁市交通规费征稽所原所长赵振勇私分和贪污交通规费、罚没款案就是典型案例。在该案件中,赵振勇以发放各种补助的名义将万宁市交通规费征稽所罚没款109万元私分给本所职工,给国家造成巨额经济损失。

应该注意的是,私分罚没财物罪与私分国有资产罪有所不同:首先在犯罪对象上,后者的对象可以是任何国有资产,范围较宽,而前者的对象仅指应上缴国家的罚没财物,外延较小;其次在犯罪主体界定上,后者的犯罪主体是任何国家机关、国有公司、企业、事业单位、人民团体,而私分罚没财物罪的犯罪主体只能是国家机关中的司法机关和行政执法机关,范围较窄;最后在国家规定上,后者违反的可以是国有资产保护、管理、使用、处分方面的规定,也可以是财经纪律方面的规定,而前者违反的主要是国家关于罚没财物应当上缴国家的财经法规。

巨额财产来源不明罪 即国家工作人员的财产或者支出明显超过合法收入,差额巨大的行为。可以责令说明来源;本人不能说明其来源是合法的,差额部分以非法所得论,处五年以下有期徒刑或者拘役,财产的差额部分予以追缴。如检察机关在调查原上海市房产局副局长、上海市土地学会会长殷国元的犯罪行为时,查明其除了受贿3671万元外,另有812万元财产来源不明,因此法院在一审中判处殷国元受贿罪、巨额财产来源不明罪等数罪并罚。

单位行贿罪 指单位为谋取不正当利益而行贿,或者违反国家规定,给予国家工作人员以回扣、手续费的行为。情节严重的,对单位判处罚金,并对其直接负责的主管人员和其他直接责任人员,处五年以下有期徒刑或者拘役。因行贿取得的违法所得归个人所有的,依照《刑法》第389条、390条的规定定罪处罚。近年来,随着市场经济的逐步深化,企业作为市场活动的主体地位得以确立,以单位或者法人名义行贿的行为屡见不鲜。一些企业为招揽生意或者业务,推销产品、套购原材料,拉关系,走后门,向有关主管部门、企业或个人行贿。如:某人民医院为了谋取更多利益,采取给付服务费的方式拉拢120急救中心,承诺每运送1次住院病人,中心的医生、护士、司机均可分得100元。在这种政策的"鼓励"下,短短13个月内,急救中心共向该院运送病人5300多人次,其中住院患者1300多人次,医院因此获利近190万元,按承诺支付急救中心工作人员"服务费"41万多元。案发后,该院院长作为本单位直接负责的主管人员,受到开除党籍处分。人民法院依法

判处其有期徒刑1年,缓刑1年;该医院也被判处罚金5万元。

介绍行贿罪

指向国家工作人员介绍贿赂的行为。向国家工作人员介绍贿赂,情节严重的,处三年以下有期徒刑或者拘役。介绍贿赂人在被追诉前主动交代介绍贿赂行为的,可以减轻处罚或者免除处罚。由于社会离不开人与人的互动,经由某一人介绍而认识并彼此发展出特定人际关系的现象不可避免,因此法律对介绍贿赂罪进行了明确的规定,即在主观上,行为人必须明知自己撮合的是行贿、受贿行为而有意为之。且规定介绍个人向国家工作人员行贿,数额在2万元以上的;介绍单位向国家工作人员行贿,数额在20万元以上的法院将予以立案。如果介绍贿赂数额不满上述标准,但具有为使行贿人获取非法利益而介绍贿赂;3次以上或者为3人以上介绍贿赂;向党政领导、司法工作人员、行政执法人员介绍贿赂;致使国家或者社会利益遭受重大损失等情形的,也以介绍贿赂罪立案查处。在现实生活中不排除有出自亲友关系,或者其他非物质利益的考虑,自愿介绍贿赂的情形。但是一般而言,介绍贿赂都具有从中谋取私利的目的。

如庆元县丽水电业局职工杨军作为李珞的专职司机,与李珞关系甚密。2002年至2006年期间,李珞分管丽水电业局的基建工作。杨军想利用与李珞的关系在电力工程建设上赚点钱,便将基建包工头尚再思介绍给李珞认识。期间,杨军与尚再思商量,拟以尚再思出面参与工程投标及承包,杨军让李珞给有关方面打招呼、提供招投标信息的方法承包电力工程,事成后给李珞好处。之后,在丽水正阳电建综合楼、仙都变电所、灵山变电所等土建工程的招投标过程中,杨军对李珞提出要求,让尚再思参与

■ 职务与犯罪

投标并让他从中帮忙。在李珞的帮助下,尚再思获得了上述工程的承建权。在此期间,尚再思告诉杨军,希望对李珞表示感谢。杨军转告李珞,尚再思赚了钱不会忘记领导。

2008年9月,李珞因家中装修房屋及小孩出国急需用钱,打电话给杨军,杨军将此信息告诉尚再思。几天后,杨军约李珞、尚再思等人喝茶。在送李珞回家途中,尚再思将事先准备好的10万元人民币送给了李珞。次日,尚再思将此事告诉了杨军。在该案件中,杨军虽然明知他人有行贿意图,仍利用自己的关系促使他人的行贿行为得以实现,其行为触犯了刑法,构成介绍贿赂罪。因此庆元县人民法院依法判处杨军有期徒刑1年,缓刑1年6个月。

对单位行贿罪 指为谋取不正当利益,给予国家机关、国有公司、企业、事业单位、人民团体以财物,或者在经济往来中,违反国家规定,给予各种名义的回扣、手续费的行为。犯该罪的,处三年以下有期徒刑或者拘役。

单位受贿罪 即国家机关、国有公司、企业、事业单位、人民团体,索取、非法收受他人财物,为他人谋取利益的行为。情节严重的,对单位判处罚金,并对其直接负责的主管人员和其他直接责任人员,处五年以下有期徒刑或者拘役。

对单位行贿罪和单位受贿罪是一个行为的两个方面,是对两个相对主体犯罪行为的界定,常常相伴而生。例如:专门从事药品买卖的邹某为了打通当地一家医院的市场销路,通过种种关系认识了该院院长,为了能够获得院长的"大力支持",他狠下心来,大手笔地送出总价值约120多万元的别墅一栋和公寓一套。院长收到厚礼后,大为"感动",立竿见影地帮助他拓展市场,很快,邹某的药品大都被该院采用,让他狠赚了一笔。尝到甜头后,邹某觉得有必要紧紧地拉住院长这个大靠山、"财神爷",因此热情地赞助院长一家到南非旅游,并包揽了全部花销,共4.53万元。

2005年,该院长因涉嫌受贿被司法机关查处。在调查过程中,检察机关证实在2001年6月至2004年9月期间,邹某除了上述行贿事实外,还曾向该院相关领导人支付93万元款。因此法院审理认为,邹某除了在经济往来中违反国家规定,给予国家工作人员财物,构成行贿罪外,由于其在药品销售过程中,也违反国家规定,给予国有事业单位回扣费,其行为也构成了对单位行贿罪。而该院的院长及相关领导人在收受邹某的回扣后,通过院方行为大肆为邹某销售药品提供便利,该医院的行为也已经构成了单位受贿罪。

由于职务行为经济犯罪的种类多样,彼此间关系密切,而且手段复杂多样,隐蔽性高,严重破坏了经济秩序,社会危害较大,因此打击经济领域的权力寻租行为已经成为当前预防职务犯罪的重中之重。

五花八门的贪污手段

贪污,拥有"悠久"的历史和"深厚"的实践基础,并且是一种公认的较为普遍的职务犯罪形式。在我国古代,官员对国家财物的私分和侵占就是典型的贪污行为,而人治对法制的压制又给这种行为创造了便利条件,使得官场之中贪污横行,严重干扰了国家机器的正常运行,备受民众憎恨。建国以后,虽然我们确立了一整套法律体系,但是封建遗毒在一定时期内还具有不小的影响力,因此,贪污行为曾一度成为职务犯罪的主要形式,是打击腐败工作的重点。但是随着改革开放以来国家制度的不断发展和完善,贪污的难度也在不断提高,一些官员为了能够保证"安全着陆",对贪污手段进行了创新,发明出多种多样的模式，以满足自己的私欲，达到占有国家财物的目的。

前文我们曾提到，经过长期的司法实践，我国刑法对贪污的基本行为形态做出了比较明确的概括，即侵吞、窃取、骗取等方式。这是站在较高层面上的抽象概括，它从形式多样的表象中抽离出相同的本质并进行归类，以便于在审理的过程中进行判断。

虽然贪污罪与盗窃罪、诈骗罪、侵占罪等普通刑事犯罪在行为形态上具有相似性，但又有显著差异。（1）在犯罪主体上，贪污罪强调的是国家工作人员以及受国家机关、国有公司、企业、事业单位、人民团体委托管理、经营国有资产的人员这个特殊主体，而后者仅仅是任何具有刑事责任能力的一般主体。（2）在犯罪客观方面，贪污罪强调行为人必须是利用职务上的便利，既包括利用本人职务上主管、负责、承办某项公共事务的职权，也包括利用职务上有隶属、制约关系的其他国家工作人员的职权。因此说担任单位领导职务的国家工作人员通过不属自己主管的下级部门的国家工作人员的职务来行事的，也应该认定为"利用职务上的便利"，而后者的行为与职务、职权或地位及便利条件无关。（3）在犯罪客体和犯罪对象方面，贪污罪所侵犯的是复杂客体，它不仅侵犯了公共财产所有权，而且侵犯了公务行为的廉洁性，对廉洁性的侵犯是职务犯罪的重要条件。而后者仅仅是对财物所有权的侵犯，对象既可以是公共财产，也可以是私有财产。那么贪污罪的行

■ 职务与犯罪

为和方式都有哪些呢？

侵吞财物 在贪污罪的规定中，所谓侵吞财物，就是指行为人将自己管理或者经手的公共财物非法转归自己或他人所有的行为。侵吞型贪污是贪污犯罪中比较常见的形式。在现实生活中，侵吞的方法主要有三种：一是将自己管理或经手的公共财物进行隐匿、扣留，例如：应上交的不上交，应支付的不支付，应入账的不入账。二是将自己管理、使用或经手的公共财物非法转卖或擅自赠送他人。三是将追缴的赃款赃物或罚没款物等私自用掉或非法据有。侵吞财物贪污的最主要形式，随着实践的发展，由最初简单的对财物的占有向专业化、隐蔽化发展，其具体手段和方法也更加多样化。

云南省易门县供销社原主任魏正忠伙同他人侵吞国有资产一案，展现出在国有企业专制过程中，贪污行为的复杂性与隐蔽性。2007年春节前后，易门县纪委、检察院均收到县供销社20名下岗职工的联名举报信，反映："供销社主任、副主任等一伙人把供销社的很多大宗房产给卖了,卖得很便宜。他们把价格评估得很低,拍卖还只让一人举牌。我们怀疑他们在搞鬼,你们要查啊!"为此,县纪委和检察院于3月12日组成了联合调查组。在核实了举报情况的真实性后,易门县纪委对魏正忠实行

了"双规"。魏正忠很快坦白了事情的经过,于5月9日被正式逮捕。其他相关涉案人员得知这个消息后,惶惶不可终日,供销社副主任普文兴等人相继投案自首。至此,一起低估国有资产,操控拍卖程序,进行低买高卖并私分公款的鲸吞国有资产的大案终于揭开了它神秘的面纱。

原来易门县供销社改制后,曾于2000年前后向农行易门县支行抵押了三元宫仓库、供销社办公楼等6宗资产,分5次共贷款1087.4万元,在归还了247万元后,尚欠贷款840.4万元。农行多次催要未果,向法院提起诉讼,但是在调查过程中发现,6宗资产的抵押手续存在很多问题,后经多方调解,农行与供销社最终达成协议:由县供销社对6宗资产进行公开拍卖,一次性偿还农行300万元

作为"了断",其余收入用于兑付社员股金及解决下岗职工的补偿费等。

这对作为供销社主任的魏正忠来说可是天大的喜讯,因为6宗资产至少价值七八百万,只要还清300万元,多余部分就可以归自己处理了。于是魏正忠找来供销社副主任普文兴、资产管理中心主任马顺福和会计杨占安进行商议,几个人一拍即合。2006年3月24日,魏正忠给供销社的中层干部开了个会,商议让大家每人集资20万元凑成300万元先赎回抵押的6宗资产。然后以300万元的价格把资产拍卖到手,再高价转手,所赚的钱除了偿还农行300万元外,大家进行平分。听闻有这种好事,大家当然高兴,于是纷纷慷慨解囊。为了稳妥起见,魏正忠又拉拢了办理此事的法律顾问苏某,让其参与集资26万元。

万事俱备,只欠东风。为此魏正忠又进行了详细的安排:首先他安排普文兴等人找到溪弘力房地产经纪评估公司易门分公司,请其对供销社的6宗抵押资产进行评估,并提出将评估结果控制在300万元以内的要求。评估人员觉得差价太大,在普文兴等人

魏正忠

的"反复工作"下才低评为 427 万元。接着,为了保证可以在公开拍卖的场合稳妥地拿到标的物,魏正忠等人想尽办法对拍卖进行操控:拍卖广告刊登以后,就将联系电话关机,不对具体事宜做任何回答;找借口临时更改拍卖地点;对拍卖公司提出要求,要对方确保他们可以以 300 万元的价格购买到这 6 宗资产;在拍卖消息最终还是泄露出去以后,又向对手许诺,只要对方不举牌,供销社就将土产公司综合楼以低价卖给对方,并附送 10 万元作为答谢。在这样周密地安排下,供销社终于通过公开拍卖程序,表面上合法地取得了 6 宗资产的所有权。

2006 年 5 月 9 日,魏正忠成为县商务局局长,但是他还是不能放下供销社的工作,于是将"善后工作"交待给了普文兴等心腹,嘱咐他们卖掉 6 宗资产,把多出的钱分给 16 位"出资人",并且一定要卖一次资产分一次钱。截至案发时,普文兴等共卖掉了 3 宗资产,得款 576 万元,除去偿还农行的,魏正忠等 16 人 3 次共分掉了 233.6 万元,每人分得 14.6 万元。

窃取财物 是指行为人利用职务之便,采取秘密窃取的方式,将自己管理的公共财物非法占有的行为,即我们通常所说的监守自盗。这种行为的一个重要条件是所盗取的是自己管理的公共财物,如果仅是利用对工作的了解和职务的便利,盗取其他人经管的公共财物则不是窃取,而是盗窃。

窃取财物可以是直接盗窃,即乘他人不注意将自己经管或者保管的财物盗走归己所有;也可以是偷梁换柱,将保管或经营的财物兑换,以次充好,以劣充优,从而贪污获利;还可以是盗用手续自盗,即采用窃取的手续或合法的手续来达到贪污的目的。如储蓄员给储户办理开户手续时,偷偷将储户的公章、私章和押数章分别加盖在购买现金支票收费凭证及现金支票上,在储户不知情的情况下偷偷办理现金支票购买手续并填写现金支票,从本储蓄所库存现金中盗取现金以自肥的行为就是盗取手续进行贪污的典型。而震惊全国的河北省邯郸农行金库被盗案则是直接盗窃的典型。

被盗金库是邯郸农业银行的中心库,每到一定时期其他支行或者储蓄点的现金都会集中到这里,安全保卫级别应该说非常高。《邯郸农业银行中心库守卫制度》中第四条明确规定了"非营业时间未经允许任何人不得进入金库,因特殊需要出入金库,必须凭现金管理中心的书面通知方可实施"。并且在中心金库,全天 24 小时都有多名保安进行监控,如果监控录像出现异常情况,报警装置就会直接向邯郸市公安局 110 指挥中心自动报警。但是这些严密的防范措施还是没能挡住任晓峰等人的监守自盗。

2007 年 4 月 14 日,河北省邯郸市农行金库发现有将近 5100 万元现金被盗,经调查发现,任晓峰、马向景有重大作案嫌疑,并且已经潜逃,为此中国公安部在 4 月 17 日发出 A 级通缉令,并于 4 月 18 日下午 2 点 40 分左右和 19 日上午 8 点 20 分分别成功抓获马向景与任晓峰。经过审讯,二人对盗窃农行金库近 5100 万元,并将其中近 4600 万元都用于购买彩票的事实供认不讳。

原来任晓峰长期以来一直沉迷于排列 3 的彩票玩法,幻想有一天能够通过中奖暴富,但由于缺乏资金,所以将念头转向了存放大批现金的银行金库。2006 年 10 月 13 日,任晓峰与赵学楠、张强利用看管金库的便利条件从中盗取现金 10 万元用于购买彩票,结果当天中奖 10 万元。虽然这次冒险没赔没赚,却给了任晓峰不小的刺激,他觉得如果再投入一些,说不定就会赚大钱,于是便将本应归还金库的 10 万元继续购买彩票,结果颗粒无收。这让任晓峰很不甘心。2006 年 10 月 18 日,任晓峰接替赵学楠担任了金库管库员,这让他看到了翻本的好机会。于是在 10 月 20 日,三人再次从金库盗取了 10 万元现金,由任晓峰、赵学楠购买彩票,结果中奖 21 万,但是二人对张强隐瞒了中奖的事实。事后任晓峰将 18 万交给张强,由张强垫付 2 万后将 20 万本金归还库中。张强的妻子发觉此事后,对他们的行为表示强烈反对,于是张强退出了这场闹剧。

失去张强的协助后,任晓峰感觉有些束手束脚,但是他并不愿意放弃购买彩票的荒唐念头。正好 2007 年 3 月 14 日,马向景接替张强成为金库管库员,任晓峰遂将盗用金库现金购买彩票的想法与马向景进行"协商",许诺中奖后二人平分收益。马向景听后表示同意。为了方便行事,两人约定进行分工:由任晓峰携库款购买彩票,马向景则负责守库,通过采取少记账和开虚假调拨单等手段隐瞒盗用的犯罪事实以应付查库。商议停当后,3月16日,两个人便开始着手实施计划。事后任晓峰曾回忆说:"金库就我们两人有钥匙,别人不可能天天来查看金库的钱有多少的,所以我们盗窃金库是很简单的事情。"而事实也正是如此,二人就是"充分"利用了工作的便利条件进行疯狂的盗取行为。他们每次盗取库款,到银行去转款的时候,都是拿着银行专用的配款提包,以及银行专用的配款箱,这种配款箱每次最多可装300万元。

虽然任晓峰自认为"技术过硬",秉承"投得越多赚得越多"的理念,但世事并不尽如人意,两个人先后投入了3000多万元,结果只中了10多万元,眼看着这个巨大的窟窿已经无法填平,走投无路的两人决定放手一搏!

4月14日中午12点左右,邯郸市农行中心金库的监控录像突然发生黑屏,并且自动向110报警。接警后110立即查问守库室,守库员随即打电话询问任晓峰是否出现异常,结果任回答说是"未通知撤防导致误报"。于是大家放松了警惕。趁着这个机会,任晓峰、马向景瞒天过海地从金库盗走了1800万元现金。下午,任晓峰又领着彩票投注站工作人员张建峰、刘涛大摇大摆地来到银行,堂而皇之地通过转账的方式将盗用的1410万元用于购买彩票。但是很遗憾，这次孤注一掷仍然无法扭转他们的命运。两个人意识到事情已经无法挽回，于是私分了盗取的钱财，决定逃亡。但是天网恢恢，疏而不漏，两个人的逃亡生涯只短短维持了不到5天就被分别抓捕归案。

在审判时，法院认为任晓峰、马向景身为国有银行从事公务的人员，利用担任金库管库员的职务便利，共同窃取金库现金5095.605万元，用于购买彩票，其行为均已构成贪污罪，且数额特别巨大，情节特别严重。任晓峰伙同赵学楠、张强挪用金库20万元现金进行营利活动，三被告人的行为均已构成挪用公款罪，情节严重。依照《中华人民共和国刑法》有关规定，以贪污罪判处任晓峰死刑，剥夺政治权利终身，并处没收个人全部财产；以挪用公款罪，判处其有期徒刑6年；两罪合并，决定执行死刑，剥夺政治权

马向景、任晓峰等接受审判

利终身,并处没收个人全部财产。以贪污罪判处马向景死刑,剥夺政治权利终身,并处没收个人全部财产。赵学楠判处有期徒刑5年。张强因补交库款并及时自首,被从宽处理,判处有期徒刑2年,缓刑2年。

骗取财物 是指行为人利用职务之便,采取虚构事实或隐瞒真相的方法,非法占有公共财物的行为。例如出差人员用涂改或伪造单据的方法虚报或谎报支出冒领公款,工程负责人多报工时或伪造工资表冒领工资,收购人员谎报收购物资等级从中骗取公款等。骗取的方式主要有四种:一是以无报有,如私填空白单据,虚报冒领公款;二是以少报多,如涂改单据、增大支出数额,非法占有多报部分的款项;三是改变事物的形态,如将公款改为个人集资,将公有设备以报损、报废为名转手倒卖;四是隐瞒事实真相,进行欺骗。如以送礼、给业务往来客户"回扣"名义侵吞公款、公物等。骗取性贪污的特点是隐蔽、不易被发现,所骗取的财务不仅限于自己合法管理、使用或经受的公

第二篇 职务犯罪的种类与手段

共财物。在弄虚作假的目的上,只要是为了欺骗有关主管领导或者其他经管、经手公共财物的公务人员。

如中铁五局集团第五工程有限责任公司洪家渡水电站项目经理部原财务部部长任卫廷,为了满足自己赌博的嗜好,利用职务便利,采取重复列支、虚列支出、调整账户等方式,共占有公款80余万元,用于挥霍、赌博。由于2007年4月,中铁五局五公司由国有控股企业转制为国有独资企业,因此,任卫廷的行为构成了贪污罪,被湖南省郴州市北湖区人民法院以贪污罪判处任卫廷有期徒刑11年,并处没收财产10000元,剥夺政治权利2年。

又如中国儿童中心原主任赵顺义,在北京"非典"期间,以减免北京国旅旅游投资开发公司房款的名义,将2.25万元以报销费用的方式据为己有。以支付妇联专家咨询费、专家稿费、公关费名义套取现金。不仅如此,2002年11月,赵顺义以给妇联领导送礼品的名义,指使马里利从财务为其报销礼品费5256.20元现金,随后赵顺义将之归为己有。2004年9月,赵顺义指使办事人员以多开发票报销会议材料、印刷费的方式,

赵顺义

从中国儿童中心经费账户中支出一张面额为58500元的中国工商银行支票。这张支票只有8500元是实际的单位业务,其余的5万元均被她据为己有。为了能找到合理的借口,2004年12月赵顺义竟然指使办事人员到云南昆明出差,以找假发票报销会议费用的方式,从中国儿童中心经费账户中套取现金3.1万元据为己有。不久,她又以儿童版教材研讨会材料费、培训费为由,报销个人费用1万元现金。2005年1月,赵顺义指使中心财务处财务总监孙剑,以118张发票(其中29张火车票、2张机票、87张餐费、办公用品等发票)报销的形式,通过某杂志社账户套取2万元现金,据为己有。她机关算尽,巧立各种名目,可以说将骗取国家财物演绎得淋漓尽致。

除了直接骗取现金,骗取国有资产也是一种重要手段。如中国义乌国际商贸城原建设领导小组副组长兼指挥部总指挥杨延虎伙同郑新潮、王月芳虚构事实,并利用职务上的便利,通过与下属打招呼、违反土地确认权中有关规定的方法,骗取国有土地使用权90平方米(折合房产面积72平方米),价值200余万元的行为也构成了欺骗财物贪污,因此被金华市中级法院以贪污罪判处有期徒刑15年,并处没收财产人民币20万元。郑新潮、王月芳也因贪污罪被判处有期徒刑5年、3年。

其他方法 是指除了侵吞、盗窃、骗取之外,其他非法占有公共财物的方法。主要有以下几种方法:

(1)内外勾结,迂回贪污 即国家工作人员中利用职务上的便利,内外勾结,将自己管理、经营的公共(国有)财物以合法形式,转给与其勾结的外部人员,然后再迂回取回,据为己有。例如单位负责人与基建施工方负责人内外勾结,抬高工程造价,然后将多支出的工程款再全部取回,或与施工方负责人私分。又如单位业务人员与其他往来单位负责人相互勾结,虚构业务往来事实或合同,将公款汇入虚设的往来单位账户,然后再从单位将款取回或与对方共同私分。这种贪污从表面上看类似于受贿,但实际上行为人占有的是自己所经管、管理的公共财物,因此属于贪污罪。

(2)集体私分公款 主要是单位主要领导同志决定或经集体研究决定,将单位公款以各种虚假名义套出,或者转入账外账,或截留单位的利润、预算外收入归小金库,将所得款物在单位一部分人或全体人员中私分。

如安徽省商务厅原副厅长蔡文龙在任安徽省物资集团股份有限公司董事长、徽商集团有限公司董事长期间,利用职务上的便利,采取欺骗、截留、将其个人投资损失转嫁给国有公司等手段,单独或伙同他人非法侵吞公款人民币1419万余元的行为,并将其中部分财物私分的行为即是集体私分公款的行为。

如陕西省会展中心原副主任刘随忍,在国有性质的陕西省对外经济贸易广告有限公司、对外贸易展览有限公司、国际展览集团有限公司担任经理、法定代表人期间,利用职务之便,指使财务人员私设小金库,将国有资产人民币1179万余元、港币38.8万元截留,并在以后的国有企业改制和资产评估过程中,指使财

小金库滋生大腐败

务人员采取隐匿瞒报的手段,致使1200多万元的国有资产完全失控,为其个人所控制和支配。刘随忍陆续将这些国有资产用于私分和个人购物消费,先后购买、装修价值377万余元的别墅2套,以400万元购买名人山水画1幅。2008年8月,陕西省西安市中级法院以贪污罪判处刘随忍有期徒刑15年,并处没收财产200万元。

(3)公款私存、私贷坐吃利息 如银行业务员、储蓄员、信贷员吸收存款不入账转手放贷,收取巨额利息;或者单位会计将公款以个人名义存入银行,获取利息等行为。

(4)利用回扣非法占有公款 这是一种变相贪污的行

为。即行为人在为本单位购买货物时,将卖方以购货款中抽出一部分作为回扣的款项占为己有的行为。这种行为与受贿罪的区别在于所收钱物是货款的一部分,而非货款以外的其他财物。

(5)利用合同非法占有公款 即行为人在为本单位购买货物、推销产品等经济活动中,在与他人签订经济合同时,双方恶意串通,提高合同标的价格,以达到占有差价的目的。公司领导、财会人员利用职务之便低价或平价购买本单位股票,然后坐地转手高价卖出的行为就属于这种类型。

(6)间接贪污 如有的国家工作人员、集体经济组织工作人员或经手、管理公共财物的人员,利用职务之便,使用单位雇请的工人为自己干活,由单位支付劳务费用的行为。又如有的用外单位劳工为自己干活,利用职务之便,减少本单位的应得收入的行为。

(7)占有应交单位的劳务收入 如有的技术工人接受承揽加工、维修工程不登记,利用上班时间、单位工具、单位场地进行加工、修理,个人收取劳务费的行为。或者是公司经理、业务员将为本单位联系的业务自己做,截取单位利润的行为。

(8)利用新技术手段进行贪污 即行为人利用职务便利,运用新的科技手段进行贪污的行为。主要有:银行工作人员利用微机侵吞公款、套取利息,证券从业人员利用技术手段侵吞股金、红利等。如银行职员利用信用卡业务进行恶意授权透支;私自修改信用卡业务电脑程序,虚增账面款项并取出;在信贷上违规进行自批自贷等。

随着社会的发展和经济活动的增多,贪污犯罪也在不断发生着变化,呈现出犯罪手段由单一向复合,主体由个体到群体,标的额从小到大等特点。如郑州电信公司腐败窝案,就是一宗典型的复合型贪污窝案。该案涉案人员达10人之多,涉案金额达千万之巨。让我们来详细看看案件的经过。

原来郑州电信公司下属20多个分公司都设有小金库,这些公司的经理或经理助理手中一般都掌握着一个或几个银行账户,资金少则十几万,多则上百万。仅线路工程公司小金库资金累计量就高达2000多万。这些小金库完全脱离财务制度的监督与控制,对于掌握它们的主管领导来说,套取公款简直是随心所欲。

2002年9月,线路工程公司前任经理白文玉离职前,掌管小金库的经理助理李端阳与白文玉合谋,将92万元小金库侵吞平分。到了公司撤并时,李端阳再次与新任经理陈鸿毅合谋,将150万元小金库资金侵吞私分。在公司撤并人员分流时,陈鸿毅又将小金库资金150万元用于给职工发放奖金。

由于郑州电信公司财务部门只要求入账票据合乎规范,对发放手续是否健全等问题一概不予过问,并且几乎没有财务审计、工程审计、专项审计及离职审计等事项。因此,各分公司都打起了虚报费用、巧立名目支取公款的主意。2004年在郑州电信公司撤并的前一天,其下属的线路工程公司以支付农民工工资名义通过一家"开票公司"虚开工程发票714万元。原本是想借此机会多套点钱出来,没想到却被财务部经理冯爱荣出国回来后发现了其中的问题。她立即责令线路公司经理陈鸿毅查清此事,并将虚列的工程费上交。

冯爱荣要回了178万元序列款项后,并没有上交到公司,而是打起了自己的小算盘。她先给线路公司经理打了个条子,注明"收到线路公司1780517.27元,用于解决遗留问题",然后将钱交给部门的出纳保管,不久又让出纳以个人名义存入银行,接着又让其转移到自己一个亲戚的账户上。冯爱荣的这种行为在郑州电信公司内部至少有副总经理、线路公司经理等4人知晓,但是在企业撤并之后并无人过问此笔款项,于是她将这笔要回的公款据为己有,并用于炒股长达三年之久,直至案发。

由于每一笔业务都涉及多个部门,因此该案中多人联合参与作案的现象非常普遍。郑州电信公司撤并的消息传出,时任郑州电信公司常务副总经理的丁继平召集副总经理张向武、朱培春,财务部经理冯爱荣、经营部主任苏军等人开了个会。会上冯提出应该在公司撤销前从账上套些钱出来给大家分分,丁继平当即表示了赞同,其他与会人员也没有表示反对。于是套钱私分正式列入了"工作日程"。由冯爱荣具体在财务上进行操作，苏军则负责找公司虚开发票、在入库单上冒充材料员签字，而丁继平负责利用手中的权力让这些虚假的票据"通行"，以便冯能顺利将虚开发票入账，并将套取的现金以其亲戚的名义存入银行卡中伺机私分。其他人则静待私分的钱财打入自己的账户。

他们以购买小灵通的名义虚开增值税发票，伪造材料入库单，从公司账上套出170多万元，其中20多万元用于支付税款和套现手续费，其余的140多万则被5人私分。有了这些甜头，公司上至经理，下至普通员工都蠢蠢欲动起来，大家上下串通，鼎力合作，共同瓜分公司的资产。

2005年8月，在发放农民工工资时，冯爱荣暗示留守人

郑州电信公司腐败窝串案部分被告人受审

员宁伟利"把民工费造得宽敞点"。宁伟利绞尽脑汁,从一家公司虚开发票430万元,送到丁继平那里,他大笔一挥,全部入账。于是,发完民工工资后剩余的59万余元被三人私分,丁分得25万元,冯分得16万,宁伟利分得18万。

可见,贪污罪常常是几种方式并行存在,并且随着社会分工的细化,贪污罪必将从简单主体向多元主体发展,并且手段越来越隐蔽,尤其在国有资产转制的过程中,侵占型贪污非常普遍,需要我们不断提高警惕,制定出相应的措施以更好地预防和打击这种犯罪行为。

职务犯罪受贿手段面面观

《刑法》第385条第一款规定:"国家工作人员利用职务上的便利,索取他人财物的,或者非法收受他人财物,为他人谋取利益的,是受贿罪。"这一定义揭示了受贿罪的本质,即国家工作人员为了谋取私利,利用手中职权进行交易的行为,在当前社会突出表现为权钱交易,出卖权利资本给行贿人谋取受贿效益。由于受贿罪侵害的是国家工作人员正常管理活动与职务的廉洁性双重客体,因此它的社会危害非常巨大,被人们形象地比喻为洪灾。受贿行为具有很强的扩散效应,常常会出现某些地区和部门的官员彼此"争相效仿",组团受贿的现象,进而形成不良的腐败环境,严重影响了党的执政基础。此外,受贿行为也破坏了经济活动的平衡性,阻碍了经济建设的正常发展。尤其是近几年来,随着经济建设的不断发展,受贿行为也逐渐泛滥成风,因此打击行贿受贿,是规范市场秩序,维护社会公平,保持职务廉洁性的必然要求。

受贿罪的概念辨析

把握一件事物,首先要明确它的概念,因此我们有必要对受贿罪的概念进行认真的辨析。从犯罪学的角度来看,一个罪名应该包括客体要件、客观要件、主体要件、主观要件几个部分。

客体要件 受贿罪是职务犯罪的一种,其所侵犯的是复杂客体,包括主要客体与次要客体两部分。前文在讨论职务犯罪的时候我们就说过,职务犯罪活动侵犯的主要客体是国家机关、国有公司、企事业单位、人民团体的正常管理活动,次要客体是国家工作人员职务行为的廉洁性。受贿罪也不例外,但其指向的犯罪对象具有特殊性,《刑法》中明确规定了这种对象是"财物",并将受贿行为所索取、收受的财物称为贿赂。对于财物,我们不能简单地理解为金钱、物品,而应该从经济的角度扩展开来,财物是指具有价值的可以管理的有体物、无体物以及财产性利益,包括常说的货币、有价证券、商品等等。将财产性利益纳入贿赂的范畴是因为财产性利益可以通过金钱估价,而且许多财产性利益的价值超出了一般物品的经济价值。如受贿人收受的玉器、古玩、字画、房产等物品,在具有了本身的使用价值之外,又具备可估量的不菲的经济价值,因此应该列入贿赂的范畴。

客观要件 受贿罪在客观方面表现为行为人具有利用职务上的便利,向他人索取财物,或者收受他人财物并为他人谋取利益的行为。这包含了两个方面的信息:

首先,从构成要件上来看,利用职务上的便利是必不可少的客观要件。利用职务上的便利包括利用职权的便利和利用与职务相关的便利两层含义。

(1)利用职权的便利 利用职权为他人谋取利益而收受他人财物,是典型的受贿行为。职权是指国家机关及其公职人员依法做出一定行为的资格,是权力的特殊表现形式。具体是指本人职务范围内的权力,即本人在职务上直接处理某项事务的权利。在司法实践中,大量受贿罪是利用职权的便利条件构成的。负责掌管物资调拨、分配、销售、采购的人,利用其调拨权、分配权、销售采购权,满足行贿人的愿望,而收受财物的行为就是典型的受贿行为。

重庆大渡口区原建委主任毕传瀑便是"充分"利用了手中的职权,在经济建设中为自己谋取巨额利益。2002年,大渡口区政府将区建委下属的某开发公司开发的一项目对外转让,某建筑公司老板得知后,找到时任大渡口区建委主任的毕传瀑帮忙。毕不负所托,大力推荐、协助,使该老板如愿以偿地承接了项目。工程完工后,该老板通过转账方式分三次付给毕传瀑"好处费"220万元,双方皆大

毕传瀑

欢喜。1999年下半年,重庆某建筑公司为了得到大渡口区政府的广场工程项目也曾邀请他鼎力协助,毕传瀑为了获取高额利润,动用手头的一切资源进行运作,很快广场工程项目便落入该公司囊中。2003年1月,该公司负责人也通过转账方式付给毕好处费74万余元。除此以外,毕传瀑任职期间多次利用职务之便收受多家公司好处费,手段直白而"大胆",影响十分恶劣。

(2)利用与职务相关的便利条件 即不直接利用职权,而是利用行为人的职权或地位形成的便利条件,由行为人从中向请托人索取或者非法收受财物的行为。受贿人利用第三者的职务之便受贿,必须具备以下两个条件:其一,利用第三者的职务之便,必须以自己的职务为基础或者利用了与本人职务活动有紧密联系的身份便利。其二,受贿人从中周旋使他人获得利益。对于单纯利用亲友关系,为请托人办事,从中收受财物的,不应以受贿论处。

从司法实践来看,利用与职务有关的便利条件,一般主要发生在职务上存在制约或者相互影响关系的场合。如:河南省安阳市龙安区原政协主席王利华在2003年12月至2004年担任安阳县委组织部部长期间,利用自己的职位影响,为他的司机马德友,以及马德友的朋友岳广义与他人合伙经营的小尖垴铁矿充当保护伞,多次为其提供帮助和保护。岳广义为了表示"感谢",先后三次送给王利华共75万元人民币。王利华作为国家工作人员,利用其身份职务的影响,为他人牟取利益,非法收受他人财物,其行为已构成受贿罪。因此河南省获嘉县人民法院以受贿罪判处有期徒刑7年,并处没收20万元财产,追缴其75万元非法所得。

其次,从受贿罪的客观行为来看,有两种具体表现形式——索贿和收受贿赂。贿赂的本质在于,它是与国家工作人员的职务有关的、作为不正当报酬的利益,与国家工作人员的职务具有关联性。所谓"不正当报酬"并不是说国家工作人员的职务行为本身是不正当的,而是指国家工作人员实施职务行为时不应当索取或者收受利益却索取、收受了这种利益。此外,贿赂还必须是一种能够满足人的某种需要的利益。

(1)索贿 索贿是受贿人利用职务之便,以公开或暗示的方法,主动向行贿人索取贿赂的行为,有的甚至是公然以要挟的方式,迫使当事人行贿,属于行为人主动,行贿人被动的行为。索贿不论行为人,是否为他人谋取利益,只要行为人利用职务上的便利,索取他人财物即构成受贿罪。由于索贿的主观恶性严重,情节恶劣,社会危害性相对于收受贿赂更为严重。因此,刑法明确规定对索贿从重处罚。因被勒索而给予国家工作人员以财物,且没有获得不正当利益的,不是行贿。

江苏省建湖县恒济镇党委书记的单某,以镇财政紧张为由,于2007年5月向正准备在当地征用土地并建厂的私企老板王某索要30万元,说是要准备购买公务用车。王某考虑到自己在征地过程中,肯定需要当地政府的"关心",

并且以后企业在人家的"地盘"上,肯定会用得着书记的"照顾",于是立即将30万元送给单某。事后,单某并未将30万元用来购买公务用车,而是私自截留。此外,2004年至2007年期间,单某利用担任建湖

县恒济镇党委书记的职务之便,在人事职务安排、土地征用、工程资金拨付等过程中,先后收受11人贿送的人民币16万元,并为他人谋取利益。单某的以购车为名向王某所要钱款的行为就是索贿,已触犯刑律,而多次收受他人钱财共计16万元的行为又涉及另一种形式——收受贿赂。

(2)收受贿赂 是指行为人利用职务上的便利,收受他人贿赂而为他人谋取利益的行为。与索贿相比,收受贿赂是一种"被动受贿",是行贿人在向行为人提供财物时,行为人不予拒绝而"坦然"接收,并许诺、着手或已经在公务活动中为行贿人谋取利益。在收受贿赂中,比较有争议的是"为他人谋取利益"的判定。关于这点,最高人民法院下发的《全国法院审理经济犯罪案件工作座谈会纪要》中认为:"为他人谋取利益包括承诺、实施和实现三个阶段的行为。只要具有其中一个阶段的行为,如国家工作人员收受他人财物时,根据他人提出的具体请托事项,承诺为他人谋取利益的,就具备了为他人谋取利益的要件。明知他人有具体请托事项而收受其财物的,视为承诺为他人谋取利益。"可见,"为他人谋取利益"并非仅指在公务活动中实际产生的为请托人谋取利益的行为和结果,而且包括收受财物之前或之后对行贿人的许诺。许诺有明示和暗示。明示是在权钱交易的过程中通过明确的表达形成承诺,暗示则是通过默许或转达等间接方式表明态度。在日常生活中,常常能见到行贿人主动行贿并向收受者提出为其谋取利益的要求后,收受者没有明确答复但也未予以拒绝的情况,这种行为就是一种暗示许诺。可以说,"为他人谋取利益"是行贿与受贿双方在钱权交易的过程中达成的默契,并且其实现是一个动态的过程。

以鄱阳县国土资源局原副局长徐红金的受贿案为例。2004年起,徐红金担任鄱阳县国土局副局长,分管人事、土地利用和土地交易工作。当年五六月间,玉山县城市建设综合开发公司鄱阳分公司负责人刘海陆来到鄱阳,想要购买鄱阳县农机公司的土地搞房地产开发项目。为了能进一步了解当地的政策,刘海陆找到了徐红金,询问有关土地出让政策以及农机公司土地的价值情况,期间徐红金作了详细的答复。七八月份,刘海陆再次来找徐红金,希望他能在土地评估中给予帮助,徐红金为其提供了土地分类、用地性质及基准价格等方面的有关情况。

由于农机公司土地经法院依法查封后,委托江西联创评估咨询有限公司进行评估。2004年9月,刘海陆通过竞买购得该土地,十余天后,刘到鄱阳找到徐红金,送给他事先用牛皮纸袋装好的4万元现金,说是感谢他在自己本期购地过程中帮的忙,希望他在土地过户及日后的开发过程中能继续给予关照。徐红金收下了该笔款项。

2005年11月、2006年3月,刘海陆在办理鄱阳县农机公司土地使用及变更手续时,徐红金在审查土地登记审批表上签署了"同意初审意见,报请领导审定"的意见,为其提供了方便。2006年上半年,徐红金因收受贿赂一事感觉不踏实,于是想到一个巧妙的办法进行掩盖:他找到刘海陆,与他签订了一个虚假的租房合同,约定刘海陆租用徐红金岳父王根泉的房屋,租金为4万元。但事实上,刘海陆从未租用王根泉的房屋。

从徐红金的行为来看,虽然他为来鄱阳开发的刘海陆提供土地方面咨询、提供政府相关文件、出具相关证明等工作都是正常的职务行为,但是在收受刘海陆4万元人民币后,性质则发生了改变,属于前文所说的获得了额外的"不正当报酬"。当刘海陆在提出希望日后徐红金能给予"适当照顾"的要求后,徐并没有表示拒绝,并当场收受了作为交换的贿金,两个人的交易即宣告成立。此时,徐红金对刘海陆所作的即是暗示许诺,是对日后提供照拂和帮助的心照不宣,并且其确实在土地过户过程中为刘海陆提供了帮助,因此徐红金的行为构成受贿罪。

主体要件 受贿罪的主体必须是国家工作人员,包括确定的国家工作人员,即在国家机关中从事公务的人员;拟定的国家工作人员,即国有公司、企事业单位、人民团体中从事公务的人员和国家机关、国有公司、企事业单位委派到非国有公司、企事业单位、社会团体从事公务的人员,以及其他依照法律从事公务的人员。虽然受贿罪规定犯罪主体必须是国家工作人员,但是,在特殊情况下,国家工作人员的亲属,可以成为受贿罪的共犯,而无论该亲属本身是否具有国家工作人员身份。在实践中,一些犯罪者妄图钻法律的空子,唆使非国家工作人员的亲戚朋友协助收受财物,结果往往害人害己。

如湖南首例特定关系人受贿案中,中央储备粮湖南常德直属库原主任吴命勋伙同其情妇周铮铮一起收受贿赂,结果双双被判刑入狱。周铮铮本来是个湖南省宁乡县医药管理局的下岗职工,2003年与吴命勋相识,后来发展成为情人关系。2005年到2006年期间,吴命勋成为粮库主任,广州美莹粮油购销有限公司的法定代表人李某为了今后能够与常德直属库在粮食购销业务中获得好处,多次找到周铮铮,请她帮忙说项,并分四次送给周现金14万,以及价值13万余元的轿车一辆。周铮铮收到财物后,告知吴命勋,并转达了李的请托要求。于是吴命勋利用职务便利,为李在业务往来上谋取大量利益。

虽然周铮铮只是一个下岗职工,并非国家工作人员,但是因为与吴命勋是情人关系,符合"特定关系人"身份,并且周在每次收受财物后都对吴进行了告知与转达,其行为构成与国家工作人员通谋受贿,因此是受贿罪的共犯,法院据此以受贿罪判处周铮铮有期徒刑10年。而吴命勋因为伙同情妇受贿,单独多次收受他人贿赂,滥用职权,以早稻充当晚稻骗取国家粮食管理费用385万余元,安排本企业有关部门采取虚列支出的方法,套取国家资金100余万元,放入私设的小金库等多项犯罪事实,被法院以受贿罪和国有企业人员滥用职权罪被判处有期徒刑12年。

需要提及的一点是,为了能够更好地规范经济社会发展,打击商业贿赂,2007年11月5日,最高人民法院、最高人民检察院联合公布了刑法确定罪名补充规定,确立了非国家工作人员受贿罪。非国家工作人员受贿罪是指公司、企业或者其他单位的工作人员利用职务上的便利,索取他人财物或者非法收受他人财物,为他人谋取利益,数额较大的行为。这一规定不但完善了法律体系,而且对受贿罪做出了一个更为明确的注解。由于其不属于职务犯罪范围,这里就不再进行深入探讨了。

主观要件 受贿罪从主观方面来看应是由故意构成,只有当行为人出于故意而实施受贿犯罪行为时才构成受贿罪,过失行为不构成受贿罪。如果国家工作人员虽然为他人谋利益,却并无受贿意图,受益人以酬谢名义将财物

送至其家中，而前者并不知情，就不能以受贿论处。

由于受贿罪在行为人的主观故意方面有特殊要求，因此在实践中被很多犯罪者加以利用，通过各种巧妙的办法来制造过失或者不知情的假象，以逃避法律制裁。如在实践中，行为人利用职务上的便利，为他人谋利益，在收受财物时，只象征性地付少量现金，用以掩盖受贿行为的事实。对于这种情况，根据"两高"颁布的《关于办理受贿刑事案件适用法律若干问题意见》的通知，国家工作人员利用职务上的便利为请托人谋取利益，以明显低于市场价格向请托人购买房屋、汽车等物品的，以受贿罪论处，受贿数额按照交易时当地市场价格与实际支付价格的差额计算。

如浙江丽水城建局原副局长季包献，在2002年担任丽水污水处理工程总指挥期间，承建污水处理厂一期工程的闻某为了能够得到他在工程结算方面的照顾，用免费帮助其装修住宅的方式行贿，共价值1.5万元。2005年3月，季包献兼任丽水市处州公园建设指挥部指挥，负责该公园地下室土建工程的项目经理孙某为了与他搞好关系，以便可以在工程上得到对方的照顾，便想尽办法接近和讨好季包献。直接送钱怕季不肯收，还搞僵了关系，孙某便"曲线救国"，留心打听季包献的爱好和需要，功夫不负有心人，很快，孙某便获知季包献想给儿子买辆车。于是孙某二话没说，立刻到杭州二手车市场以14.5万元的价格购买了一辆本田雅阁轿车，并找到季包献，表示想以5万元的价格转让给他。季包献虽然明知 5 万元的价格明显低于市价很多，但认为这不过是自己花钱买到的一件便宜货，也没什么大不了，于是就欣然接受。

季包献的行为就是典型的"交易型"受贿，与传统的直接受贿相比，季和孙之间是通过一种表面上看似正常的交易方式完成了车辆的转让过程的，但是转让的价格明显低于市价，且转让人孙某的这种行为只是特定针对季包献做出的，并附带有请托要求，两人的行为本质是权钱交易的受贿本质，只不过更加隐蔽。因此法院在审理过程中将季包献收受汽车差额款 9.5 万元计入了受贿金额。

越来越隐蔽的受贿手段

从近年来媒体公布的已经公开查处的腐败案件中，我们可以窥见，行贿受贿的手段经过不断发展变形，已经越来越隐蔽，越来越难于察觉。但是从现象学的角度来看，某一种现象的产生并不是孤立的，总会有相通或者相关的现象存在，并且它们的存在是有一定共性的，并且是可以研究和把握的。虽然每个犯罪的"故事"各有各的不同，但是他们使用的手段却是惊人相似，无非是以各种手段隐藏受贿的本质，造成清白的假象。2007 年两高公布的《关于办理受贿刑事案件适用法律若干问题意见》（以下简称《意见》）对 10 种新型受贿行为作出了定性和分类，分别是：1. 以交易形式收受贿赂问题；2. 收受干股问题；3. 以开办公司等合作投资名义收受贿赂问题；4. 以委托请托人投资证券、期货或者其他委托理财的名义收受贿赂问题；5.以赌博形式收受贿赂的认定问题；6.特定关系人"挂名"领取薪酬问题；7.由特定关系人收受贿赂问题；8.收受贿赂物品未办理权属变更问题；9.收受财物后退还或者上交问题；10.在职为请托人谋利，离职后收受财物问题。对打击受贿，预防职务犯罪有很大的促进作用。但是随着实践的发展，贪官们又创新出更多的隐蔽受贿手段，以逃避制裁，这就需要我们擦亮眼睛，去一一甄别。

低价购物，瞒天过海 低价购物包括低价购房、低价购车等多种表现方式，由于近年来房地产业的异常火爆，低价购房已经成为一种非常典型的手段，被广泛用于官员交易型受贿中。很多职务犯罪者以为自己花钱买房，天经地义，对方给的优惠是因为大家关系好，是对自己的情分或者说回报，算不得受贿。还有一些人则是看上了这种隐蔽的受贿方式，频频加以利用，以获得大量利益。重庆市铜梁县原县委书记马平就是充分发挥了自己的"聪明才智"，将购房受贿发挥到极致。

2000年年初，重庆天龙公司聘叶某为副总经理。叶某认为，找个有权势的人做靠山是在商海中纵横驰骋的重要条件，因此他找机会将天龙公司总经理刘某引见给了曾经采访过的重庆市黔江县副县长马平、沈建萍夫妇。不久，马平调任铜梁县县委书记，与刘某、叶某等人的来往更加密切。

其后，马平得知天龙公司开发的重庆南岸金紫大厦销售的信息，认为如果自己从天龙公司买房，肯定能得到优惠，于是前去找刘某帮忙。刘某正愁不知怎么向马平表示好感，这下正中下怀，连忙热情地表示会以最优惠的价格让他买到称心如意的房子，并推荐了一套280.26平方米的双套户型给马平，单价每平方米1050元，总价29万余元。对此马平夫妇非常满意，很快便签订了购房合同，沈建萍支付了15万余元现金，约定余款14万由银行按揭贷款支付。2001年2月，天龙公司向沈建萍出具购房全款发票。考虑到今后公司需要马平帮忙，刘某向马平提出免掉购房余款14万。马平非常高兴，觉得刘某是个"可交的朋友"。

2001年下半年，天龙公司准备开发重庆市南岸区南坪正街天龙广场项目，这个地方地处闹市中心，属黄金宝地，颇有生意头脑的马平觉得如果在这里买门市，将来一定会大大增值，于是再次向刘某、叶某提出以优惠的价格购买门面房。双方约定每平方米5000元，对此马平非常高兴，表示以后公司有事可以找他，并由沈建萍向天龙公司支付了25万元定金。但是8月份开盘预售时该门市房被某单位整体买走，马平夫妇很不满意。为了表示补偿，刘、叶二人连忙另选一套门市，虽然当时市价已经涨到每平方米2万余元，但他们仍然作价每平方米5000元卖给了马平夫妇，总价共计49.2750万元。

为了表示感谢,马平也不遗余力地利用手中职权为天龙公司谋取利益,尤其在该公司的铜梁县金江水泥项目上给予大力支持:不但安排铜梁县分管工业的领导与天龙公司接洽、合作,还积极帮助该公司争取国家贷款,并且擅自改变天龙公司与铜梁县工业园区签订的各出一半资金进行道路改造的约定,由铜梁县交通局单方出资460余万元进行道路改造。这些行为为天龙公司取得了巨额利润,于是刘、叶二人想做些补偿,提出再次赠送天龙广场另一处门面房给马平。为了不太引人耳目,双方约定以每平方米低于市价3000元的价格进行买卖交易。就这样,马平夫妇仅天龙广场的两处门市就少交房款164万余元。

交易、交易,有买就得有卖。低价购房、购车是买入的行为,但是为了能够更加巧妙地掩饰受贿行为,马平又发展出了卖出的行为,通过高价卖出财物来获利。他首先以女儿的名义,以每平方米1万元的价格低价购买天龙公司开发的南坪商业大楼的两个商铺,然后再与天龙公司签订返租合同,按月收取租金。为了能进一步争取马平在金江水泥项目上的支持,刘、叶二人决定以每平方米2万元的价格买下该商铺,于是一买一卖间,马平夫妇又入账27万余元。

两高公布的《意见》中明确规定:国家工作人员利用职务上的便利为请托人谋取利益,以明显低于市场的价格向请托人购买房屋、汽车等物品的,以受贿论处。以明显高

第二篇 职务犯罪的种类与手段

于市场的价格向请托人出售房屋、汽车等物品的,以受贿论处。市场价格包括商品经营者事先设定的不针对特定人的最低优惠价格。根据商品经营者事先设定的各种优惠交易条件,以优惠价格购买商品的,不属于受贿。

马平

马平自以为在开盘前约定房产交易事项构不成低价购房的要件,但是刘、叶二人的所谓优惠价格只是针对马平做出的特定"优惠",并不妨碍受贿的成立。马平利用其作为县委书记具备的对全县事务的决策、指挥权,或通过命令、指示等方式,让其下属部门或工作人员具体经办为行贿人谋利(如安排铜梁县政府有关领导、国土局局长办理金江水泥项目的用地审批手续等),或亲自为行贿人向上级部门疏通关系谋取利益,如到市经委、市信用联社协调批文、贷款事宜等,并以低价购房的方式大量收受天龙公司的贿赂,其行为已经构成受贿罪。而其妻子沈建萍虽然并未利用职务便利为天龙公司谋利,但在主观方面有与马平共同受贿的主意,对伙同马平收受贿赂持积极追求的态度,并具体参与实施了与行贿人商谈购房、签订买卖合同、交纳购房款、办理产权手续等行为,实现了对贿赂财物的实际占有,所以也构成了共同犯罪。因此，重庆市高级法院以受贿罪判处马平有期徒刑13年，以受贿罪判处沈建萍有期徒刑3年。而马平的案件也被列为2007年十大反腐败案件之中。

无独有偶，上海浦东新区原副区长康慧军也是低价购房的热衷者。这位被人们成为"炒房区长"的"大人物"，手中长期掌握着陆家嘴地区的土地交易大权，是开发商的重点攻关对象。康慧军也不浪费手中的权力资源，积极寻求谋利途径，多次利用职务之便为上海某房地产公司在获取土地方面提供

康慧军与其妻王效琴同堂受审

帮助。作为回报，该公司于2001年以1999年的价格"让利"销售给他一套144平方米的住房。随着上海房价的迅速攀升，康慧军看到了房市里的"钱途"，于是婉转地向该公司吐露又看中了一套320多平方米的精装样板房。该公司立即出台了"体贴"的换房方案：收回此前出售的144平方米住房，仍旧以1999年的价格向康慧军出售该套房，多出面积由康慧军补差。于是康慧军以270余万元的价格买下了这套豪宅。

经过核查,康慧军的购房价与市场价差额为489万余元,这也是他被控受贿罪名最主要的资金构成。应该说,炒房区长一案仅仅是揭露了购房腐败中的冰山一角。近年来出现的各种类似案例中,无不存在着市场和权力的勾结。原上海市政府办公室副主任、宝山区区长秦裕所收682万元贿款中包括位于上海市中心的三处房产,都是通过以差换好、以小换大的方式获得的。

干股分红,隐居幕后 干股是指未出资而获得的股份。让我们先来看一个例子:2002年,龙游县成立河道管理整治工作领导小组,负责全县河道采砂整治管理工作,雷金富被任命为领导小组办公室副主任、河道疏浚砂资源开发有限公司副总经理。河道办负责重点整治全县河道及无序采砂、乱弃渣和乱设障问题,疏浚公司则负责河道疏浚砂资源开发规划的实施、沙滩开发标的、标书的编制和对外发包。由于龙游县的采砂业非常发达,因此雷金富成为很多包工头的拉拢目标。

龙游县灵山江堤外的后田铺村有一片荒芜的高河滩鱼塘,本来由胡海松、蒋月新与吴爱国3人合伙承包,准备以鱼塘改造的名义偷偷开采砂石料。但是后来吴爱国因故退伙,胡和蒋灵机一动,忽然想到了雷金富这个主管河道的"大财神",于是找到雷金富,表达了希望邀他入伙的意思。为了表示诚意,两个人提出,不需要雷出一分钱,只要他在鱼塘砂石料的开采或转让上提供帮助,就可以获得

1/3的红利。雷金富觉得有利可图,便一口答应。为了掩盖没有出资的事实,他们起草并签订了3人共同出资的虚假协议书。后来雷金富与采砂商人吴以诺协商,把高河滩鱼塘的砂石料以38万元转包给吴以诺,这样没出一分钱,就凭借手中的权力得以"入股",得到了8万元的"红利"。

在调查时,雷金富狡辩说自己是与胡海松、蒋月新合伙做生意,所得8万元属于经营所得收益,因此不算受贿。但龙游县检察院经过认真调查取证,认为胡海松、蒋月新承包鱼塘的目的就是为了开采经营其中的砂资源,而邀请雷金富入股,看中的是他河道办管理人员的身份和职权,可以利用其在开采砂资源过程中获得便利。三人共谋时,明确约定雷金富无需出资,更无需承担经营风险,获利则三人平分。这种"合伙关系"显然与民事法律规定相悖,是不成立的,三人之间是一种虚假的合伙关系。雷金富与蒋月新、胡海松之间并非合伙关系,而是借干股之名收受贿赂,明显体现了权钱交易的特征。在收受干股后,雷金富寻找买家出售鱼塘采砂权的行为同样利用了职务便利,也是他积极追求将干股转变成实际利益的表现。其所得的8万元是利用了自己的职务便利,符合受贿罪的构成要件。二审法院采纳了检察院的建议,最终将8万元干股分红计入雷金富的受贿总额中。

在腐败与反腐败的博弈中,越来越多的行贿和受贿者采取越来越隐蔽和巧妙的方法来规避法律,企图逃脱惩

第二篇 职务犯罪的种类与手段

吃干股

罚。利用职务便利,以搭干股的形式制造合伙经营的假象,收受"经营分红"来谋取私利就是一种新的受贿形式。

湖南省益阳市安化县廖家坪锑钨矿原矿长高力初夫妇也是干股受贿的典型。2001年12月,廖家坪锑钨矿决定将该矿八宝山工区的采矿权向内部职工发包。经投标,李军以向矿上交100万元风险抵押金的出价中标,取得三年的承包权。2002年1月,李军与廖家坪锑钨矿签订合同,李军与合伙人刘善安成为八宝山工区两大股东。在八宝山工区正式开工后,廖家坪锑钨矿矿长高力初之妻罗腊梅找到刘善安,要求入股。刘善安与李军商量后,决定在原来配股的基础上,另加10万元干股送给罗腊梅,于是几个人重新签订了合伙协议。

此后的四年中,高力初利用矿长的职务便利,为李军和刘善安的"生意"谋取了很多方便,而二人也不忘报答,以其妻入股为由,送上了100余万元的分红。行贿数额如此巨大,刘善安等人心理也不踏实,因此曾数次委婉地劝说高力初夫妇放弃"入股",但高力初夫妇觉得拿到巨额分红是自己为李、刘二人谋利的"合理劳动所得",没什么不妥之处,因此根本不予理睬。及至案发,高力初夫妇也不认为自己所拿的分红是贿赂的一部分,最多只能把曾经收受的10万元干股计算在内。

两高发布的《意见》第二条明确规定:国家工作人员利用职务上的便利为请托人谋取利益,收受请托人提供干股的,以受贿论处;进行了股权转让登记,或者相关证据证明股份发生了实际转让的,违纪数额按转让行为时股份价值计算,所分红利按违纪孳息处理。股份未实际转让,以股份分红名义获取利益的,实际获利数额应当认定为违纪数额。因此,高力初夫妇所得的分红也是受贿的一部分,应该计入受贿总额中。

假买卖,真受贿 所谓假买卖,就是指买卖关系的建立并不是基于商品的价值与使用价值的基础上,而是基于其他原因,严重偏离价值规律,有悖常理的交易行为。正是鉴于买卖关系与行贿受贿在本质上有天壤之别,一些人渐渐发现,通过假买卖的形式送钱或收钱是一条相对安全的通道,因此逐渐成为新形势下的一种新的贿赂手段。假买卖针对的是除去上述房屋、汽车等固定资产交易外的其他财物的行贿方式,主要集中于字画和文物古玩方面。因为这些物品属于藏品,在价格评估方面带有较强的主观色彩,因此很难准确界定价格。特别是一些喜欢字画的领导,在特定的场合下,对于特定的人而言,他的作品就有了特殊的意义,对方因为看中了他手中的权力,愿意高价收购其作品,以示"诚意",这个时候,字画就成为权钱交易的中介,沦为行贿受贿的工具。南京市玄武区孝陵卫街道办事处原副主任黄海就绞尽脑汁上演了一出假买卖、真受贿的闹剧。

在当上街道办副主任之前,黄海一直都与拆迁工作打交道,从1993年起先后担任过玄武区拆迁办拆迁科科长和拆迁办副主任。1999年调任孝陵卫街道办事处副主任后,仍然分管征地拆迁工作。2001年年初,江苏某房地产开发公司取得了孝陵卫街道辖区内罗汉巷地块的商品房开发项目。要开发就必然要涉及拆迁,因此黄海开始负责组织拆迁工作。凭借多年的拆迁经验,按照国家及地方有关征地拆迁方面的规定,拆迁工作开展得很顺利。到2001年下半年,罗汉巷工地拆迁已经基本结束。这天,黄海将

■ 职务与犯罪

该房地产公司总经理杨某请到自己的办公室,为他算了笔详细的拆迁账:首先按协议,黄海组织的工作为他们节省了 100 多万元;其次黄海想方设法从协议范围外协调出点子,用回购款抵充拆迁保证金,既增加了资金利用率,也节省了几十万元钱,共计省了约 160 万元到 170 万元。黄海的意思很明确:我帮你们节省了这么大笔钱,你们总应该有所表示吧? 杨某听后立刻表示,要给黄海一笔钱作为感谢,并伸出了一个指头。100 万! 黄海感到既兴奋又恐慌,心里七上八下。过了几天,他忍不住来到杨某的办公室说:"我要是拿了你 100 万,一旦出事了,会杀头的。"杨某

灵机一动,想起黄海的舅舅是个画家,于是提示性地问:"听说你舅舅是画家,油画画得不错,价格很高。"黄海立刻心领神会,答应想办法卖两幅舅舅的"优秀作品画"给杨某。两个人一拍即合,由黄海负责起草了一份售画协议,约定双方自愿买卖黄华舅舅的两幅国画,价格 100 万元,保证画

是真迹不是赝品,交画时间在2001年年底。为了"避嫌",黄海在签协议时签上了妻子的名字。2001年年底,黄海将装裱好的两幅画《喜虾》和《妙笔生花》送给了杨某,还让他写了一个收条。于是两幅国画习作"卖"了100万元。2002年年初,为了能保住100万元安全着陆,年仅46岁的黄海选择了提前退休。退休后他多次打电话向杨某要钱。于是杨某分两次给了他一本20万存款的存折、一张20万和一张60万的转账支票,共计100万。

在黄海接受调查时,他一再强调画作的价值,于是对画作先后进行了四次价格认定,最后一次是法院委托国家发改委价格认定中心进行的复核鉴定,结果两幅国画的价值仅为3000元。以3000元的习作"卖出"100万的天价,交易双方的行为严重背离了价值规律,完全是醉翁之意不在酒,其所指向的是黄海利用职权为杨某谋利的权钱交易关系,只不过是以合法的形式来掩盖非法的受贿目的。"聪明的"黄海最终还是没能逃过法律的制裁,因受贿罪被判处有期徒刑10年6个月。

除了藏品,其他财物也有进行虚假买卖的实例。如北京市公安局原网监处处长于兵,为了掩盖自己受贿的事实,也采用了假买卖的手段,与行贿公司签订假的买卖协议,以非常贵的价格出售一些物品给行贿公司,一张桌子就能夸张的卖几十万的高价。但是不论手段多么隐藏、巧妙,明显有悖常理的假买卖关系还是无法抹杀其真受贿的本质,因此,妄图以假买卖来掩盖真受贿的贪官们最终还是无法逃脱法律的制裁。

"高技术含量"的委托理财型受贿　委托理财是近年来逐渐兴起的一种新型投资理财方式,主要源于金融界约定俗成的一种通称,泛指企事业单位或者个人将其自有资金委托给投资机构或者专业投资人员,由后者投资于证券、期货市场,所获得的收益按双方约定进行分配的经营行为。委托理财在促进投资人资金保值增值的同时,也给少数国家工作人员收受贿赂提供了"便利"。委托理财型受贿是时下出现的一类新的受贿犯罪类型。一些国家工作人员利用职务上的便利为请托人谋取利益,以委托请托人投资证券、期货或者其他委托理财的名义来谋取私利。这种行为披着获取委托理财投资收益的合法"外衣",行的却是受贿之实。因为其需要一定的专业金融知识,并且相对隐蔽,在司法鉴定上也具有一定的难度,因此被戏称为"高技术含量"的受贿类型。

与合作投资型受贿不同,委托理财型受贿主要集中于金融领域,有几种不同的方式:一是国家工作人员未实际出资而以委托理财名义获取所谓的投资收益;二是委托他人理财并实际出资,受托人进行了实际投资,但是所获利润"明显高于"出资应得收益;三是委托他人理财并实际出资,受托人未进行实际投资,委托人获得的收益也"明显高于"出资应得收益。先来看两个简单的例子:

身为政府采购中心主任的赵志强自2007年投资证券以来,总是亏多赚少,这令他很是郁闷。恰好,政府有关部门要采购大批笔记本电脑,因投资证券而发了财、在当地小有名气的陈某得知这个消息连忙找到赵志强,希望他能关照一下自己公司的生意,并奉上5万元红包作谢礼。赵志强担心拿了这5万元后对自己日后不利,但又不想放弃,遂转念想出了一个好办法——将这5万元委托陈某为自己投资证券,这样一来,既不着痕迹,又可以在日后获取更多的利益。陈某见赵志强这么"敞亮",心头大喜,当即满口答应,并进行了实际操作。在这个案例中,赵志强本身并没有出资,但凭借手中的权力"融资"并委托给陈某理财,以获得收益,是典型的委托理财型受贿,属于第一种形式。

市发改委原党组书记宋某,曾任市发改委主任,因业务往来与某公司负责人唐某结识。宋某以其舅舅委托投资为名,拿出50万元交给唐某,说是向他的公司投资,并动手起草了投资入股证明,提出无期限索要每年30%的回报(即每年15万元)。后来又更改"协议",要求每年多加5万。唐某考虑到宋某的地位和职务,无奈下答应了他的投资回报要求。于是宋每年从该公司收取"回报"20万元,7年共计140万元。其后唐某转任公司海外分公司做负责人,宋某再次提出要投资50万元。唐某为了"答谢"宋某多年来利用职务之便给予公司的"帮助",并顾及到其地位,同意按年20%的回报率接受宋的投资。借此,宋3年从该公司收取所谓投资回报共计30万元。在这里宋某基于职务关系与该公司之间是管理与被管理者的关系,双方的地位是不平等的。他利用对该公司有关项目审批的职务便利为公司谋取巨大利益,虽然有实际出资,但自拟协议、自定回报率、没有具体投资项目,既不承担任何风险,也没有"投资"期限,并且约定的高额回报率明显高于正常投资收益。宋的行为实质上是一种变相的受贿行为,是委托理财型受贿的第二种形式。

第三种形式比较好理解,即委托人的资金并没有用于经营投资业务,但是受托人仍旧向委托人提供"明显高于"出资应得收益的利润。

以上是已经引起国家重视的受贿人以委托行贿人理财的方式进行受贿的主要手段。但是在实践发展中,一些国家工作人员为了逃避法律的制裁,又发展出了新型的委托理财关系,即行贿人以向受贿人委托理财的方式行贿,比较典型的是2007年的徐经武委托理财受贿案。

徐经武,曾任安徽省能源集团公司(即皖能公司)总经理助理、安徽省计划委员会社会发展处处长、省发展和改革委员会助理巡视员、省经济委员会副主任等职务。1995年徐经武协助副总经理李淮杰负责皖能大厦和职工宿舍两个工程的基建工作。这时,徐经武妻子的堂弟罗林找到他,希望姐夫能给自己一点工程做做。为了避嫌,徐经武提出找个人做幌子来承接工程。罗林便找到自己的大学

第二篇　职务犯罪的种类与手段

同学何兆利,让他以中建七局二公司的名义到皖能公司基建办报名参加皖能大厦的招投标。于是徐经武专门和基建办主任陈西坦打

徐经武

了招呼,并把皖能公司内部情况和其他公司的投标情况告诉了罗林。为了能万无一失,他又带着罗林来到总经理张绍仓的办公室,张立刻表示会全力支持罗林承揽工程。于是徐经武送给张一个10万元的红包表示感谢。其后,徐多次在公开场合鼓吹中建七局二公司的"国优品质",制造舆论效应。工程开标时张绍仓、徐经武又在中标关键一环的信誉分上给了最高分。于是中建七局二公司毫无悬念地竞标成功。此后,徐经武又帮罗林承接到了安徽师范大学、安徽财经大学等大学教学楼的众多工程,使罗林赚得盆满钵满。

"吃水不忘挖井人",罗林赚钱后一直在寻找机会回报"重情重义"的姐夫,但徐经武怕刚接工程就收钱风险太大,都含糊推辞了。不久,罗林得知徐经武炒股不利,不但赔进了全部积蓄,连房子抵押款也搭进去了,立刻表示要给徐经武50万元应急。徐经武虽然着急用钱,却还是有

些犹豫。为了让他安心,罗林便找了个借口:"你也帮别人炒过股,我给你这些钱,就算是帮我炒股吧。"徐经武心里一动,便应了。其后,为了能更加完善,他又口授了一个"赚钱超过银行利息平分,亏损算罗林的"假炒股委托书,让妻子罗勇在拿钱时交给罗林,并再三叮嘱要拿现金,不要转账,以免留下痕迹,被人查出。

50万元投入股市后很快又被套牢,适逢2002年股市再度飞涨,徐经武不思教训,又跃跃欲试。此时罗林雪中送炭地打来电话:"姐夫,行情很好,要不要再加100万?"可惜,没多久股市就开始下跌,这100万如泥牛入海,一去不复返。2002年年底,罗林再次送给他30万元,徐经武又原封不动地全部投入股市,结果还是血本无归。

2006年5月,张绍仓案发,徐经武万分惊恐,赶忙连夜找到罗勇,拿出三份假炒股委托书,并统一口径,企图蒙混过关。但是检察机关很快就发现了这三份炒股委托书的不合理之处:赚了要平分,亏了都算出资人的,哪有这样的好事儿!于是顺藤摸瓜,很快便掌握了徐经武受贿180万的事实。六安市中级法院以受贿罪判处其有期徒刑13年,并处没收个人财产人民币25万元;违法所得187.9万元、购物卡1万元,予以追缴,上缴国库。

金蝉脱壳,隐形受贿 对于国家工作人员合作投资型受贿,国家历来都很重视,两高发布的《意见》中明确规定:"国家工作人员利用职务上的便利为请托人谋取利益,由请托人出资,'合作'开办公司或者进行其他'合作'投资的,以受贿论处。受贿数额为请托人给国家工作人员的出资额";"国家工作人员利用职务上的便利为请托人谋取利益,以合作开办公司或者其他合作投资的名义获取'利润',没有实际出资和参与管理、经营的,以受贿论处。"这就对公职人员以合作投资开办公司为借口进行受贿形成了比较有力的震慑和束缚。但规定是死的,人是活的,一些人为了能够绕开规定的束缚,逃避法律制裁,在合作投资型受贿这个领域里发展出一种新的模式——金蝉脱壳。具体而言就是绕开经手资金这个敏感环节,由其利害关系人出面开办公司,自己则不占股份,甚至不拿任何费用。表面上看,受贿者与公司没有任何关系甚至账目往来,但实际上受贿者就是公司的幕后操控者,是真正的大老板。与传统的合作投资型受贿有所不同,在这种方式下,公司本身在某种程度上已经成为受贿者的钱袋,不再需要通过请托人采用分红等方式给付财物。这种方式对技术性要求较高,因此也更加复杂和隐蔽。姜人杰案作为合作投资型受贿的新典型,其隐蔽程度远远超过以前任何一种形式,因此引起了人们的高度重视。

作为分管城建和交通的关键人物,姜人杰拥有很大的权力和转圜的空间来使土地发生质的转变,这也使得他拥有了敛财的重要"资本"。与一般官员受贿不同,姜人杰并非因收受贿赂,违规审批土地、非法变更土地使用性质而获罪,也没有在他主管的市政建设中中饱私囊。虽然他敛财的领域在于土地,却又不是一起简单的土地腐败案。从整个操作经过来看,姜人杰的利益输出方式与回报的实现途径非常复杂,由于是分管城建的副市长,他可以轻易地调动多种资源,周旋于多重身份之间,很多企业正是看中这一点才不惜血本进行"长期投资"的。

姜人杰最大一笔贿金是顾文彬在鼎立物产公司将苏州娄葑东区旺墓村独墅湖 150 亩国有土地使用权,置换为娄葑机场东路南的 150 亩国有土地使用权的过程中给予的 8250 万元。顾文彬原是娄葑镇政府的官员,负责镇招商局的工作,后来下海经商。在经商前,他已经于政府工作中结识了姜人杰,且关系非常密切,经常去姜家,与姜的交流非常直接。但是顾文彬下海后并没有赚到太多钱,也没有很雄厚的资金实力。尽管如此,他仍然被姜人杰选中,作为收购苏州水利局在旺墓村建设项目的买家,正式登台。

当时正处于苏州土地市场改革的前夜,以往"协议出让、有偿使用"的方式逐步向全面"招、拍、挂"的方向演进。苏州水利局原先协议出让的土地价格非常低廉,即使按照 8 万元一亩加价收购也会获得巨大的升值空间。并且随着苏州园区的迅速发展,土地也变得抢手起来,姜人杰和顾文彬都很清楚,虽然存在风险,但是如果能够顺利收购这个项目就意味着将有大笔钱可赚。但问题是顾文彬手中没有钱。

第二篇 职务犯罪的种类与手段

适逢2001年7月,苏州市政府批准成立苏州城市建设投资发展有限公司,作为苏州城市建设最大的融资、投资平台,而姜人杰则成为这家公司的董事长。姜人杰把顾文彬介绍给苏州城市建设投资发展有限公司下设的子公司——苏州住房置业担保公司,并从中借出1800万元用于完成收购。于是资金的问题迎刃而解。其后,因为园区发展需要,管委会找到顾文彬商谈土地回收事宜,顾在姜人杰的"提示"下提出了回收方案:"一是有偿回购,二是土地置换。"该方案没有得到管委会的认可。于是姜人杰再次支招,让顾文彬寻找外商作为合作伙伴,以合资企业的身份和园区政府谈判,以便引起园区官员和市领导的重视。顾文彬依计而行,找到了在娄葑招商局工作时认识的香港奔德集团董事长助理王某。王某对此十分感兴趣,承诺投资入伙,并于2002年年初以合资企业的身份再次向管委会和市领导提出土地置换方案,得到了批准。由于方案一年多没有落实,姜人杰又以水利局项目介绍人的身份向园区

姜人杰

■ 职务与犯罪

领导反映情况,促成了土地置换的落实。置换土地需要补交3400万元的差价,顾文彬没钱,只好再次找到姜人杰,由其出面从几家拍卖行腾挪出资金解决了这个问题。此时,国土资源部颁布了11号令,开发区的土地价格在公开交易市场上已经超过六七十万一亩。

拿到土地后,顾文彬倒手将股权卖出,一买一卖间获利2亿元。2003年下半年,在第一笔资金到账后,为了感谢姜人杰的帮助,顾文彬表示愿意将第二笔资金在归还各项债务后剩余的8000余万元送给他。面对这笔巨款,姜人杰"想拿,但是不敢拿"。几经考虑,他和顾文彬商定,用这8000多万元在上海注册一家公司,由其子姜荑代为管理。姜人杰的意思是:"自己观察一段时间,合适的时候来处理。"所谓"处理",就是决定拿还是不拿,究竟该怎么拿。

姜荑在毕业后就成立了一间拍卖行,并且在短短的

欲盖弥彰

两年时间里垄断了大量苏州国资系统的资产拍卖，其实质是姜人杰权力寻租的代言人。经过商定，2003年11月，顾文彬以公司名义将8250万元汇入苏州正基建设集团公司账户，12月底，顾成立一家名为上海仁和泓业的投资公司，股东为顾文彬与俞建绍，由正基建设开出汇票，将5000万元汇入该公司账户作为注册资金，后来又汇入3250万元作为流动资金，并且与姜荑鉴订委托管理协议，使其成为公司的管理者，掌握财务管理权。由此，姜人杰巧妙地规避了公司的所有权。

尽管如此，这笔巨额贿金对姜人杰来说仍是一道难题。从技术上讲，很难将黑钱彻底洗干净，虽然有仁和泓业投资公司作为载体，规避了现金与物品转移的危险性交易，但是在该公司中，姜家并不占有股份，直至案发时，姜荑也没有从该公司调拨过资金，既没做过一笔生意，也没领过工资。从表面上看，公司的掌管者仍然是顾文彬。但是顾文彬在以该公司名义投资春申湖项目时曾对姜荑说："对外用我的名字，但实际一半是你们的。"可见，姜家实质上仍然在公司中占有重要位置，只不过以更加隐蔽的方式掩盖了这一事实。姜人杰想以金蝉脱壳的方式妄图洗净黑钱，可惜还没有处理完毕，就东窗事发了。虽然最终姜人杰仍是被绳之以法，但是他这种新型受贿方式非常值得深思：在市场经济条件下，合理甄别名义法人与实质所有者，对反腐败工作至关重要。

■ 职务与犯罪

赞助赌资,两情相悦 如今社会上存在这样一种现象:一些人在赌场上善解人意,懂得在适当的时候输钱,在关键的时候点炮,在赌场外细心周到,常常奉上大笔的赌资作为赞助,或者叫上喜欢赌博的国家工作人员代替自己赌博,输了算自己的,赢了算对方的。这种美事对于每一个喜好赌博的人来说都是具有无可匹敌的吸引力的。于是一些人禁受不住诱惑,频频加入这种稳赚不赔的娱乐性游戏,或者接受请托人"赠予"的赌资,放开手脚玩乐。当然这种美事不是随便就可以得到的,需要以手中的权力为请托人谋取利益为代价。行贿者花钱办事得到利益而满心欢喜,受贿者觉得对方懂眼色、会来事而非常满意。于是,赌博型受贿成为兼具"趣味性"与隐蔽性的流行受贿手段。

所谓赌博型受贿就是指国家工作人员通过赌博形式收受请托人财物或者由请托人提供赌资进行赌博,并且有利用职务之便为请托人谋取利益的行为。赌博型受贿通常都罩有一层娱乐的隐蔽外衣,因为一般赌博娱乐行为也存在通过输赢进行财物的转让与过渡的现象,而输赢的结果本身带有一定的随机性和技术性因素,因此有时很难对这种受贿行为做出定性。由于赌博罪是轻罪,平时民间娱乐赌博往往不以犯罪追究;而行贿受贿是重罪,因此一些党政干部同请托人之间会心照不宣地进行赌博玩乐,故意输钱给公关对象。甚至一杆高尔夫球可以"赌输"送出几十万元。这种权钱交易以往很难追究,因为双方都会坚称

是赌输的而不是行贿受贿,所以在判断的过程中应该注意以下几点:

(1)认真考察赌博的背景、场合、时间和次数 要将赌博型受贿与一般的赌博娱乐行为区别开来。

(2)明确赌资来源 主要看国家工作人员参与赌博的赌资是自己的还是由请托人出的。

(3)考察赌博输赢的结果是否被控制 主要看其他赌博参与者有无事先通谋,是不是有特定的指向,而正常的赌博输赢一般都是具有一定偶然性的。

来看看高良斌的例子:高良斌,曾经是一个中规中矩、积极上进的领导干部,但是他有个不大好的嗜好——赌博。说起这个嗜好,要从1994年说起。1994年,市里组织一批领导干部去新马泰旅游,高良斌也在其中。在旅途中,一行人住在福州市东湖宾馆,由于闲着无聊,有人便提出要打扑克拔杠赌钱玩。说动就动,几个人用32张扑克拔杠,庄家通过与边家比两张牌点数大小决输赢。这种玩钱的游戏很新鲜刺激,高良斌一接触马上就喜欢了,于是一路下来,基本没闲着,抓紧时间玩。回国后,高良斌居然已经玩上了瘾,时不时就要找机会约上"圈里"的一些领导干部来玩。慢慢的,赌博圈子的范围也开始扩大,从当年一起旅游的小圈子扩容至包括有业务往来的领导干部、商人在内的大圈子。高良斌作为组织者和倡导者经常约人在家里、办公室或者就酒店、宾馆开局,拔杠赌博。一些有求于他的商人摸到了他的这个特殊嗜好,颇为欣喜,开始频频找机会输钱。于是,高良斌成了远近闻名的赌徒加赌神,到1998年短短四年的时间已经"赢"了147万元!

1998年,厌倦了拔杠赌博的高良斌转战麻将战场,再次成为"领军人物"。高的赌局开得相当大,有时一天下来输赢金额就要达到十几万元,并且脾气相当"臭",如果输了就骂人,不赢不让散场。这种习性使得一些人开始望而生畏,萌生退出的念头。也就是这个时候,他结识了当时正在做烟草生意的冯德辉。几次麻将聚会下来,冯德辉输得让高良斌"志得意满",于是两个人越发"熟悉"起来,成了好朋友。见时机成熟,冯德辉开始多次向高良斌请托生意事项,高良斌一一允诺,并卖力地动用手中的权力和自己的人脉关系把事情解决得妥妥帖帖。对于高的鼎力相助,冯德辉非常感激,多次通过各种手段表示感谢,其中也包括以赌博的名义进行行贿。2002年中的一天,冯德辉见到高良斌情绪很低落,就叫他到

高良斌在法庭上受审

自己家里喝茶,并塞给他 10 万元,"关心"地说:"听说最近你手气不好,这点钱你拿去,以后打小点,别玩太大,前途要紧,缺钱时给兄弟我打一声招呼就行。"这令高良斌非常受用。不久,适逢冯德辉开发的闽东大广场项目消防设施要验收,他便来找高良斌,希望高能帮忙找消防支队在验收时关照一下。高良斌果然不负所托,验收很快通过。为了保持两人良好的朋友关系,冯德辉经常找高良斌到家里来,替自己与做生意的人打麻将,不论输赢都算是冯德辉的,事后再给高一两万元的辛苦费。这样,既满足了高良斌打麻将的手瘾,又满足了他谋取利益的钱瘾,对此,高良斌非常满意。冯德辉用这种方法,前前后后共给高良斌辛苦费 13 万元。

如果说高良斌在 1994 年旅游途中的赌博还是娱乐性质的话,那么发展到后来已经成为一种受贿的途径与手段。冯德辉等基于高良斌的权力和社会地位考虑,通过赌博这种表面娱乐的方式多次向他行贿,目的就是为了能够通过高良斌谋取特定的利益。而高良斌明知对方是具有请托目的,并且人为控制赌博输赢以实现让渡财物结果的情况下,依然接受并认可这种所谓的娱乐方式,并且在实际工作中确实多次利用职务之便为请托人谋利,其行为已经不是单纯的娱乐,而是披着娱乐外衣的受贿行为。因此难逃法律的制裁。

马惠明受贿也是如此。他受贿款的大部分是通过接受他人提供的赌资、拼赌分红等途径获取的。作为一个"赌神",马惠明赌博从来只赢不输,论及经验,不外有四:其一,不用自己动手:只要在赌场上跟着某个老板,人家自然会将赢得的筹码当成礼品赠送,再由他直接将筹码换成现金。其二,不用自己出资:由老板出资,马惠明搭手,输了了事,赢了全归他所有。其三,不用懂得技术:按照时下流行的话就是"拼赌",赌资照样由老板出,马惠明坐收其成,输了由老板承担,赢了按股分红。其四,不用亲自到场:如果有老板要去境外赌博,马惠明会提出"拼赌",这样即使不用到场,一样有分红营利。就是这四大招式,使得马惠明财源滚滚,几年时间里"赢"了300多万元。

时下很多领导干部都有赌博的"小嗜好",说是可以放松精神,广交朋友,还能见识市面,当然这其中还有一层原因就是可以通过看似合理的方式从"赌友"手中收取贿赂。一些人在案发后居然以赌博娱乐为借口来掩盖受贿的事实。如广州珠江实业集团有限公司原董事长、党委书记兼海南国际置业公司董事长周孟尝,在案发后检察机关的调查过程中就以赌博为借口否认受贿的事实,将之解释为"我没有别的嗜好,就是喜欢打点小麻将,这是他主动给我打麻将的钱"。打麻将的小赌资无非是请托人为了请托事项或者为日后办事打下人情基础,周孟尝收人钱财,利用职务之便与人消灾的行为也是典型的受贿,娱乐的外衣难以掩盖钱权交易的本质,因此周孟尝还是要以自己的政治

第二篇 职务犯罪的种类与手段

前途和宝贵的人生时光为收受这些赌资埋单。

亲朋好友齐上阵，财源滚滚扑面来 为了避嫌，也为了安全，一些国家工作人员，尤其是一些职务较高的国家工作人员利用职务上的便利为请托人谋取利益，往往不是其本人亲自收受请托人财物，而是授意请托人与特定关系人以买卖房屋、汽车等物品的方式进行交易，有关财物也由特定关系人收取。这种"间接受贿"的往往从表面上看，受贿者并没有得到财物，行贿者的对象只是针对其身边的亲友等关系密切者，通过为他们提供方便，赠送财物来讨好掌权者。因为它比较安全隐蔽,且关系复杂,手段多样,取证困难,因此被"有心者"广为运用,往往能收到"奇效"。

在前文我们曾专门讨论过特定关系人的问题,不过是从职务犯罪的人情关系原因角度来进行分析,而不是专门关注其使用的手段。特定关系人因为内涵的丰富而使其天生带有较为广阔的发挥空间:家属、亲戚、情人、利益共同人等,都可以成为行贿的对象,因为对象多样,自然行贿的内容也就多样化起来。

像康慧军儿子在英国留学,行贿人就以"压岁钱"的名义,送给其儿子"压岁红包",为了方便使用,干脆给予"压岁美金"。长春市委副书记田忠的妻子李玉英虽然只有初中毕业,却仍然可以在一家民营企业作"高级顾问",从开始月工资3000元,直涨到后来的月工资5000元,前前后后从该公司领取了15万元工资。尽管事实上她从来没有到这个公司上过一天班。当李玉英看到水库管理局刚盖好的家属楼表示想要一套时,管理局的局长郝某立刻就懂事地表示:"你们家要买一套(房子),给你留一套,我装修好了,给你送钥匙去。"事后,郝局长送上了钥匙,还代付了房钱。南昌市劳动和社会保障局原局长陶年根,多次收受贿赂都有其妻子和儿子的身影,这些亲人们"心有灵犀",非常配合地帮他收下45万余元的贿款。

2007年,中纪委副书记刘锡荣在渝作党风廉政建设形势报告时曾表示,2006年的"贪污受贿等腐败案件中,70%

的案件所涉及的贿赂是由官员家眷甚至情妇收受"。如郑筱萸，一家三口轮番上阵，共同演绎受贿的"篇章"。郑筱萸之子郑海榕，上海一正医疗器械有限公司的幕后操纵人，曾在中国医药集团下属某企业工作。一正医

交易

疗其实是个皮包公司，主要依靠批文交易等来获利。郑筱萸跟医药企业应酬吃饭时，经常带着郑海榕一起参加，并有意无意地让别人知道这是他儿子。很多医药厂商立刻心领神会，频频向郑海榕示好又是送钱，又是送干股，以讨得郑筱萸的欢心。康力元等8家涉案企业，大多数都是直接与郑筱萸的妻子刘耐雪和儿子郑海榕发生交易。浙江某药企老总李某更是深谙此道，干脆聘请刘耐雪为顾问达10年之久，并送给她下属医疗器械公司的股份，又送给郑海榕一处北京的房产和一辆奥迪轿车。康力元也在杭州以郑筱萸儿媳妇的名义送给郑家一套房产。其实早在上世纪90年代末，刘耐雪就接受不少外资企业的委托作中

国区的首席代表,可以说,郑筱萸的妻子、儿子在他收受贿赂的整个过程中功不可没。其实不论婚丧嫁娶、大小事由,只要请托人想送,总是可以找到借口和时机,而亲朋好友的推波助澜,常常使职务犯罪者堕落得更快更深。

肥水不流外人田

而湖南省醴陵市交通局原副局长彭谦也不甘落后,充分开动脑筋,以妻子名义进行"融资"。2006年下半年,醴陵交通局下属企业醴陵交通运输有限公司进行企业改制,需要处理该公司所属房产,在拍卖过程中,被竞买人以605万元价格收购。但交款时竞买人尚有105万元竞买款不能按时付清,此时彭谦看到了"商机"。他找到竞买人,表示可以协助他付清余款,但是自己也需要融资"做生意",竞买人表示同意。于是彭谦利用主管企业改制的职务之便,要求交通运输有限公司为竞买人提供"担保",使竞买人顺利取得了房产所有权。事后,彭谦以其妻的名义与竞买人签订了融资40万元的协议。但实际上彭谦既没有进行投资,也没有将本人财产抵押给竞买人,这种名义上的"融资"不过是披着合法外衣的受贿。

假"借"之名,行"收"之实 还有一种现象也很具有代表性,就是腐败官员为了掩饰自己受贿的事实,采用了新的规避手段——把财产寄在他人名下或者采用"借"的名义来收受贿赂。这种方法表面上看所有权不属于自己,与自己没有瓜葛,但实际使用权却仍是自己的。如原杭州西湖区建设局副局长吴少雯,为了对日后可能降临的查处做准备,保证万无一失,就采用了这种方法。当包工头夏志玉为了感谢他的"帮忙"以自己的名义买了一辆奥迪A6轿车和兰桂花园两个商铺送给吴少雯时,吴少雯并没有像传统那样进行财产过渡,而是保持现状。这样,虽然在表面上看来,车子和房子都是夏志玉的,但实际使用权却是吴少雯的。这种以"借"为名行受贿之实的行为具有很大迷惑性,一旦查证起来财物不是自己的,但并不耽误自己使用和享受,虽然实质上还是受贿,但由于取证很困难,常常令检察机关十分头疼。因此中纪委发布了《关于严格禁止利用职务上的便利谋取不正当利益的若干规定》,指出领导干部"借钱"、"借房"、"借车"等长期不还的,将视同受贿。

如重庆市北碚区原副区长赵文锐,由于分管供电和蔡家组团同兴工业园区等工作,其在北碚开公司的中学同学唐某便以再续同学情为由,和他热络起来。其实唐某的目的非常直接,他的企业正好归赵文锐分管,需要和赵搞好关系才能得到他更多提点。2007年年底,唐在某次宴请赵文锐时,赵透露了准备将儿子送往美国留学的打算。于是不久,善解人意的唐便带上10万元现金来到赵文锐的办公室,表示这笔钱是用于"资助"侄儿出国读书的。赵文锐开始时象征性地表示了拒收,但禁不住唐的"一片热忱",于是便"勉为其难"地收下了。为了表示自己的清廉,赵文锐还给唐出具了一张10万元的借条,表示这钱并不是贿赂。虽说是借,但直至案发,他都再没提过还钱的事。

又如浙江一所中学教务处副主任游某在任网络信息管理中心主任、迁建工程指挥部成员等期间,负责校园智能化网络工程建设中的质量监督和日常工作,此时该校的校园智能化网络工程建设由杭州一家计算机公司副经理王某具体操办。2002年5月,王某购买一辆二手普桑车过户给游某,并支付了游某在使用期间花费的1.5万余元养路费、保险费。2006年,游某将该车以近3万元

的价格转卖,将钱放进自己口袋。此后,游某经常提起自己想买新车但没钱,为了对其在施工中的"关照"表示感谢,王某遂送给其15万元。2006年3月13日,游某在办公室给王某写一张借条,注明:"今向王某先生借到人民币15万元整(不计利息),5年归还。借款人:游某"。案发后,由于该欠条尚未到期,使案件的认定变得非常困难。在一审中法院认为,游某取得15万元后出具借条,未表示以后不归还,王某也完好保存借条,且案发时归还借款期限未到,不能排除王某到期后主张权利、游某归还的可能。因此,不认定为受贿。一审后,控方临海市检察院提出抗诉,认为王某与游某基于工程建设认识、交往,送车以及15万元的目的是想获得游某的"关照"。虽然游某称借钱是用于买车,但这15万元实际用于儿子订婚等日常开支,实质是以借为名收受他人财物,因此应将15万元"借款"认定为受贿。二审时,游某辩称"15万是与王某间的正常借款,不是受贿,到期后会归还,现在未还是因为尚未到期"。但王某却明确说明:"钱是送给对方的,不可能向对方要。"游某当初打条子,只不过为了将来万一发生什么事能应付一下。二审法院认为从双方关系、行为动机、事由、时间及借款必要性等综合考量,虽然游某出具了借条,但双方行贿、受贿意图明确,证据间能形成较完整的证据链,足以认定这15万元"名为借款实为受贿"。因而终审判决撤销一审判决,以受贿罪判处游某有期徒刑12年、剥夺政治权利

2年,追缴非法所得19.5万余元。

以卡代金,自欺欺人 卡,在我们现代生活中扮演着越来越重要的角色,它既可以是身份和资格的象征,也可以是交换物品的媒介,尤其是消费卡,由于其方便快捷,颇受人们喜爱。随着打击职务犯罪力度的加大,一些腐败官员对于收受金钱有一定的心理压力,总是"小心翼翼",生怕出问题,除非是关系很"铁",或者有稳妥的介绍人,否则不愿意轻易收钱。但是卡就不同了,在他们看来,卡不是钱,不收白不收。因此对于送卡者一般都是来者不拒,并且深好此道。行贿者们也乐得投其所好,于是,以卡代金成为一种受贿的新时尚,甚至有人戏称"今年过节不(送)收礼,收礼只(送)收消费卡"。

在很多腐败案例中,都有卡的身影,购物卡、餐饮卡、休闲卡、健身卡……种类不一而足,功能各式各样,价格更是令人惊叹:从几万到几十万,乃至数百万的比比皆是。

国家食品药品监督管理局医疗器械司原司长郝和平,以权谋私,受贿金额达80多万元,而其中主体部分竟然是三张总价值50余万元的高尔夫球

卡。在调查的过程中，面对质疑，郝和平却理直气壮地认为"这只不过是卡而已，又不是现金"，算不得犯罪。

原嵊州市政协副主席杜洪苗，虽然在担任嵊州市财政地税局局长期间，多次为他人在职务升迁、工程承建等方面谋取利益，但是在调查其犯罪证据时却发现，杜洪苗居然是个只收物不收现金的"典范"！在其16次受贿中，除了曾收受一只价值近2万元的手表外，其余全部都是购物卡，受贿总额20余万元，并且都是"年节礼物"。杜洪苗这样做有着自己的小算盘，在他看来，购物卡和钱不一样，类似于烟酒的物，并且是年节时段收受，属于"正常"的人情关系往来。而"领导干部收些购物卡，是社会风气使然，不会上纲上线，即使发现了只要退还购物卡，上缴廉政账号也就没事了"。为了保险起见，杜洪苗还准备了后手：一旦有人案发，立即将有关财物退还行贿人，并向廉政账户上缴相应的现金。虽然看起来天衣无缝，但法网恢恢，杜洪苗非现金受贿的事实还是被检察机关发现。检察院认为，杜洪苗所谓的人情关系往来事实不成立。因为只见他收受，并未见他回赠，额度又远超过一般正常人情关系往来的数量，且行贿人也附带明显的请托事项，其本质是钱权交易，而杜洪苗有利用职务上的便利为他人谋取利益的事实，因此其行为构成受贿罪。

黄山市政协原副主席吴洪明也热衷于收卡。在其59起受贿事实中，有30起收取的是购物卡，总值约12.7万

吴洪明受审

元,其中单张面值最多的为8000元。在黄山市,很多人都有这样一个共识:找吴洪明办事,要带上2000元的购物卡做见面礼。一张2000元的卡,金额不大,却也自有其用处,吴洪明收起来心安理得,从来没有什么"现金贿赂"的压力,颇为受用。久而久之,居然也在当地形成了一种送卡风气。

其实中央早就明令禁止发放代币购物券(卡),至今也并未撤销此项规定。但是随着社会送礼风气的蔓延和消费卡功能的不断完善与"人性化",这一载体逐渐被公众广泛应用。如今每到年节,购物卡都会成为"抢手货",这一方面说明人们对购物卡方便功能的认可,另一方面也有以卡行贿的部分原因。

以卡代金,因为方便快捷,手段隐蔽,单笔数额不大,不易引起有关部门重视等"优点",逐渐成为行贿受贿的新宠。很多官员对于现金受贿可能怀有抵触情绪,但是对于送卡却没有抵御能力,往往坦然笑纳。对于很多官员来说,即使是收卡不收钱,也照样能够挥霍无度,为所欲为。这种既不担风险,又能得实惠的"美事",岂能轻易放过呢!

可实际上，利用权力收受请托人钱物和有价证券，不仅违犯了党纪，而且按照刑法第八章的规定，达到一定金额就会构成贿赂罪。吴洪明所收受的购物卡，一样被纳入受贿金额加以追究。

贿赂"卡"时代

旅游消费，隐形受贿 廉政准则规定，不准接受可能影响公正执行公务的礼品、宴请以及旅游、健身、娱乐等活动安排，这是针对近年来出现的针对国家工作人员的新型行贿方式。在很多时候，赠送礼品、招待宴请或者安排旅游、健身、娱乐等活动体现的是东道主的热情好客与细致周到。表面来看，应邀参加某次会议、接受一些礼节性的礼品或者参加某次旅游娱乐活动也不算什么大事，在我们这个讲究人情与礼的社会，这种形式在人们的潜意识中是合情合理的，一般不会受到拒绝，因此这种行贿和受贿方式的伪装性非常高，经常是在不知不觉的情况下进行和完成的。

这种行贿受贿方式的特点是贴近日常生活的人情往来习惯，抛却了传统直接行贿受贿的模式，容易使人丧失警觉。一些国家工作人员可能以为这只是在接受对方的好意,并不是受贿。但其实它不过是将行贿的步骤提前了一点,把传统的钱财转化为现实的利益,并将这种利益以旅游、娱乐、消费、享受等具体行为表现出来而已。

为了能达到目的,行贿方往往煞费苦心地研究如何以表面合理的方式送出更具有接受性和安全性的贿赂:有提供免费劳务、出国出境旅游的,有安排高尔夫球或者餐饮洗浴等高消费娱乐休闲健身活动的,还有提供出国留学或者性服务的,还有的另辟蹊径,以各种"劳务费"、"润笔费"、"顾问费"的名义送上贿赂。这些名目花样繁多的贿赂看起来很合理,因而表现得很美,也让大部分受贿者都能心安理得地接受。

浙江省杭州市萧山区物价局干部王雅萍受有关单位邀请,携丈夫两次出国旅游,共消费4万余元,均由对方支付的案例就是一起典型的游贿案。2004年年初,萧山技工学校为了提高收费标准,给物价部门打了一份申请报告,王雅萍作为教育部门收费管理工作的具体承办人与分管副局长

旅游受贿

去邻近的绍兴市对技校收费情况进行了考察,发现该校的确存在收费标准低的问题。但由于上级没有出台相关政策,该校的申请报告最终被退回。尽管如此,技校方面仍十分感激王雅萍,因此校长任某找到她表示想邀请他们夫妇去新马泰旅游。王雅萍回家与其夫商量后表示同意。于是当年7月底,夫妇二人到新马泰旅游了七八天,共消费12620元,全部由该校支付。

2005年,提高技校收费标准的文件出台,在此期间王雅萍也为该校的事情多方努力,起到了一定效果。文件出台后,该校再次提请报告,王雅萍负责审批报告的起草任务,于是初拟了草稿。5月10日,该批复经领导审查同意,这样,该学校每年可以增收十几万元。为此,校方非常感谢王雅萍,遂于8月7日在校方人员的陪同下邀请他们夫妇二人到澳洲旅游。这次旅游共消费32960元,也全由校方支付。

很快,王雅萍接受好处出国旅游的事被群众举报。检察机关经过侦查认为,王雅萍身为国家工作人员,利用职务便利,在负责教育收费管理工作和承办该区技工学校收费调整的公务活动中,为他人牟取利益,非法接受他人财物,数额较大,其行为已触犯我国刑法,构成受贿罪。检察机关提起公诉后,法院经过审理,认为检察机关指控的罪名成立,依法作出了判处王雅萍有期徒刑3年,缓刑5年的判决。

在本案中,王雅萍在帮助技工学校达到提高收费标准的目的上起到了三点作用:安排并陪同物价局领导去毗邻地区考察相关学校的收费标准;多次向杭州市物价部门咨询政策情况,并向该校提出搞"试点学校"的建议;根据出台的政策,起草提高技工学校收费标准的文件,在第一时间得到"领导同意的提高收费标准"的批文并告知学校。而她接受技校方面的免费旅游,虽然在形式上与传统的贿赂有所不同,但实质还是一样,因为她所接受的利益和好处是可以用金钱折算的,如果校方不支付旅游费用,王雅萍夫妇二人就需要支出一大笔费用,这省下来的部分就是变相的贿赂。

王雅萍作为全国首例单纯以邀请旅游的方式进行贿赂的案件,具有很重要的实践意义。如前文所述,受贿罪中所规定的财务并不仅指金钱和物品,还包括财产性利益及可以用金钱折算的利益,如:免除债务、替人交学费、免费旅游等。这种非直接财务型的贿赂更具隐蔽性和迷惑性,其诱惑力甚至超过了直接的物质利益,因而更容易被得手。而收受这样的贿赂,也不会引发很强的罪恶感,更容易被人接受。随着经济的发展,这种腐败形式已成为一种发展趋势。

尤其在跨国商业贿赂中,这种形式更是得到了充分发挥。在美国CCI公司行贿中国企业的相关事件中,先后有9家中国大型企业被曝光。美国司法部起诉书称,美国

CCI公司通过加州富国银行向纽约马隆银行的账户支付2.45万美元,用于支付中国企业客户孩子的学费。此外,起诉书中还提到,美国CCI公司还经常以考察或者培训的名义,安排中国企业的员工或者亲属、朋友,坐飞机头等舱、住豪华酒店,到美国夏威夷、

拉斯维加斯、迪斯尼等景点旅游度假。境外企业邀请行贿对象到国外参加观光学习等活动,无非就是看中了这些人手中的权力以及可能在未来的商业活动中为自己带来的巨大利益。有的甚至"曲线救国",绕开国家工作人员本身这个敏感区,专门公关他们的家属,给予种种方便和好处,这些都是变相的隐形受贿模式,应该引起充分的重视。

现金交易,直接入账 如果转账,就会在银行账户留下痕迹,将来一旦出事,查起来会带来很多麻烦,因此要收就直接收现金,天知地知,你知我知,既保密安全,又不留痕迹——这是时下很多受贿者偏爱收受现金的原因。现金是钱权交易赤裸裸的体现,虽然带有一定风险性,但同时

也带来很大的感官刺激,这是极度贪婪的心灵得到暂时性满足的最好方式。

现金受贿既是一种传统的直接性受贿,同时又是一种具有很强反侦查特点的受贿方式。往往是:行贿人不说,受贿人不认,最后查无实据只能以巨额财产来源不明罪定性,但这种定性与受贿罪相比在法律惩戒上就轻了很多。这也是为什么这种传统的行贿受贿模式能经久不衰的原因。尤其在市场经济环境下,几乎所有的商品都可以折算成一定数额的现金,并通过现金加以兑换,因此,对现金的偏爱成为很多人的首选。

山东省平邑县科技局原局长臧海鹰,在受贿方面就"很有原则",他只收现金,其他一概不要。1999年下半年,在平邑县买了一块地方打算建楼的胡某经人介绍认识了臧海鹰,胡对臧表示希望能在工程建设中得到其"照顾",减免建楼的一些配套费用。臧海鹰随即表态"可以",并当着胡某的面给负责此项工作的相关人员打了电话,作了指示和安排。胡某对此非常满意,为了表示感谢,在臧准备离开时拿出一张15000元的存单交给他,说是一些谢意。但是臧海鹰却连连摆手,说什么都不要:"这个存单不能要,我不要存单。"胡某经过思量,明白了他的意思,于是第二天到银行将钱取出来,带到臧海鹰的办公室,再次表示感谢:"我把钱给你送来了,配套费的事多谢了。"经过这番周折,臧海鹰才"心安理得"地收下了这笔感谢费。

第二篇 职务犯罪的种类与手段

于 2006 年被执行死刑的河北省原外经贸厅副厅长李友灿更是偏爱现金的典范。李友灿在担任河北省对外贸易和经济合作厅副厅长兼河北省机电产品进出口办公室主任期间,于 2001 年 8 月至 2003 年 4 月,接受北京森华创业汽车贸易有限公司总经理丁宁的请托,利用其掌管河北省汽车进口配额审批分配的职权,通过河北汽车(集团)有限责任公司总调度室副主任朱冀蕾等人申请汽车配额,先后将 1249 个汽车配额提供给丁宁使用,并先后五次接受丁宁给予的现金 4723 万元人民币。2002 年 4 月,李友灿利用掌管汽车进口配额审批分配的职权,向唐山冀东机电设备公司索要高尔夫轿车一辆,价值人民币 19 万元,手续费约 2.4 万元,共计 21 万余元。据检方调查,李友灿非法索取和收受财物折合人民币共计 4744 万余元,案发后,被追缴赃款、赃物及被扣押财产共计人民币 2837 万余元。本来从上述文字来看,李友灿并没有多大特别之处,但是其坚持收受现金的特点却让他跃然而出,成为一个典型。在整个受贿的过程中,李友灿坚持收受贿赂只接受现金,不管多大数额,他都坚持只用现金交易,因为这样一来属于单线联系,可以保密,二来没有账目可以查询。此外,为了安全起见,他存钱也从来不用自己的身份证。

李友灿与丁宁相识于高尔夫球场,关系十分紧密,2001 年,丁宁向李友灿提出能不能想办法给森华公司搞些汽车配额,并承诺事成之后决不会忘了李厅长的关照。李友灿当即答应了丁宁的请托,并与河北汽车(集团)有限责任公司总调度室副主任朱冀蕾联手为其搞到了69个汽车配额。事成后丁宁不忘李友灿的嘱咐,付给了朱冀蕾20万元,付给有关企业所谓的利润30万元,又给李友灿送上300万元答谢费。此后不久,李友灿又用类似的方法为森华公司搞到了260个汽车配额,丁宁为此激动不已,特意准备了875万元巨款回报李友灿。为了能够运载和存放现金,李友灿做足了功夫。首先他找到唐山冀东机电设备公司,以"经常去北京,带司机不方便"为名,索要了一辆银灰色高尔夫轿车。这样,就具备了方便运输钞票的交通工具。然后,他又特意花50多万元在北京某花园小区购买了一套不太显眼的房子,主要就是为了存钱用。准备完毕后,李友灿亲自开车来到北京领取酬金。丁宁将8个装满百元面额巨款的旅行包放在李友灿所驾车的后备箱里。由于钱多,车的后备箱放不下,剩下的干脆扔到了车内的后排座上。

不久,李友灿再次为森华公司搞到205个汽车进口配额。2002年4月一个星期五的下午,丁宁接到李友灿的电话,让他准

偷偷掘金

第二篇　职务犯罪的种类与手段

李友灿部分受贿款扣押清单

备1018万元现金，下午他将开车到京亲自去取。由于是周末的下午，丁宁一时取不出那么多钱，便慌忙将仅取出的852万元现金分别装到8个旅行包内。

下午近5时，李友灿一人驾车来到森华公司将现金取走，并嘱咐丁宁尽快将剩余的116万元取出来，明天下午他来取。丁宁连连致歉，表示明天一定把钱凑齐。第二天下午，李友灿又如约开车来到森华公司，将116万元巨款扔进车内，驾车返回石家庄。

2003年4月，李友灿又一次指使朱冀蕾为丁宁申请进口汽车配额480个、从批给唐山冀东机电设备公司的进口汽车配额中向贺立新索要10个转给丁宁。这一次也是最后一次李友灿从丁宁处受贿高达1640万元。办案人员在谈到此事时十分感慨，很难想象，一个五十多岁并患有严重糖尿病的人，独自一人把40公斤重的现金往黑金仓库搬，而且停车的地方到家门口有一段很长的路，这种贪婪太疯狂了。

对金钱的疯狂攫取，对贪欲的肆意放纵，使李友灿在很短的时间内聚集了大量的财富。在金钱改变着他的同时,他对金钱的态度也在发生着改变。"觉得钱越来越不是钱了!"这些钱他很少挥霍,只不过偶尔到藏钱的房子,把那些现金一摞摞铺在地上,静静地"欣赏"。李友灿说,他自己也无法说清当时是怎样的一个心理状态,只是觉得"我满足了,我现在终于有钱了!"

预约受贿,离岗享福 在位时"两袖清风",退休后财源滚滚,这是时下很多职务犯罪者的创新手段——期权腐败。具体来说就是掌握公共权力的国家工作人员利用职务之便为请托人谋取利益,为了避嫌和安全起见,并不即时收受请托人财物或者兑现回报,而是与请托人约定在未来的某个适当时候再兑现回报。这个"未来的某个适当时候"或者是该谋利行为的影响期过后,或者是该国家工作

人员离开一定职位(退休、退职、辞职)以后,因此,这种手段也被形象地称为"预约受贿"。"期权腐败"与传统的钱权交易现象有很大不同,因为一般的钱权交易通常是先拿

钱,后办事,或者一手办事、一手要钱,即使有时候收钱,延迟期也不大,基本属于在谋利行为的影响期内,而期权腐败则将回报延迟至影响期以外,其实质是一种延期回报的权钱交易行为。从这一点上看,期权腐败并非一般理解的发生在离退休后,也可以发生在在职期间,关键是要看其权钱交易的过程中有没有事先约定、延期回报等要件。

期权腐败普遍特点有三个:时间跨度大、隐蔽性强、手段狡猾,这些都给侦查和办案带来很大困难。从实践角度看,期权腐败的途径主要有如下几种模式:一是以经商之名"洗钱"。通过办实业,将在职时约定的贿赂洗白,使之看起来合法化。二是进行权力投资,离职后到曾经为之谋利的企业工作,拿取约定的报酬。三是利用剩余政治资源,动用行政关系网,为企业谋取利益。

"期权腐败"是在近年来我国反腐败力度不断加大、权钱交易空间日趋狭小的新的历史条件下衍生出来的腐败新变种。一些官员在位时表面上廉洁奉公,实际上已经和给予好处的企业达成默契,等到辞职或者退下来后,到企业去任职,再收取种种好处。可以说,"期权腐败"没有即时回报,见不到赤裸裸的现金交易,也没有任何把柄捏在人家手里,对于行事双方来说是成本低、收益好、安全系数高的方式。对于回报方而言,比起获利,他们付出的成本很小,而那些退休、离职的领导干部尽管已经不在岗位,但关系网仍在。聘用他们,有他们牵线搭桥,亲朋旧属很少

■ 职务与犯罪

乔装打扮后的期权腐败

不给面子,因而未来的潜在收益会更多。对于领导干部而言,掌权时为将来"打好基础",退休、离职后就能获得更大的收益,到企业混个副总、顾问,动辄年薪几十万,还有房有车,如此安全可靠,何乐不为?

浙江台州一名房改办负责人在位期间,利用职权将市区黄金地段一片土地出让给某民营企业主,后者在该地建设了小商品市场,赚了大钱,成为资产上亿的大老板。该负责人退休后被该企业以年薪30万元聘用,并附送高级住房一套、轿车一辆,外加每年数万元请客送礼签单权。

上海市房屋土地资源管理局原副局长殷国元也精于此道。殷国元在1995年到2005年期间,曾任上海市房地局副局长,这段时期正是上海市房地产从计划走向市场、从低点走向鼎盛的时间。由于掌握土地审批大权,殷国元在位期间,政府部门通过公开及不公开方式出让的大部分土地,在与土地受让方签订出让合同时,政府方面的代表

第二篇 职务犯罪的种类与手段

一般都是殷国元。在殷国元在职的 10 年中,大部分时间都是由他在负责上海的土地审批工作,大量的土地经由他的手流入市场。2002 年,殷

殷国元

国元在上海市房产局的职责由分管土地出让工作变更为分管拆迁工作,此时上海刚好实行土地招拍挂制度,需要对房屋进行大规模的拆迁,殷国元亲身经历了上海大规模的房屋拆迁和房价迅速上涨。据上海市统计局公布的数据显示,仅上海市 10 个中心城区,2002 年到 2005 年四年的拆迁面积分别达到 644.53 万平方米、584.93 万平方米、308.40 万平方米、1222.53 万平方米,总量几乎与殷国元上任之前七年(1995~2001 年)的总量相当。这些热门工作都为殷国元积攒了很高的"人气"。

2005 年殷国元退休,担任上海市土地协会会长。虽然已经不是"热门岗位",但是他将"人际资源"发挥到极致,创造性地担负起了官商之间的代理人角色。他利用从前积累的资源和人脉关系,帮房地产开发商做"穿针引线"的工作,"协助"开发商们"处理解决"在工作中遇到的土地疑

难问题,并频频以上海房地产业专家身份抛头露面,对外鼓吹高房价,彼时上海的房价一时狂升。一些开发商看中了其行事高调和官脉极深的一面,纷纷向他献殷勤。在上海房地产界,殷国元有着深厚官脉,并与房地产开发商之间关系密切已是公开的秘密。哪个开发商找他谈土地的事儿,都要奉上一定的好处,而这个好处是由殷国元来定的。没有好处,一律免谈!殷国元就这样以专家的面孔继续在上海的土地市场上"发挥余热",利用在职时建立的深厚的关系网公然索取、收受巨额贿赂,2005年他仅向江某某一人就索贿、受贿2800余万元,比在位时有过之而无不及。

期权腐败由于其欺骗性,造成社会分配不公,严重损害党和政府的形象和权威;由于其后发性,导致国家资产大量流失而且很难追回;由于其隐蔽性,很容易对公职人员特别是领导干部形成诱惑,造成腐败泛滥,其社会危害性巨大,因此被中央所重视。两高《意见》就专门对这种在职时为请托人谋利,离职后收受财物的行为作出了明确规定:"国家工作人员利用职务上的便利为请托人谋取利益之前或者之后,约定在其离职后收受请托人财物,并在离职后收受的,以受贿论处。国家工作人员利用职务上的便利为请托人谋取利益,离职前后连续收受请托人财物的,离职前后收受部分均应计入受贿数额。"

触目惊心的渎职犯罪

2003年至2006年间,全国检察机关立案侦查的渎职侵权犯罪行为造成直接经济损失439.8亿元,并使14049人失去生命、2033人严重伤残。

2007年8月13日,湖南省凤凰县在建的凤大公路堤溪沱江大桥发生垮塌事故,64人死亡、22人受伤,直接经济损失3974万元。

2008年9月8日,山西省襄汾县新塔矿业公司发生一起特大尾矿库溃坝事故,造成277人死亡,33人受伤……一起起触目惊心的案例背后隐藏着相关部门的渎职侵权行为,可以说,比之贪污受贿罪,渎职罪有着更为严重的社会危害性。

渎职罪,是指国家机关工作人员在公务活动中滥用职权、玩忽职守、徇私舞弊,妨害国家管理活动,致使公共财产或者国家与人民的利益遭受重大损失的行为,是职务犯罪重要类型。渎职罪的主体范围比贪污受贿罪小,特指国家机关工作人员,也就是各级国家机关中的管理人员,具体来说就是国家立法、行政、司法、军事等部门的公职人员,以及中国共产党的各级机关、中国人民政治协商会议的各级机关的公职人员。因为国家机关工作人员掌握着公共权力,所以渎职罪对犯罪客体的规定也非常明确,即

对国家机关正常管理活动的侵害,也就是说渎职罪是国家机关工作人员严重侵害国家机关正常管理活动的失职行为。

所谓滥用职权,是指国家机关工作人员不依法行使职权而任意扩大自己的职务权限;所谓玩忽职守,是指国家机关工作人员疏于职守、不按规程或规章行使管理职权;所谓徇私舞弊,则是指国家机关工作人员视神圣公职如儿戏,为一己之私而徇情枉法。需要明确的是,一般的滥用职权、玩忽职守和徇私舞弊行为并不一定构成渎职罪,只有那些因渎职行为而致使公共财产或者国家和人民利益遭受重大损失的行为才构成犯罪。

不落腰包的腐败

在现实生活中,渎职犯罪被称为"不落腰包的腐败",简单地说,就是少数公职人员虽未将国有资产中饱私囊,揣入个人腰包,但其渎职的行为却给国家和社会带来重大损失,并且这种损失与贪污受贿罪相比更为巨大,后果也更为严重。2007年3月27日,《检察日报》刊载的《当前职务犯罪的十大特点》一文就对渎职罪与贪污受贿罪进行了对比:"据对3000余起职务犯罪案件的分析,渎职案件平均个案案值为500万元,而贪污贿赂平均个案案值为60万元。在526件渎职案件中,还造成了死亡548人、重伤344人的严重后果。"可见,渎职犯罪具有更严重的社会危害性。

以往我们都习惯于将预防职务犯罪的重点集中在贪污受贿领域,而对违法行政、失职渎职、损害公民合法权益的行政行为重视不够。对于公职人员的职务犯罪,在观念上有一个误区,即能够被"归罪"的只是那些直接侵害权利或者中饱私囊的行为,比如贪污受贿、刑讯逼供等,而对于没有明显的私利诉求、却给国家和集体造成严重损失的行为,一般不认为是犯罪,仅仅属于"思想问题"或者"内部矛盾",因而也就常常免于处罚或者"内部消化"。观念上的错位,带来的是实践中对于渎职犯罪的"从轻从宽"处罚。如 2006 年 5 月,山西左云县新井煤矿发生特大透水事故,造成 56 名矿工死亡。检察机关以涉嫌渎职罪依法向法院起诉 11 名管理监督部门负责人。但当地法院在一审时却认为该 11 名被告人仅仅属于日常工作中的管理失误,不构成重大犯罪,因此可以从轻处罚,结果 8 人被判处缓刑,3 人被判免予刑事处罚。判决一出,舆论哗然,在公众和媒体强烈质疑下,二审法院才重新改判,其中被判缓刑的 8 名罪犯中 5 人被判死刑,3 人维持原判。

正是这种将"不落腰包的腐败"视为工作失误或责任心不强,"不把违法当违法"的错误观念,使得人们对渎职侵权犯罪一再忽视、容忍甚至谅解,也使得渎职犯罪愈演愈烈。渎职是对职权的不重视与不尊重,是不能正确认识权力与责任关系的结果,对政治体制和法制建设具有很强的破坏性与侵蚀力。从某种角度上看,如今疯狂的贪污受贿现象,也是渎职泛滥的结果:一些人为了能获得"装入腰包"的私利,而枉顾国家社会的损失,不惜出卖公职,走上犯罪的道路。因此,可以毫不夸张地说,渎职之害猛于虎!

纵观近几年的渎职类案件,主要有以下几大特点:

分布行业广泛,具有较强的专业性和智能性 在刑法规定中,渎职罪涉及了 30 余种罪名,涵盖了公检法、工商税务、土地林业、科教文卫、海关商检等诸多领域。由于涉及的行业领域广、法律法规多,因此对专业性和技术性都有很高要求。一些犯罪者利用对业务的熟悉钻法律和政策的空子，又体现出渎职类犯罪的智能性。如当前大量存在的金融行业的渎职犯罪案件中，从业人员不按业务制度的基本规定及岗位职责的规定要求，滥用职权，违规（法）发放贷款、违规出具存单（折）和资信证明、违规办理票据业务、违规从事拆借担保、违规进行账外经营及开设资金账户等行为，就具有很强的专业性，非专业人士往往很难察觉到其中的问题。

隐蔽性高，欺骗性强　由于专业技术性强，局外人很难明晰和掌握，自然也就不容易发现其中的猫腻，因此渎职类犯罪的隐蔽性相对较高。此外，渎职类案件常常发生在履行职务的过程中，是打着正当的旗号行违法之事，在认定过程中往往与工作失误边界模糊，因而具有欺骗性。如昆明市原副市长平愚山应云南省工商银行信托投资公司总经理刘来宝的恳求，在未对云南省工商银行信托投资公司经营状况和资信情况进行了解，未经集体研究，未请示昆明市政府的情况下，违反国家财政制度的各项规定，擅自决定在工行信托公司开设存款账户，于1995年5月25日将分配来的"昆交会"场馆建设费收入人民币5000万元，从昆明市财政局在昆明市国库的预算外资金账户上拨付到云南省工商银行信托投资公司的账户内。在归还了部分本金后，该投资公司拒不偿还债务，后被中国人民银行成都分行宣布撤销，并由云南省政府主持进行了清产核资。2004年3月,云南省审计厅经过审计认定:云南省金旅信托投资公司尚欠昆明市财政局本息4430.49万元,按评估值的债务清偿率66.9%计算,可清偿给昆明市财政局的各类资产为2963.99万元。因债务人清算,昆明市财政局净损失为1466万余元。由于实物性资产等尚未变现,在变现过程的损失金额目前还难以确定。由于平愚山的行为是典型的不为私利的渎职犯罪,加之在日常工作中享有很好的口碑,结果在长达近10年的时间里,这一行为一直没有得到有效的重视和追究,致使昆明市政府遭受了巨大的经济损失。

涉案人员多,责任具有分散性和复杂性 渎职类案件经常表现为窝案、串案。很多渎职类案件在决策过程中都是由集体讨论通过的,这就涉及很多相关责任人。而责任的分散性导致案件背景复杂,调查取证困难。如吉林省"12.9"煤矿领域的系列渎职腐败窝案,涉及国土、煤炭、安监等不同系统的数名要员,整个吉林省9个行政区域中有7个地区的多名国家机关工作人员涉入其中,200多名矿主参与行贿。在调查和取证的过程中,检察机关就遭遇了很多困难和阻挠。在该案中,吉林全省共有9个地区40余个检察院参与协助调查核实工作,先后立案50起,查办范围由国土资源一个部门扩展到省煤炭工业管理、省煤炭安全监察和当地的行政执法部门,跨时长达3年多。最高人民检察院渎职侵权检察厅副厅长宋寒松就曾深有感触地说:"反渎职侵权案件的查处比贪污贿赂案件难度大,渎职行为与执行职责搅在一起,界限难把握,说情的人很多。概括起来就是:发现难、立案难、取证难、处理难。"

与原案当事人间行为的相关性 一般来说,渎职类犯罪都有与之相关的原案。在大多数情况下,渎职案件犯罪嫌疑人与原案的当事人之间的利益是一致的,只在少数情况下存在冲突。因此双方很容易结成利益同盟,并且因为行为的相关联,使得他们往往具有"一损俱损,一荣俱荣"的特点。如2002年3月至2003年5月,上海出入境检验检疫局工作人员吴超西与聘用人员王芳勾结,致使126票未经检验检疫的出境货物得以在上海口岸报检通关。在查办过程中,吴超西销毁了由其签发的126票出口货物通关单正本,且拒不交代罪行,而受益人也不配合检察机关的调查,曾一度使调查陷入僵局。检察干警通过大量排查,才最后找到吴超西徇私舞弊的证据。

多变性与反复性 很多渎职案件本身并没有直接的被害人,也缺少有力的物证与人证,多凭借言词证据定案。取证困难,是渎职类案件具有多变性特点的重要原因。一些犯罪嫌疑人为了洗脱罪名,反复变更证词,又使案件呈现出反复性。如2008年1月7日发生的天门市城管打人致死案中,几名犯罪嫌疑人在一审过程中当庭全部翻供,否认曾直接殴打被害人魏文华,并指出当初认罪是因为天门市公安局的"刑讯逼供",而在二审中又再次翻供,不再提"刑讯逼供"的问题,而改称有罪供述是因为公安机关在侦查环节有"诱供"、"恐吓"、"威吓"行为。

危害后果的严重性 如前文所述,渎职类犯罪给国家、集体和个人造成的损害是巨大的。从几十万、几百万到几千万,从几个人、几十人到上百人……渎职类犯罪的社会危害性在近年来呈不断上升趋势,不但造成了巨额财产损失与人身伤害,更扰乱了正常的社会秩序,使人们对国家和政府的信任度一再降低,其危害后果的严重性不可以具体数字来估量。尤其是近两年发生的危害能源资源和生态环境类渎职犯罪,所造成的损失更是触目惊心。如四川省原环境保护局局长郭兴邦在任职期间,利用手中的权力安排和催促四川省环保局工作人员向不具备条件的四川省绿色环保产业发展有限公司颁发甲级《环境污染治理证书》、甲级《环境污染防治工程工艺设计证书》、乙级《环境影响评价证书》等资质证书,使该公司取得环境污染防治工程的设计、建设施工和环境影响评价资质。而后,郭兴邦在研究落实国债资金修建垃圾处理厂的相关会议上特别力荐由绿色公司承揽工程项目。由于绿色公司不具备相应的资质和能力,最终导致其承揽的九寨沟旅游环线垃圾处理项目的4个垃圾处理厂存在设计工艺错误、设备质量差、对地下和地表水造成新的污染,形成难以估量的损害。同时,由于绿色公司在承担项目建设中违规牟利,使项目达不到建设目标而整体报废,设备类资产、房屋建筑物拆除处理造成的净损失即已达到1300余万元,4个垃圾处理厂也要拆迁另建。

据2007年全国检察机关统计,在渎职犯罪案件中,司法机关工作人员约占32%,行政机关工作人员约占22%。其中,司法机关工作人员渎职案件居首,主要表现为玩忽职守、徇私枉法、滥用职权、徇私舞弊,而行政机关工作人员则以滥用职权和徇私舞弊为主,而涉及的重点领域一般集中在安全生产、食品卫生、医疗医药、教育管理、社保资金、房屋拆迁和企业改革改制等方面,手段多种多样,不一而足。

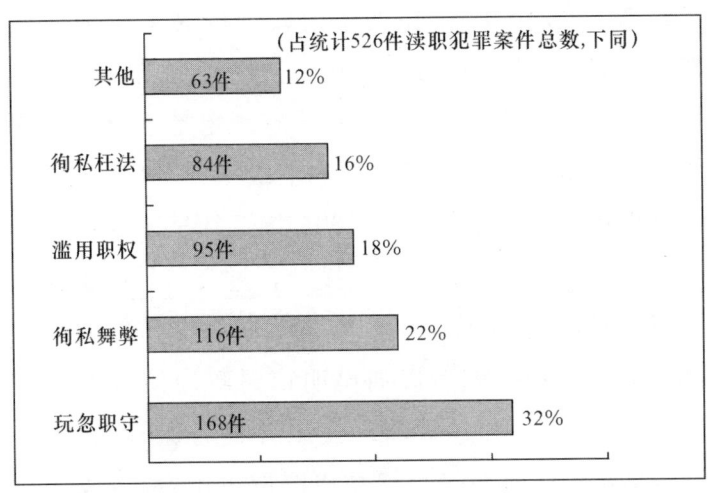

花样百出的渎职犯罪

玩忽职守型渎职 玩忽职守型渎职包括玩忽职守罪,过失泄露国家秘密罪,失职致使在押人员脱逃罪,国家机关工作人员签订、履行合同失职被骗罪,环境监管失职罪,传染病防治失职罪,商检失职罪,动植物检疫失职罪,不解救被拐卖、绑架妇女、儿童罪,失职造成珍贵文物损毁、流失罪。

在实践中,很多时候乱作为或者该作为而不作为也可能构成犯罪;不揣腰包也可能构成犯罪;好心但为公办了坏事也可能构成犯罪。如前文所提到的昆明市原副市长平愚山,虽然涉案金额高达数亿元,却不是为了个人贪污受贿。除了在财政局资金向云南省工商银行信托投资公司存款事件上的"乱作为"以外,还在昆明市国库券交易部销售虚假国债事件上进行"不作为"。

原来1988年9月,昆明市财政部成立了市国库券交易部(下称交易部),作为专门从事国债发行、转让、交易和兑付业务的国债中介机构,按照国家规定是不以盈利为目的的。昆明市财政局是交易部的上级主管部门,负责对其进行管理和监督。平愚山在1995年7月至1997年1月、1999年4月至12月期间曾直接分管过交易部的工作。在这期间,交易部法定代表人郑在春为扩大交易部的经营规模,赚取更大利润,先后以向昆明市财政局借款等方式筹集资金用于经营,并违规将已卖出并代为保管的9361万元债券借给外省部分证券机构以赚取占用费,造成大量资金在外难以收回。此外,交易部还超出营业范围,违规使用国债经营资金,先后投资兴建了西双版纳凰苑大酒店,组建了云南东陆实业有限责任公司、东陆典当行等经济实

体。交易部先后违规以借券、出借资金的方式将国债经营资金借给东陆公司、东陆典当行

平愚山（中）

等单位和个人。其后这些单位又以投资、借款等方式将这些资金流向60多家单位和个人。截止到2003年12月31日，形成昆明市国库券交易部投资和未收回债权2.53亿余元，其中3012余万元已形成损失，其余2.23亿元因发生年限较长等原因，虽经多方多年追讨却一直没有收回，存在较大损失风险。

这些违法违规经营导致没有资金保证即将到期国债的柜台兑付。于是昆明市国库券交易部违反财政部、中国人民银行、中国证监会的有关规定，在无实物债券和资金保证的情况下，从1997年起自制"代保管凭证"或重复开具"代保管凭证"，出售空国库券2.77亿余元。而其中有6620.7万元发生在平愚山分管交易部期间，造成7149.7万元本息无资金兑付。

虽然平愚山并没有参与交易部销售虚假国债的具体事宜，也没有从中获利，但是他在分管交易部期间没有严格按照职责规定，认真履行对交易部发行国债工作的监管职责，对交易部出售虚假国债和对外投资、借款等行为长期放弃监管，对交易部多年来为非法筹集资金而连续销售虚假国债的问题长期严重失察，给国家造成了巨大损失并带来恶劣的社会影响，是典型的"不作为"，属于玩忽职守。因此昆明市中院在一审判决时以犯玩忽职守罪，判处其有期徒刑2年，缓刑2年。

平愚山的案例再次提醒我们，为官者需慎权！有职权就意味着相应的责任，只有正确认识这种权力与责任的关系，才能处理好管理工作。但是在日常生活中，很多国家机关工作人员往往只看到了手中的权力，却忘记了应尽的义务和要承担的责任，于是渎职的现象便不断发生。

滥用职权型渎职 尽管渎职犯罪被称为"不落腰包的腐败"，但它往往是由贿赂引发的。一些领导者往往因为接受贿赂或贪图蝇头小利、顾及私情而玩忽职守、滥用职权，导致人民生命财产遭受重大损失。滥用职权往往又与玩忽职守紧密相连，在一个案例中常常相伴存在。这种情况是犯罪者贪图利益，动用一切可以动用的权力资源进行寻租的结果。滥用职权在渎职犯罪中很常见，涉及领域众多，包括滥用职权罪，故意泄露国家秘密罪，私放在押人员罪，违法发放林木采伐许可证罪，办理偷越国（边）境人员出入境证件罪，放行偷越国（边）境人员罪，阻碍解救被拐卖、绑架妇女、儿童罪，帮助犯罪分子逃避处罚罪等。近年来比较受关注的是房地产、工程建设以及能源资源领域的滥用职权行为。

近年来，因房地产开发过热，行业竞争加剧，开发商、建筑商为了取得最大利益，采取各种手段拉拢腐蚀房地产开发管理环节的国家机关工作人员，也使得房地产开发管理环节的渎职犯罪不断出现。房地产开发管理领域渎职犯罪主体基本都是与房地产开发密切相关的行政管理部门，多发生在规划审批、土地出让、规费征收、税收征管等环节，并且因为程序复杂、牵扯较广，大多都是窝案串案涉案，人员也多为掌握一定职权的中层干部。

由于房地产行业管理领域，涉及规划、国土、建设、房管等二十余个政府职能部门，各部门都具有相应的监管职责，且互为关联，任何一个环节出现纰漏，必然牵一发而动全身，因此一旦案发，诸多部门就会牵涉其中。再加上渎职犯罪自身的特点，犯罪责任比较分散，如果造成严重后果，直接经办人员、部门负责人及主管领导都将难辞其咎。2006年河南许昌检察机关开始查处房地产开发管理环节中渎职犯罪案件，办案人员经过3个多月的时间从5000多份房产档案中找出了犯罪的证据，并以涉嫌玩忽职守罪先后立案侦查了长葛市土地局、地税局的8名工作人员。此后，整个房地产开发管理环节的渎职犯罪窝案被掀开，经过一年半的调查取证,包括许昌市建委副主任李某(正处级)在内的房管、建设、土地、地税等部门的 32 名渎职者相继落马。在这 32 名渎职者中,房管部门工作人员涉嫌滥用职权罪 16 人,城市建设部门工作人员涉嫌滥用职权罪 9 人,土地管理部门涉嫌玩忽职守罪 3 人,地税部门工作人员涉嫌玩忽职守罪 4 人。

郭绍宇在法庭上

又如,河南省驻马店市原高新技术产业开发区党委书记、管理委员会主任郭绍宇超越职权,与杨东山签订土地转让合同,在杨东山未能取得土地使用权时,竟擅自决定按"月息 1 分"的利率对其补偿 501.64501 万元。其后,在明知争取无偿资金属于驻马店市县乡公路管理处的职务行为的情况下,郭绍宇仍然提议向杨东山颁发引资奖,并付诸实施,共"奖励"杨 90 万元。郭绍宇的行为构成了滥用职权罪,致使国有财产遭受重大损失,且情节特别严重。此外,郭绍宇在杨东山从驻马店市公路局取得工程款后不履行监督管理责任,还安排开发区财政局再次支付给杨东山工程款 91.9423 万元,致使国有财产遭受重大损失,其行为又构成了玩忽职守罪。

此外,随着我国经济社会的发展,能源资源环境领域

第二篇 职务犯罪的种类与手段

也成为渎职犯罪的重灾区。由于一些地方缺乏长远规划,盲目发展,不惜以破坏能源资源和生态环境为代价,无视能源资源和环境保护法律政策的规定,破坏土地、矿业、林业、水源、电力等能

源资源和生态环境的违法犯罪案件时有发生。一些国家机关工作人员不认真履行监管职责,或非法批准征用占用土地,或非法低价出让国有土地使用权,造成基本农田、耕地、林地、草地被毁,土地资源大量流失;有的违法发放林木采伐许可证,造成森林资源严重破坏;有的不认真履行环境监管职责,造成重大环境污染事件屡屡发生;有的滥用职权、玩忽职守、徇私舞弊,甚至充当严重破坏能源资源和生态环境违法犯罪的保护伞。这些渎职行为在某种程度上成为滋生和助长破坏能源资源和生态环境犯罪的罪魁祸首。

如景东彝族自治县林业局文井林业工作站原站长王

"我们一直很重视安全生产"

荧丹,在任职期间违反国家木材运输证管理规定,擅自决定将木材运输证交由该县昌龙林产业有限公司自行开具,致使该公司在未经林业主管部门批准的情况下,擅自采伐林木 7000 余立方,并进行了生产加工,给国家造成了巨大损失。而广东省湛江市林业局原副局长吴中亨在接受请托后,授意申请人以化整为零的方法,把 450 亩林地分成 15 次进行申请,以规避广东省林业局的审查,造成国家森林资源大量流失,并导致森林植被恢复费流失 223 万余元。宁波市国土资源局北仑分局矿管处原处长俞亚军在接受北仑霞浦阿海土建工程队负责人姚某的吃请和现金1万元后,擅自批准将姚某负责开采的康康山采矿期限延长3个月。在明知姚某越界开采矿体资源的情况下,也装作不知,并不及时采取有力措施进行阻止和打击,导致采矿点盗挖现象日益严重,仅一年多就盗挖18.65万立方米矿体资源,造成公共财产损失达85万余元。

徇私舞弊型渎职 徇私舞弊型渎职是包括徇私舞弊罪在内的,因徇私情、私利而违反法律规定进行的渎职犯罪。"徇私",包括徇私情、徇私利两种情形。徇私情,是指单纯根据亲友、上下级、竞争对手等私人关系、感情的亲疏决定职权行为。徇私利,是指为谋求不合法或不应当得到的各种物质或非物质的利益或地位而违背职责,改变职权行为。不论是徇私情,还是徇私利,均能够给行为人或其亲友带来利益或使他人失去应得利益,否则就不能认定为徇私。

在现行刑法中涉及徇私舞弊的渎职犯罪共有十余个罪名,包括徇私枉法罪,民事、行政枉法裁判罪,执行裁判玩忽职守、滥用职权罪,徇私舞弊减刑、假释、暂予监外执行罪,徇私舞弊不移交刑事案件罪,滥用管理公司、证券职权罪,徇私舞弊不征、少征税款罪,徇私舞弊发售发票、抵扣税款、出口退税罪,违法提供出口退税凭证罪,非法批准征用、占用土地罪,非法低价出让国有土地使用权罪,放纵走私罪,商检徇私舞弊罪,动植物检疫徇私舞弊罪,放纵制售伪劣商品犯罪行为罪,招收公务员、学生徇私舞弊罪等。由于涉及范围广,罪名多,因此手段也五花八门,不一而足。但究其核心都是因私情、私利而引发的妨害国家正常管理活动,致使公共财产或者国家与人民的利益遭受重大损失的行为。先来看这样一起案例:

西双版纳州海关原关长高敏在任勐腊海关关长期间,利用职务之便,先后收受西双版纳某实业有限责任公司法定代表人彭某68万元人民币、3000美元及价值26250元人民币的云南"印象"云烟2件(50条)。收受勐腊某进出口贸易有限责任公司股东冯某1万美元和西双版纳某胶业有限公司洪某2万美元,放纵上述公司的走私行为。

2003年12月至2005年3月期间,彭某以勐腊当地一家商行和某农场商号的名义,从勐腊关累、磨憨口岸走私进口橡胶,高敏在收受了彭某的贿赂后,对其少报多进的走私行为表示默许,同意放行,放纵彭某走私橡胶共计420吨。2005年12月4日,勐腊海关查获了洪某从勐腊岔河走私进口的120吨橡胶,但高敏擅自决定只没收其中20吨,剩余的100吨让洪某找指标补报处理。2006年2月,冯某从关累口岸进口橡胶300吨,其中少报多进的数量高达200吨,高敏在收受贿赂后同样予以放行。

为了能行事方便,高敏在自己收受贿赂、徇私舞弊的同时还不忘记带着下属一起"发家致富"。高敏的下属匡顺生在任勐腊海关监管科科长期间,仅2003年一年时间内，就收受彭某行贿的人民币共计 12 万元。次年 2 月 25 日，匡顺生在勐腊县磨憨口岸值班时发现彭某的公司申报进口橡胶存在少报多进的情况，于是向高敏进行"请示"，两人商议后，对彭

某走私的橡胶予以放行，造成国家税款流失 367807.66 元。法院审理后认为，匡顺生身为海关工作人员却非法收受他人现金人民币 12 万元、放纵走私天然橡胶 100 吨、造成国家税款流失的行为已构成受贿罪和放纵走私罪。原勐腊海关监管科副科长李绍华也在高敏的授意下，四次放纵走私天然橡胶共计 730 吨，非法收受他人现金 13 万元。

高敏、匡顺生和李绍华的行为就是典型的徇私舞弊型渎职，所触犯的是受贿罪与放纵走私罪，分别被法院判处有期徒刑 16 年，并处没收个人财产人民币 50 万元；有期徒刑 10 年，并处没收个人财产人民币 10 万元以及有期徒刑 10 年。

徇私舞弊型渎职在渎职犯罪中比较常见,且多发生在掌握具体管辖权的基层部门。例如近年来受到社会瞩目的就业腐败,其中就有徇私舞弊的身影。一些负责招聘招生的具体经办人员,为了私利而违法违规操作,弄虚作假招收不合格的学生或者公务员,很多人对此并没有明确的认识,以为只是涉及行贿受贿等腐败,殊不知该种行为也同样构成了招收公务员、学生徇私舞弊罪。根据最高人民检察院《关于人民检察院直接受理立案侦查案件立案标准的规定(试行)》,涉嫌下列情形之一的,应予以立案:

(1)徇私情、私利,利用职务便利,伪造、变更人事、户口档案、考试成绩等,弄虚作假招收公务员、学生的;

(2)徇私情、私利,3次以上招收或者一次招收3名以上不合格的公务员、学生的;

(3)因招收不合格的公务员、学生,导致被排挤的合格人员或者其亲属精神失常或者自杀的;

(4)因徇私舞弊招收公务员、学生,导致该项招收工作重新进行的;

(5)招收不合格的公务员、学生,造成恶劣社会影响的。

而《刑法》第418条也规定,犯招收公务员、学生徇私舞弊罪的,处三年以下有期徒刑或者拘役。可见招生、招聘并不是无关痛痒的个人行为,想怎么干就怎么干,作为职务行为的一种,在法律法规上是有明确规定的,擅自滥用就可能触犯法律而构成犯罪,到那时丢失的不只是钱财,更是做人的尊严。

在公检法系统中,徇私舞弊多表现为知法犯法、执法犯法,虽然涉案金额未必有滥用职权和玩忽职守巨大,但是其所败坏的是法律的根源,损害的是法制的尊严,造成的社会危害巨大而深远,不可估量。

如河南省商丘市涉及11人的大型渎职案件就是对法律尊严和社会公正的极大破坏,其社会影响非常巨大。2003年8月31日,河南省商丘市梁园区人大管理科副科长张有民的儿子张辉因涉嫌轮奸罪被商丘市公安局梁园区分局刑事拘留。张辉时年 24 岁,毕业后被张有民安排到市花园管理处上班,平素内向老实,年底就要结婚了。得知此事,张有民非常恼火,立刻赶到公安分局了解情况,才知道儿子的犯罪与同事梁坤有很大关系。8 月 29 日下午,两个人将在大酒店当服务员的刘倩约到家中吃饭,并实施了轮奸和幽禁。30 日,刘倩报警,公安局梁园分局刑警大队遂受理了此案。案情十分清楚明了,是一起恶性刑事案件。张辉见到张有民来看他,立刻哭着央求:"爸,你要救我啊!"张有民非常恼火,但救儿子要紧,于是他与梁坤的父亲梁志国通力合作,开动脑筋调用一切资源,运作起来。

首先他找到一年前从区委书记的位置退下来,到区里当人大常委会主任的 55 岁的黑占。黑占在商丘是举足轻重的人物,进入人大后,张有民百般辅佐,两人称兄道弟关系很铁。来到黑占家,张有民"扑通"一声跪下,老泪纵横,恳请他帮自己跟检察院打招呼不要起诉儿子。黑占觉得自己以人大常委会主任的身份干涉不大好,就让他去找自己在检察院任职的弟弟黑震东去想想办法。张有民走后,黑占几经犹豫,还是给弟弟打了个电话"招呼"一声。

得到黑占的示意后,张有民与梁志国各出 1 万,由张送到黑震东的办公室请他帮忙。黑震东便将张引荐给起诉科科长王洪卫,强调黑占希望从轻处理。人大常委会主任交办的事儿王洪卫当然不敢马虎,于是立刻叫来手下李杰，交代他要好好"运作"。但是由于张辉、梁坤轮奸刘倩的犯罪性质恶劣，李杰和王洪卫也不敢擅自做主，于是王给张有民出主意，让他再找黑主任，让他给副检察长李冠伟"打招呼"想办法。起初，李冠伟在了解案情后表示放人不可能，但可以在案件处理上照顾。张有民听后再次央求黑占，于是黑占又给李打电话"叮嘱"，李无奈，想到了一个万全的办法：将此案两次退回公安机关补充侦查，让张有民在补充侦查期间，想法让张辉翻供，做对他有利的供词。

此后张有民层层托人，最终找到在公安环节的承办人傅强，通过中间人转交给他1万元钱。于是傅强给支了"高招"：先说通张辉女友杨秀娟作伪证笔录，将张辉右肩上的被刘倩咬伤的伤口指认是自己咬的。然后张有民写个纸条给张辉，让他翻供，指证刘倩是卖淫的，因为跟张辉要200元，没有得逞才告发污蔑。而梁坤则买通看守所的朱彦波，由他在张有民和张辉、梁坤之间传递纸条。很快，张、梁两个人的串供完成，在补充侦查阶段"如愿"翻供。但即使经过这番折腾，仍然难以掩盖轮奸的事实，无奈，李杰、王洪卫、李冠伟三人商议，觉得如果实在不行，就以强奸罪来算，至少可以降低量刑起点。于是李杰找到张有民，告诉了他这个结果，并提示应该去"做做被害人的工作"。

2004年3月12日，张有民和梁志国到刘倩处进行收买和恐吓，刘倩的父母见张有民已经将"公检法全摆平了"，就无奈地收下2万元赔偿，带着女儿回乡下了。"摆平"了刘倩,李冠伟、王洪卫和李杰三个人长出一口气,由李杰出面找张辉和梁坤的父母要了3万元"答谢费"。而在这之前,梁志国为了保险起见,专门又通过朋友背着张有民交给李杰1万元钱。拿了钱,李杰对张有民、梁志国保证:"肯定把张辉、梁坤捞出来,人不能出来,退钱!"

2004年3月27日,梁园区人民检察院以梁坤、张辉犯强奸罪起诉到梁园区人民法院。轮奸案变成了强奸案,按理说应该满足了,但张有民一天也不想让儿子坐牢。于是买了两箱茅台酒和一箱水果再次找到黑占,希望他能帮忙联系法院判个缓刑。于是黑占给梁园区法院抓刑事的副院长丁鹤翼打了"招呼",并告诉他"检察院那边已经做好工作,不会抗诉的,你照判就是了。"丁鹤翼知道强奸案判缓刑是违法乱纪,为逃避责任,便找黑占要个书面东西。黑占大笔一挥,写下:"鹤翼院长:你好!张辉一案的详细情况由张辉的父亲张有民向你汇报一下。请予以关照为盼。"于是丁鹤翼放心按照人大常委会主任的指示在没经合议庭合议的情况下,大胆地指示承办此案的法官崔训峰,判张辉、梁坤缓刑。并分别收取了张辉、梁坤家属缓刑考察费1万元。2004年5月13日,梁园区人民法院下达商梁刑初字第26号刑事判决书,以梁坤、张辉构成强奸罪,二人认罪态度较好为由,分别判处二人有期徒刑3年,缓刑3年。

刘倩知道这个结果后,悲愤欲绝,决定上访讨个清白。

公检法人员肆无忌惮合伙践踏法律的行为,在司法内部被传得沸沸扬扬。许多有正义感的人们向商丘市中级人民法院审监庭举报反映,商丘市中级人民法院大为震惊,立即到梁园区法院调取案卷,很快认定刘倩一案属判决错误,商丘中院作出再审决定。但此时释放出来的张辉、梁坤早已在张有民、梁志国的授意下偷偷逃窜。在商丘中院、商丘市公安局梁园区分局共同努力下,终于将潜逃到上海的梁坤抓获,但张辉却始终没有抓到。梁园区法院很快组成合议庭,于2006年2月27日不公开开庭审理了此案,当庭以原审被告人梁坤犯轮奸罪,判处其有期徒刑12年。

梁坤判刑,张辉在逃,涉嫌受贿、包庇、作伪证等有权者竟无一人受到任何处分。德高望重的老法官郑义和律师赵直,在获悉此事后,经过大量的明察暗访,将材料反映到中央、河南省政法机关。此案最终引起最高人民检察院领导的关注,并批示要求河南省人民检察院汇报查处结果。河南省领导也先后批示,要求从快、从严、从重查处此案,并上报查处结果。在专案调查组的不懈努力下,案情很快水落石出,当年参与作假的一干人纷纷落马:2006年5月2日,张有民被睢县公安局刑事拘留,后被逮捕,同年5月14日,李冠伟、王洪卫、李杰、丁鹤翼、崔训峰、梁志国、刘杰、傅强因涉嫌徇私枉法、受贿被批准逮捕。朱彦波涉嫌通风报信被逮捕、人大常委会主任黑占被双规。人大王飞听到消息后潜逃了。

2006年8月16日,睢县人民法院公开开庭审理了此案。9月4日,睢县人民法院以行贿罪、妨害作证罪一审判处张有民有期徒刑2年6个月,以徇私枉法罪等罪名对丁鹤翼、崔训峰、李冠伟、王洪卫、李杰、朱彦波等8人分别做出了有罪判决。

第三篇 职务犯罪的特点与规律

核心提示：修订后的刑法分则中，将检察机关管辖的国家工作人员的职务犯罪划分为三大类：贪污贿赂罪、渎职罪、侵犯公民人身权利和民主权利罪，共涉及53种罪名。在这些繁复的罪名中，最为人们所熟悉的是职务行为经济犯罪，从刑法上讲就是贪污贿赂犯罪。市场经济体制的逐步建立和发展，公共权力与市场之间产生了微妙的变化，虽然政府职能不断转变和发展，但是仍然对市场具有较高的决定与领导权，这使得掌权者可以通过权力"寻租"间接转化，参与到市场的发展中分一杯羹，获得巨大的经济效益。这种方式隐蔽而效益巨大，相比之下，贪污公共财物的行为则更易于被发现，因而风险性更大，因此犯罪者慢慢转移了视线，更多地采用贿赂行为来实现经济目的，于是受贿罪逐渐取代了贪污罪的地位，成为主要的职务犯罪类型。

职务犯罪的一般特征

在以往的研究中,很多学者从犯罪学的角度对职务犯罪的特征进行了分析和概括,总结出职务犯罪的主体特征、客体特征、主观特征与客观特征,这些在前文已经反复讨论和强调,因此这里就不再赘述。我们现在所说的一般特征,主要是根据各类职务犯罪行为所共有的特性及表象提炼出的,在外表或形式上独特的象征或标志。

职务犯罪的自身特性

在讨论职务犯罪的一般特征之前,首先涉及"特性"这个概念。特性是指事物本身所具备的性质,通常是内在的、独有的,可以说特性关乎事物的本质。因此我们首先将职务犯罪作为一种现象来研究,分析它所具有的独到特性。

第一,从犯罪的发生来看,职务犯罪具有易发性。职务犯罪与公共权力密切相关,是掌握公共权力的特定主体利用所具备的职务便利的犯罪,可以是积极的谋取利益,进行权钱交易而构成犯罪,也可以是消极的不作为,不履行或不正确履行职权职责而构成犯罪。公共权力自身所具有的稀缺性、权威性、强制性、经营性等特性,使得权力容易成为脱缰的野马,被污染腐蚀。实践也证明,掌握权力的人总是倾向于利用这种稀缺的优势资源将个人凌驾于权力的能量之上,操控权力为私利服务。而当权力本身缺乏制约或根本不受限制时,权力的相对性就会遭受破坏,掌权者就很可能利用人民赋予的权力去侵害人民、国家和社会的利益。历史向我们反复昭示了:不受制约的权力必然导致腐败。从这个意义上讲,职务犯罪具有易发性。

第二,从犯罪的范围来看,职务犯罪具有明显的行业性和集中性。因为其所涉及的是职务行为,而职务因社会分工的不同而分处不同领域,形成很多种类,因而天然地带有行业性特点。大量实践表明,某些行业因为其特殊性,极易成为职务犯罪的高发区,这样来看,职务犯罪又具有了集中性。随着我国社会主义市场经济体制的逐步建立,对市场经济具有调控职能的行业和部门,成为犯罪的高发领域,金融、房地产、海关和基建工程行业等成为职务犯罪的热点部门。从我们对200余例职务犯罪案件详细分析所掌握的情况来看,犯罪的行业性分布呈现出相对集中的特点。

由于受行业性质和特点的影响,职务犯罪的手段和发生的领域也会有所不同,如金融部门主要发生在贷款审批、考查和担保等环节,而工程建设主要发生在土地审批、招投标、质量验收环节,而医药部门则主要发生在药品采购、供销环节等等。这些环节在市场调节方面存在的制度漏洞又使职务犯罪呈现出一定的集中性和顽固性,表现为在同一环节、同一职位上容易反复、集中发生。例如近年来全国有多名交通厅厅长"前腐后继"地倒在修筑的"腐败路"上,多家证券金融机构的高级管理者违规操作、接连落马,这种眼睁睁地看着同僚被抓依然"大无畏"的勇敢伸手现象,是职务犯罪集中性的有力体现。

第三,从犯罪的表现形式来看,职务犯罪具有鲜明的多样性和复杂性。前文说过,职务犯罪涉及的罪名十分繁复,有些是我们耳熟能详的,有些则是我们闻所未闻,甚至在平时不以为罪的,可谓多种多样。之所以如此繁复,是因为在实践生活中,被具化的行为因其特殊性而千差万别,不可能用笼统的概括性的言辞一语带过,必须要根据现实情况进行仔细的甄别。因此刑法在不断吸取实践经验的基础上,对常见的犯罪类型进行总结概括,规定了53项罪名,并且随着实践的发展,必然还会产生新的犯罪形式。此外,职务犯罪的行业性决定了其复杂性。因为行业领域千差万别,所涉及的具体职务职责也五花八门,因而涉及利用职务之便的犯罪活动也变得复杂多样起来,这使得职务犯罪现象本身具有了形态各异的表现形式。

第四,从犯罪的主体构成情况来看,职务犯罪具有层次性。所谓层次性是指基于职务级别不同而产生的职权大小差异,也就是我们常说的官阶的大小。由于职务犯罪是利用职务之便实施的犯罪,因此与职务职权关系密切。

层次越高,权力越大,掌握的资源越丰富,犯罪机会也就越多。我国的干部级别设置分为国家级、省部级、厅级、局级、县处级、乡科级 6 大层次,从近几年的案例来看,上至国家级、下至科级,甚至普通员工,都有进行权力寻租的现象,使职务犯罪呈现出丰富的层次性。这种特性是权力普遍异化的结果。职务犯罪的层次性加重了其复杂性,犯罪者自上而下交相包庇,通力协作,使串案、窝案成为可能,也给案件查办带来很大难度。

第五,从犯罪的后果来看,职务犯罪具有严重的社会危害性。因为职务犯罪所侵犯的是职务的廉洁性和国家的正常管理活动,因此其所造成的不仅是可以估算的物质方面的损失,更会产生不可估量的长远的社会影响。其对社会公平公正的破坏和政府公信力的损害是无法用金钱精确衡量的,不但损害了党和国家在人民心中的形象,更破坏了社会基本道德体系,干扰了法制建设的正常进行,甚至会动摇执政的根基,造成社会矛盾的激化。历史无数次向我们表明,混乱的制度建设和无度的公共权力挥霍是导致社会失衡,政权动摇的重要原因。可见,职务犯罪的恶果并不仅限于我们所熟知的经济领域,更有深刻的社会影响,具有严重的社会危害性。

职务犯罪的基本特征

所谓基本特征,就是指某种事物和现象所共有的或普遍性的象征或标志,其重点就是这种特征的普遍性,即从该类事物或现象中抽象出来的带有基本性的东西。基于职务犯罪的基本特性,联系职务犯罪的表现形式,我们对职务犯罪的一般特征做出如下归纳:

利益驱动性 职务犯罪行为的发生,总会牵扯到利益纠葛,有的是个人利益,有的则属于小集团利益。这种利益纷争与权力纠缠在一起,使权力的导向发生变化,从代替人民行使国家权力转变成利用国家权力为特定利益主体服务。在我们研究的百余例职务犯罪典型案例中,几乎无一例外带有明显的利益色彩。不论是贪污受贿还是渎职犯罪,往往目标指向都是各种各样的利益,这种利益可以是经济的,也可以是政治的、精神的,可以是个人的,也可以是集团的。而在社会主义市场经济条件下,职务犯罪则更多地表现为权利寻租,即握有公权者以权力为筹码,谋求获取自身经济利益的一种非生产性活动。一些领导干部在掌握了公共权力后,渴望得到特权的人们便会蜂拥而至,围绕在他们的身边以种种理由和方式进行以利换权的活动。而很多人在接触到各种可以将权力变现的机会和诱惑后,思想上逐渐发生质变,接纳并认可了这种权、利互换的模式,从而走上职务犯罪的道路。因此可以说,掌握优势公共权力的人会在无形中形成利益的"场",对亲戚朋友及周边的交往对象形成吸引,并以所掌握的权力为中心,以权力所能控制的范围为半径,形成特定的圈子,这个圈子的核心是该权力所能带来的利益,而实现这种权、利

第三篇 职务犯罪的特点与规律

转换的过程往往就是职务犯罪发生的过程。由此可见,利益驱动是职务犯罪的重要特征。

信念缺失性 信念的缺失在职务犯罪中是广泛存在的,之所以将之归纳一般特征,是因为每一个职务犯罪分子自身的毁灭首先在于其理想信念的坍塌。尽管职务犯罪的具体表现形式五花八门,有的直接贪污受贿,有的巧立名目,转移国有资产,有的亲友组团在背后捞钱捞物,有

的贪图小利、滥用职权,但有一点是共同的,职务犯罪者的堕落是从思想上首先开始的,其行为和外在的表现不过是这种堕落的延伸和发展。他们所出的问题,从形式上看是经济问题、生活作风问题,但实质上是理想信念的问题。理想和信念是支撑人行为选择的重要支柱,倘若一个人的理想和信念出现问题,必然导致人生坐标的倾斜,腐败、堕落、违法犯罪的发生是迟早的问题。从这个角度来说,职务犯罪都表现为理想信念的缺失,价值观念的扭曲。

损公肥私性 职务犯罪一般所侵犯的是国家的、集体的和社会公众的利益,满足的则是极少部分人的私利。从这个角度上讲,职务犯罪带有浓厚的损公肥私的特征。这里所说的损害不仅是物质性的利益,还包括非物质性的利益,如对职务廉洁性的损害,对政府公信力的破坏,对社会公正性的干扰都是对公共利益的侵害。一些领导干部为了满足个人的贪欲,置国家人民的利益于不顾,随意滥用民众赋予的权力为个别人和少数群体服务,这种行为本身就损害了职务和权力的尊严。贪赃枉法、滥用职权往往会给国家造成巨大的经济损失,严重扰乱正常的市场秩序,对社会道德产生严重破坏,也可能对民众个体的生命财产造成侵害,这种典型的损人利己、损公肥私的现象在职务犯罪现象中非常普遍。而侵吞国有资产的贪污腐败更是赤裸裸的损公肥私的体现。可以说,损公肥私是为了少数人的利益而侵害多数人的利益,这也是职务犯罪为社会公众所深恶痛绝的重要原因。

隐蔽性和欺骗性 一般的刑事犯罪是以公民个人的人身权利和财产权利为侵害对象,受害者与犯罪者之间存在激烈的利益冲突,因此揭露犯罪的积极性较高。职务犯罪则有所不同,因为其所侵害的多为公共利益,受害对象比较抽象,而行业特性又无形中为其镀上一层专业性的神秘面纱,使得"局外人"很难透过表象发觉犯罪的实质,因此欺骗性与隐蔽性非常高。很多犯罪活动打着名正言顺的旗号在光天化日之下大张旗鼓地进行,却不能被及时识破和阻止。随着实践的不断发展,职务犯罪的手段也不断更新换代,使得其隐蔽性更高,很多官员就是通过运用"巧妙"的手段瞒天过海,避过群众和检察机关的监督,逍遥法外十多年而不被发觉的。有的甚至一边腐败,一边博取到"有为上进"的美名,腐并被赞扬着,可见其欺骗性之高。这种特性使得职务犯罪的社会危害性被成倍放大,往往到案发时,已经给国家和社会造成无可挽回的巨大损失。

渗透性和扩散性 与普通刑事犯罪不同,职务犯罪具有很强的渗透性与扩散性,主要表现为具有跨领域的影响力。由于职务犯罪具有很强的社会效应,其大量的发生会对社会观念造成冲击,并形成恶的示范效应,从而对众多领域产生深远影响。纵观近几年职务犯罪的发展情况,由高发领域向低发领域的蔓延就是职务犯罪渗透性的一个有利表现。首先是由经济领域向政治领域、司法领域扩散，如近些年大量存在的买官卖官案件、贿选案件、黑社会保护伞案件等，给国家政权和社会公正带来直接危害和重要威胁。其次是在经济领域内由商业领域向生产经营领域、金融领域的蔓延和渗透。职务犯罪的行业性使得其发展沿着经济领域的发展轨迹亦步亦趋，随着相关行业的扩展而向多领域渗透。除了金融、工商、税务、建筑等行业外，房地产、国企、司法、医药、海关等行业也成为职务犯罪的多发区。再次是从提供物质财富的领域向创造精神财富的领域蔓延。随着职务犯罪影响的不断扩散，一些科教文卫系统也逐渐成为重灾区，特别是校园和科研院所的腐败充分说明了职务犯罪中追逐权力、贪图金钱等不良思想具有强大的渗透力和破坏力，于无形中逐渐侵蚀了生产和创造精神文明与财富的领域。

职务犯罪的特点

特点是事物或现象所具有的特殊或突出之处，是此事物或现象区别于彼事物或现象的重要方面。它可以是具体的，也可以是抽象的，可以是表面的，也可以是本质的。不论是哪种形式，特点都是对具体现象的总结和概括。基本特点是从职务犯罪的历史发展中抽象出来的，具有共性的部分，而阶段性特点则是对当前社会转型的特定历史时期内，职务犯罪在发生、发展的过程中表现出来的种种特殊性进行的总结与概括，既有包含了对现象的归纳，也揭示了发展的规律。可以说，从基本特点到阶段性特点的研究，就是从具体到抽象再回归具体的过程。

苦难童年"催发"的人生变奏

苦难的童年，这是很多40岁以上落马的官员在回忆其发展史时所不约而同发出的感叹。苦难童年所代表的是一种物质匮乏的生活状态。这种在物质和生理上的苦难，经由个体体验逐渐演变为心理上的缺憾，使得个体极度缺乏安全感，始终处于一种与生理相配合的饥渴状态，并在日后的生活中得以延续和发展，即使物质生活已经极大丰富，依然无法摆脱这种心理思维定势。于是，出现了这样一幕奇特的景象：拥有苦难童年的人，经过努力奋斗，换来了人生的辉煌；大权在握后，又经受不住诱惑，通过种种手段集中大量社会财富，以满足自己饥渴而缺乏安全感的内心；案发后，所有的"努力"都化为泡影，灰飞烟灭，家财散尽，晚景凄凉。

贵港市政府原副秘书长龙起銮就是一个典型的范本。1961年9月，龙起銮降生于合浦县党江镇一个普通的农家里。出生那一年，正值"三年自然灾害"，生活十分困苦，龙起銮是吃着红薯、芋头长大的，就这样还常常吃不饱。虽然家境不好，但龙起銮一直很努力，从小学到中专，成绩总是名列前茅。1981年8月，龙起銮毕业后分配到贵港市港南区桥圩镇畜牧站工作。他在工作中有想法、有干劲,特别会撰写工作总结,见解独特,观点新颖,被领导刮目相看。1987年8月龙起銮被调到桥圩镇政府任秘书。几年后,龙起銮又担任桥圩镇政府办公室主任、副镇长、副书记、镇长、书记。龙的官运亨通,一路升迁,令人刮目相看。

虽然事业有成,生活条件得到了极大改善,但龙起銮总是觉得不满足,似乎在心里面总是缺少了那么一种充实感。每当看到别人呼朋唤友、觥筹交错、锦衣玉食时,他的内心都会变得躁动不安,蠢蠢欲动,仿佛有种压制不住的欲望喷薄欲出。后来,在工作过程中,龙起銮认识了贵港市某房地产开发有限公司副总经理黄某某。黄出手大方,常约龙起銮到高档娱乐场所、酒店消费,龙起銮消费到哪里,黄就把账买到哪里,把他伺候得舒舒服服、心满意足,于是两个人很快就成了铁杆好友。得知黄的哥哥想要购买位于城区三角嘴一块约2.9亩的国有土地作为公司的办公地后,龙起銮立即召开贵城镇党委、政府联席会议决定,以42万元的价格出让了该块土地。于是黄带着3万元来对龙表示感谢:"这是我大哥送给你的一点小意思,感谢书记对我们的关照和支持了!"这3万块钱仿佛有着无法抵挡的诱人香气,令龙起銮胃口大开,丝毫没有犹豫就收下放到了办公桌里。晚上回家的时候,龙起銮异常兴奋,完全陶醉在权力带来的甜头中,大街上五颜六色的霓虹灯反射在脸上,映出他控制不住的笑容,这种莫名的快感令他深深着迷,原来一个小小的决定竟然可以换到相当于自己一年多的收入!太不可思议了!

从此以后龙起銮一发不可收拾,如饥渴万分的人见到面前摆着五花八门的食物,不分大小,不论对错,统统都想拢在手里,纳入怀中,"吃"到肚子里。这种不可遏制的饥渴心理使得他渐渐失去了理智,2004年1月,龙起銮调任贵港市人民政府副秘书长(正处级),协助副市长分管建设局、国土资源局、房产管理局等城市建设规划管理部门。这个实权角色令龙起銮十分受用,从这个时候开始,他的身边出现了越来越多的"识时务"者,频频向他伸出"橄榄枝":出差的时候,有人在星级饭店提前为他订上好的客房;生活之中,有人把名牌衣服、手机送到他手上;到高档酒店吃饭的时候,有人主动为他结账……一瞬之间,龙起銮被众星捧月般供奉起来,令他的虚荣心得到了极大的满足,也似乎这个时候,心里那种苦难童年的阴影和不安才渐渐消退下去。用权力捞钱已经成了一种习惯,并成了一种享受。此时,龙起銮已经欲罢不能,心甘情愿地被俘获,深深陷入了腐败的泥潭。于是,一起起权钱互换的肮脏交易在幕后频繁上演,在他担任市政府副秘书长期间,先后收取6名"好友"的贿赂款70.2万元。最终被贵港市覃塘区人民法院一审以受贿罪,判处有期徒刑6年6个月,并没收赃款70多万元。

龙起銮的戏剧性生涯充满了波折,从年少时的低谷经过不断地努力奋斗逐渐爬升至事业和人生的顶峰,又因为无法正确把握前进的方向而一头栽倒下来,跌入犯罪的深渊。他对苦难童年和奋斗中年的深刻回忆,刻画出一代人的生活与奋斗历程。在建国初期直至改革开放以前,由于我国的社会经济发展水平不高,国际发展环境不佳,又曾遭遇过三年严重的自然灾害,可以说是经历其中的几代人都共有的苦难回忆。在我们调查的有确切资料的百余例案例中,拥有苦难童年生活经历者占到了 80% 以上,贫穷和困顿是当时普通人生活的真实写照。从心理学的角度来看,物质生活的贫乏的确会在精神心理上造成一定的阴影,形成心理性饥渴,并在以后的社会人格形成中造成不利影响,容易形成贪婪、偏激、缺乏安全感等性格特征。但

龙起銮在法庭上

这并不是腐败的理由和借口。相反,正因为有了困顿的童年生活,才更应该珍惜努力拼搏所得到的人生辉煌。但令人叹息的是,一些官员往往不能正确认识这种艰苦历练所包含的人生哲理,反而产生出严重的补偿心理,将辛苦换来的人生事业当做补偿的筹码,疯狂敛取财物,以填补空虚心灵这个无底洞。他们的落马,既大快人心,又让人感慨唏嘘。

从一宗典型的官煤勾结窝案说起

说是一宗,并不是说只有一起,而是由一系列案件综合组成的关系到矿产资源、安全监察、行政执法、征地开发等各个方面的以官煤勾结为主的窝案与串案。因其典型,所以我们把这些案例集合起来进行统一分析。

故事主要发生在湖南,事情要从素有"中国有色金属之乡"之称的郴州说起。郴州,这个富庶的城市,因近几年在媒体上频频曝光而变得格外引人注目。当然曝光的并不是什么光荣史,而是从上到下,涉及各种领域的职务犯罪窝案,其中又以官煤勾结最为典型。官煤勾结,顾名思义就是掌握公共权力的官员与掌握巨大经济利益的煤老板之间的交相照拂,"共同发展"。

首先是矿难生意经。2006年前后,湖南郴州发生了一场震惊全国的官场大地震,在这次震荡中,市委、宣传部、公检法部门、公积金、安监部门无一幸免,涉及土地、矿产、财政、公积金、黑社会等众多领域,其中又以矿产最具特色。市纪委书记曾锦春被坊间传言收有三十多个作为矿主的"干儿子",这些煤老板通过曾锦春这个大保护伞猖狂私挖滥采、违法乱纪、枉顾安全、草菅人命。而作为宣传部长的樊甲生则在这种乱象环生的煤矿领域中发现了自己的生财之路:专门发矿难财!当一些非法开采的小煤矿主发生严重矿难事件后,樊甲生常常要求在第一时间内封锁消息,"不准给外来媒体提供新闻线索;不准接待外来媒体记者;不准与外来媒体记者串联、合作"。因此,收受了很多矿主送来的干股和现金回报。

在郴州的嘉禾县,由于该地 36 个煤矿均为煤与瓦斯突出矿井,瓦斯灾害极为严重,因此煤矿事故频发。矿难自然而然就成为很多领导人的"发财之路"。2007 年 1 月 3 日,嘉禾县肖家镇月头岭煤矿发生了一起煤与瓦斯突出事故,造成 6 人死亡,直接经济损失 180 万元。事故惊动了国家煤矿安监局,并专门下文通报了此起事故。当时正值煤矿整合的关键时期,湖南省、郴州市两级政府在年前明文规定,凡发生 5 人以上死亡重大安全事故的煤矿,不但要关闭,还要追究有关人员的刑事责任。因此,月头岭煤矿的大股东雷渊贵找到原嘉禾县安监局局长刘诗元,送给他 5 万元,希望他能在煤矿整顿关闭和资源整合工作领导小组中代为斡旋,不要关闭煤矿,并且不要追究作为矿长的其叔叔雷孝仁的刑事责任。刘诗元收下钱后,向主管全省安监工作的谢光祥进行疏通,于是这个影响巨大的矿

第三篇 职务犯罪的特点与规律

难最终不了了之。

嘉禾县行廊镇五百洞煤矿因为资源走向标准与国家标准差了一个档次,按规定应交付75万元给煤炭局。为了省下这笔费用,该矿法人代表刘某两次找到刘诗元,请他代为向有关领导疏通,并在办公室奉上10万元现金。刘诗元马上带着对方来到县有关领导的办公室,凭着自己在县煤矿安全方面的权威地位,成功说服了该领导,免除了刘某的75万元整合补偿款。

2006年,湖南省核定各个煤矿的生产能力,嘉禾县行廊镇白毛冲煤矿自行申报了3万吨。次年1月,嘉禾县煤炭局发文认定白毛冲煤矿的生产能力为2万吨,这意味着该矿并没有达到3万吨的产能标准,应予以关闭。慌了手脚的负责人邝某、雷某等4人多次找到刘诗元恳求帮忙,

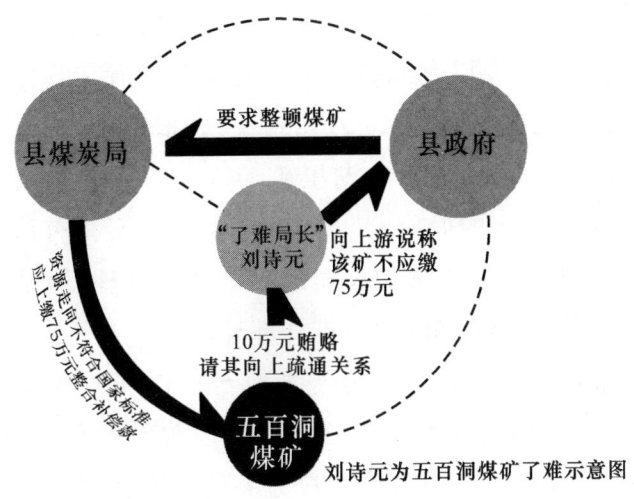

刘诗元为五百洞煤矿了难示意图

并一次性支付给他7万元。而后,刘诗元以湖南省煤炭学会常务理事的身份,找到相关人员,通过专业"运作",硬是将白毛冲煤矿安全生产许可证上的生产能力从2万吨提升为3万吨,并成功进行了整合。刘诗元在煤矿领域不遗余力地利用自己的职权或社会影响"帮助"矿主们消灾解难,转危为安,被当地人戏称为"了难局长"、"灭火局长"。

其次是官煤"一家亲"。从湖南省近几年有关煤矿领域的职务犯罪来看,几乎都牵扯到官员入股煤矿的问题,有的是资金入股,有的则是权力入股。干股受贿这个被人们广为关注的问题在矿产的相关领域中似乎表现得更为普遍也更为突出。

1999年,与曾锦春最"亲密"的死党首清文为了能尽快与玛瑙山签订水湖里矿采矿合同,送给曾40万元,后又交给其儿子曾峰70万元。2000年春节前,为了掩盖收受贿赂的真相,曾锦春以妻兄唐世民的名义与首清文签订一份入股协议。首清文带了40万元到曾家,根据曾的口述,写了一份唐世民在玛瑙山水湖里矿的入股协议。在该矿中曾锦春持有10%的股份,其200余万元股本金由首清文垫付。虽然曾锦春并不参加公司的生产经营管理,但是他也负有一定的"义务",就是"负责外部环境"。

后来首清文的宏达矿业与曹真源的派安矿业矛盾激化,首清文先后两次共递上80万元,要曾锦春利用"矿山整顿领导小组组长"的身份和权力关停派安公司。但曾锦春经过调查,很快发现曹真源背景"非常深厚",似乎"与中纪委某领导的亲属及前郴州市市长周正坤有联系",于是没敢过问。2004年6月两矿业因争采东部矿体导致巷道贯通,被矿方下达停产通知。于是曹真源找到曾锦春,许诺公司让出总计价值238万元的20%的股份给曾峰。曾峰象征性地交给曹50万元,随后曾锦春出面协调解决了这一问题。其后一年,曾锦春、曾峰按20%的占股比例,从郴州鑫晶公司(即派安公司)获得分红364万元。

2004年8月,嘉禾县枫家冲煤矿发生瓦斯突出事故,死亡3人。时任矿长曾祥敢为减轻处罚,送给刘诗元3万元。2006年12月,这个煤矿又发生1人死亡的事故,曾祥敢再次孝敬刘2万元。其实在这家煤矿中,有刘诗元姐夫王干成的25万元"干股"。而湖南省安全生产监督管理局原局长谢光祥也染指煤矿开采,并帮助其弟弟参股桂阳县荷叶镇的一家设计生产能力6万吨的煤矿企业。虽然该企业手续一直有问题,属于非法煤矿,但当地监管部门都知道是"谢老板"的矿,只好睁一只眼闭一只眼。

2005年5月,湖南省攸县原煤炭局局长毛伯吾在攸县峦山镇一家煤矿入股3.5万元。见局长如此赏脸,该矿又送上6.5万元"干股"。2006年7月,攸县桃水镇一家煤矿要扩界,让毛伯吾入40万元现金股,另送10万元"干股"。为了"避嫌",毛伯吾的股份均挂在他人名下,其中"干股"分得红利2.85万元。而永兴县黄泥乡麻土煤矿更是充分拉动官员优势,吸纳了当地的环保局党组副书记、局长刘启辉,建设局党组成员、副局长周满乃,公安局党委委员、副局长代社田等"权力阶层"入股煤矿,大肆开采行贿。

从媒体公布的案例详情和内幕来看,官煤勾结现象的存在已久,而从每轮查处的涉案官员数量来看,范围也相当广泛,几十人上百人的屡见不鲜。更为耐人寻味的是,被查处的一系列落马官员之间有着一条若隐若现的"暗线"联系:往往是一个煤矿出了"捂不住"的大事故,牵连到与之关系密切的官员,又在调查这个官员的时候发现了更多更深的问题,不但有本部门的,更有相关领域的,不仅是本地区的,更有甚者是跨地域的,于是层层扩展开来,雪球越滚越大,终于酿成了让世人震惊的大型窝案。比方说刘诗元的落马,就是在办案人员侦办曾锦春一案时,注意到他的问题,并循着蛛丝马迹开展侦查发现的。而谢光祥的问题又是在调查刘诗元的犯罪事实时发现刘向谢行贿而暴露的。

从这宗典型的官煤勾结窝案中,我们可以大致看出职务犯罪的一些特点和端倪:

(1)涉案人员多,金额大,涉及面广,影响恶劣 官煤勾结所体现的往往都是窝案和串案。在这种案件中涉及的官员常达3人以上,且彼此相连,上下沟通,往往一查就是一大串,甚至有时一件案子的时间跨度好几年,涉及上百人。由于涉及人员多,自然涉案金额也非常巨大,少则几十万,多则成百万上千万,甚至上亿元也不乏其例。案件的社会影响极其恶劣,对公众的道德底线、国家的法制建设和社会的公平公正而言都是一种难以估量的伤害。

(2)权力的极度"放纵" 从官煤勾结的现象中不难发现,腐败是权力放纵的结果。往往是掌握权力的官员利用权力优势放纵私人行为,"创造"出混乱违法的行为空间,然后再通过可以制约、管理这种混乱局面的权力来进行威慑与胁迫,从而获得想要获取的利益。权力所涉及的是一个范围,期间包含了很多具体的情况,对于掌握权力的人来说,虽然制度上规定了什么事该管、什么时候管,但是在具体的实施过程中其先后、强弱的情况不同,产生的结果也往往有天壤之别。违法违规的黑口子,本来应予及时阻止和关闭,但有些官员看到了,却任由它发生,等看到它"成长"起来了,再"积极"运用手中的权力准备进行"规范"。面对即将遭受的巨大经济损失,煤矿主们必然要想方设法松动关系。而这些官员们也就顺理成章、名正言顺地实现了权力的货币化。

(3)腐败的惯性与交互性 长期存在并发展着的事物和现象本身会逐渐生成一种内在的秩序,这种秩序一旦被固定下来就会产生很强的惯性,并且将感染到涉及其中的人和事,使之逐渐与之相适应,直至协调。我们所常说的潜规则就是典型的体现。官煤勾结也好,其他腐败现象也罪,都自有一套正规体制外的运行规则和秩序,可以将之称为混乱的秩序。而这种秩序与正规秩序之间的相互渗透是该体系得以继续运行发展的基础,也就是说,官煤勾结腐败的发展和壮大一方面依赖于其自身长久以来形成的隐性规则,另一方面则有赖于正规体制对该系统的容忍和接纳。只有从外界不断吸收"新鲜血液",这个自成一套的混乱的秩序才能得以稳固和运行下去,否则每年都清理出大量职务犯罪人员,这个系统就会因为"缺乏补给"而自行萎缩了。而新的被吸收的分子就是在两个系统的对抗与交互中被同化的部分。蓄意为之也好,身不由己也罢,不过都是腐败的惯性与交互性的体现而已。

(4)实权与实利的融合 权力带来利益,这种现象在权力被滥用的今天已经不是什么新鲜事。从官煤勾结现象来看,突出反映了实权与实利的融合——只要掌握着切实的、具体的权力,就可以通过货币化的市场交换到切实的利益。以刘诗元为例,尽管安监局是一个不起眼的小单位,但却掌控着煤老板的发财梦。哪一家煤矿该关停,哪一家煤矿可开工;哪一家煤矿该交多少钱,哪一家煤矿可免费用,都由安监部门说了算。因此煤老板将其当做"菩萨"供奉也就理所当然。其实不论是以往我们所熟知的财务、金融、基金等直接面对货币的部门,还是安监、宣传、纪委等以往看似比较冷的部门,只要掌权者有心为之,将抽象的职权联系到具体的领域上来,就会发生质的变化——

权力走下圣坛，走上柜台。

（5）案发的"偶然性"说偶然，并不是本质的偶然，而是现象的偶然：被小偷偷出来的贪官，被情妇闹出来的贪官，丢东西丢出来的贪官，还有受其他事件牵连出来的贪官……这些偶然事件引出的贪腐案件在近年来屡屡发生，给人们造成一种观念上的错觉：官员的落马是偶然的失蹄而不是腐败必然的结果。从上述的官煤勾结窝案也可以发现此种现象：一个嚣张的煤老板，牵出一个猖狂的纪委书记，而纪委书记对大家一直讳莫如深的干股问题的交代，又牵出了更多收受煤矿干股或合资入股煤矿的官员。在对官员们的问题进行审查时发现了人事任用上存在的交相贿赂，顺藤摸下去却曝出了五花八门的矿难生意经。再深入追查又发现了众多涉案的领域和部门以及更多的官员和商人，于是连环案一个接着一个地晒出来，贪官们一串连着一串地跌下台。这种现象颇有点像"野鸭子定律"，只不过在这里面接连发生的不是幸运，而是丑恶。虽然我们说"法网恢恢，疏而不漏"，"不是不报，时候未到"，但一个正常的法制社会是不应该寄希望于辽远而空泛的因果报应理论的。一个人能明目张胆地纵横地方十多年而毫发无伤，一个地方官场群体腐败却司空见惯，恰恰体现了制度在特定情况下在非正规制度面前的无力与无助。案发之所以具有偶然性是职务犯罪的隐蔽性使然，也是制度的穿透力不强使然。

■ 职务与犯罪

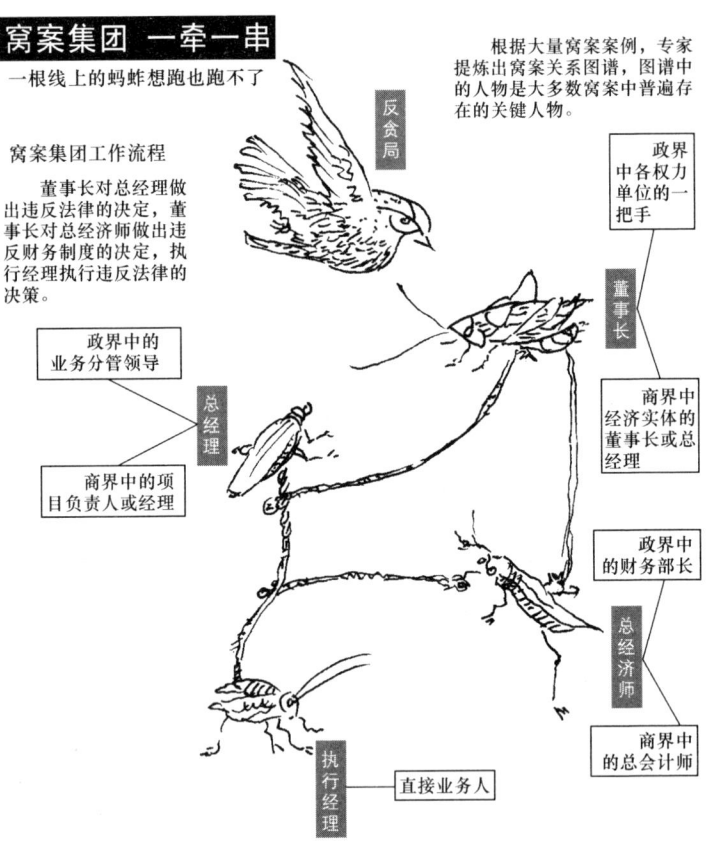

职务犯罪的阶段性特点

由于我们正处于社会转型和观念变迁的时期,事物的发展不可避免地会打上时代的烙印,职务犯罪也是如此,随着社会主义市场经济体制的建立和发展,职务职权也染上了更多的商业色彩。总结近年来的职务犯罪案例,不难

发现,当前的职务犯罪主要存在如下特点:

带"病"提拔现象严重 不少国家工作人员在被查处之前,其腐败问题早已出现。但让人惊奇的是,尽管他们的腐败似乎已经是"人尽皆知",可是丝毫没有影响到他们的大好前程。一边进行着权钱交易、权色交换,一边却被频频提拔,官路越走越顺。相比之下,很多默默无闻、埋头苦干的人却仍然在辛苦耕耘,原地踏步。这种边腐边升甚至越腐越升的带"病"提拔现象已经成为当前职务犯罪的重要特点。

山西原省委副书记侯伍杰,可谓是边腐边升的典型代表。早在1995年任省委宣传部部长时,就已经有了针对他工作问题的一些不利传闻,此后相关的举报从未中断。也是受到各种举报的影响,侯伍杰在担任省委宣传部部

侯伍杰在法庭上

长两年后,才被选为山西省委常委。虽然举报多少延缓了侯上升的速度,但并没有阻挡住其"前进"的步伐。2000年1月,侯伍杰兼任太原市市委书记,此时关于其经济问题的

举报信也纷至沓来。2001年9月,侯伍杰不再担任太原市市委书记,不久担任省委副书记,由于其工作侧重于意识形态方面,2004年下半年,又兼任省委党校校长。

陕西省政协原副主席庞家钰自1998年10月起,历任宝鸡市政府秘书长、副市长、市委副书记、市长、市委书记、市人大常委会主任。在此期间,有很多人对其恶劣行径进行反映和举报,宝鸡市司法局干部曹长征更是在长达9年的时间里持续对庞家钰的问题进行追踪和调查,并将相关资料整理后寄给有关部门进行实名举报,但这些材料都没能及时地引起有关部门的重视。2001年8月,曹长征将一封收集了庞家钰涉嫌收受贿赂、玩忽职守等大量证据的举报信寄给了多位国家领导人和中央各部委,并在每

庞家钰

封信后附上自己的身份证复印件、工作单位、联系电话。次年,陕西省纪委派出一个工作组进驻宝鸡市进行调查,但3个月后,工作组即撤走,庞家钰不仅安然无恙,而且还有消息说,将升迁至省里任职。2003年1月,庞果真得到提拔,成为省政协副主席。

第三篇　职务犯罪的特点与规律

湖南省高速公路管理局原局长杨志达与几年前已查处的湖南省交通厅原副厅长马其伟、省政府原副秘书长唐见奎、"三湘女巨贪"蒋艳萍等三起大案都有牵连,但每次都能"侥幸"逃脱,并且不断得到提拔重用。虽然每次案发受到惊吓后他都郑重地发誓要"金盆洗手",但风头一过,精神又放松下来,屡次逃脱使得他越来越藐视国法,于是变本加厉地大肆受贿。

还有著名的"上海第一秘"秦裕,在案发前,对于他贪财好色、收受巨额贿赂等问题已有很多非议,一些干部对他非常反感。但是这样的一个人,不但没有受到处分,反而空降到宝山区做区长,且官方对他的评价是:"政治素质好,注意学习研究中央和市委的工作精神,结合工作实际,认真地加以贯彻执行;勤于学习,善于思考,围绕市委的重点工作,组织力量,深入研究,提出建议,较好地发挥了参谋助手作用;思路清晰,条理清楚,有较强的综合协调和组织能力;作风正派,坚

秦　裕

持原则,为人谦和,团结同志,对自己要求严格,在他所工作的各个岗位上,都是全身心地扑在工作上。"对一个贪官做出如此高度的评价,这不能不说是一个巨大的讽刺。

■ 职务与犯罪

边腐边升现象的存在具有多方面的原因,有制度方面的漏洞,监督管理缺乏民主性的原因,也有犯罪手段隐蔽的因素,同时还有部门和地方利益错综复杂,官场形成盘根错节的人际关系网络以及"刑不上大夫"、"瑕不掩瑜"等惯性思维作祟,导致组织上不掌握的问题很难发现,掌握的问题又不被充分重视,对于群众反映的一些"不大不小"的问题,常常忽略。拿济南市人大常委会原主任段义和来说,其实早在13年前就有人举报他包养情妇等问题,但"有关领导"不以为然,仅仅做了番谈话,中断了他的挂职。

此后段义和官照做，情妇照养，什么都不耽误。后来，情妇因为无法取得合法妻子的地位"愤而反击"向组织告发时，"有关领导"居然又是以谈话的方式进行解决，并且不是警告，而是规劝他"处理好"与情妇的关系，"不要影响工作"。

挪用、侵占公款现象依然严重 以"厂"为家、"当公仆，吃公家"的观念仍然占很大比例。挪用、侵占、贪污等行为仍在不断发生，导致国有资产大量流失。山东电力集团公司经济法规部原主任吕永科，在2002年6月至2005年6月期间，利用担任山东电力集团公司社会保障中心主任职务的便利，与山东鲁能投资公司原总经理李斌和华龙证券公司上海长宁路营业部总经理周文金合谋，于2002年6月、8月将山东电力集团社保中心社保资金4亿元通过华龙证券公司以无锡丽娟商务咨询有限公司的名义购买国债，然后再将国债回购，再以无锡丽娟商务咨询有限公司的名义将回购资金提供给山东鲁能投资公司所属的上海亿盛实业发展有限公司使用，进行营利活动。虽然其于2004年12月、2005年5月先后将4亿元社保资金归还给山东电力集团社保中心，但挪用公款进行违规投资经营的行为使社保基金遭受了巨大的风险。

而中铁五局集团第五工程有限责任公司洪家渡水电站项目经理部原财务部部长任卫廷，为能偿还赌债，继续赌博的疯狂"事业"，更是直接将黑手伸向公款，移花接木，大肆侵占。虽然只是一个普通的国家工作人员，但是他兼管着贵阳指挥部会计和出纳的职责,保管着现金支票,能更方便地接触到现金流。2007年,他将原中铁五局五公司总经理陈某、党委书记兼董事长于某两人尚未领取的25万余元年薪虚列进入公司经费其他科目账,并以"付公司领导2005年年薪兑现款"的名义冲抵了该款项。当两人到贵阳指挥部领取属于自己的年薪时,任卫廷又不慌不忙地从自己保管的洪家渡水电站项目经理部的银行账上以现金支票的形式取出25万元,外加一些备用金支付了二人2005年的年薪。

2005年7月,贵阳某工程公司与洪家渡水电站项目经理部因管理费计算基数发生分歧,后经协调洪家渡水电站项目部必须付清所有管理费款项,为了填补挪用公款赌博形成的亏空,任卫廷模仿贵阳某工程会计张某的签名用现金支票从洪家渡水电站项目经理部银行账上取出5万元、8万元,放回备用金中用于填补亏空,事后将两笔款项虚列进入洪家渡水电站项目部付一四八联营体管理费的明细科目账,并从账面金额上冲抵了这两笔款项。就是这样采取重复列支、虚列支出、调整账户等方式,任卫廷将本单位财产470825.24元非法占为己有并用于赌博,在中铁五局五公司为国有独资企业后,又套取资金830252元用于赌博,致使单位对该资金完全失去控制。

贪污、挪用和侵占公款是典型的钻制度设计漏洞的犯罪行为。高发于财务、金融领域,集中于国企改制、项目建设和拆迁改造的过程中。

职务犯罪涉及多项罪名,数罪并罚成一大特点 犯罪者为了能够获取利益的最大化,通过种种手段来达到敛财的目的。我们在研究时发现很多人的犯罪行为涉及贪污、受贿、渎职等多种罪行,于是罪名也逐渐从单一罪名向数罪并罚的方向发展。在云南铜业(集团)有限公司窝案中,原副总经理余卫平在担任云铜集团副总经理、云铜股份副董事长、云铜贵稀董事长、云铜地产董事长等企业领导职务期间,于2000年至2007年,利用职务上的便利,在土地使用权转让、预付货款、原料采购、工程承包等业务活动中,为他人谋取利益,并分别多次非法收受昆明自更集团有限公司董事长郑自更等单位或个人给予的财物共计人民币2323万元、澳元60万元、美元458061元。2005年11月和2006年6月,余卫平利用职务便利,擅自决定借出公款共计人民币2660万元。截至2006年9月,以上款项已全部归还。2006年10月至2007年11月间,余卫平又伙同廖某、

余卫平

陆某将河口某商贸有限公司从越南进口的铜精矿销售给明晨公司,并达成所得利润分配的口头协议。在交易过程中,余卫平违反云铜集团内贸铜精矿价格管理规定,恶意提高此项业务中铜精矿及铜精矿含金部分的收购价格,以交易的方式骗取云铜股份的货款4100余万元。因此在一审中,昆明市中级人民法院以受贿罪、贪污罪、挪用公款罪数罪并罚,决定执行死刑,剥夺政治权利终身,并处没收个人全部财产;扣押在案的全部赃款、赃物及孳息予以没收,上缴国库。

此外,云南铜业下属的鸿泰房地产开发有限公司原副总经理、云南铜业房地产开发有限公司原总经理汪建伟也存在受贿、贪污情节。不但在工程设计、承包等方面为他人谋取利益,先后收受贿赂款共计人民币446万余元、美元1.4万元,还以公司做项目需要经费为由,虚增景观绿化工程合同金额500万元,并于2007年10月,从中提走现金人民币100万元,用于个人购房。因此法院在判决中以受贿罪、贪污罪两罪并罚,决定执行有期徒刑20年,并处没收个人财产15万元。扣押在案的赃款予以没收,涉案赃款539.24万元、美元1.4万元,不足部分继续追缴。

数罪并罚从一个侧面反映出我们现存的制度存在严重漏洞,权力过于高度集中,因而掌权者可以任意利用手中的权力通过各种途径为自己谋利。同时数罪并罚也在某种程度上使得犯罪成本增加,刑期延长,是职务犯罪泛化的重要表现。

窝案串案频发，群体性腐败加剧 云铜窝案、徽商窝案、郴州窝案、上海社保窝案、国家医药腐败窝案……近年来屡屡曝出涉案金额巨大，涉案人员多，社会影响极其恶劣的团体性职务犯罪窝案和串案，群体性腐败成为当前职务犯罪的一个重要特点。群体性腐败主要是指多人参与的，利用掌握的公共权力，通过计划、合谋、合作等手段，为谋取集体和个人利益最大化而进行的重复博弈的集体违法违纪行为。群体性腐败作为一项集体重复博弈行为，经过不断的利益互换与整合，将牵扯到其中的人牢牢绑定在特定的利益共同体中，以免出现"搭便车"中途下站或者彼此出卖的现象。这种特点使得犯罪群体的"凝聚力"不断增强，形成铁板一块，具有很高的反侦查性和隐蔽性。在案情没有曝光之前，即使有相关的信息流传出去，也无法掌握切实的证据，并且因为从上到下的"沟通"，在权力范围内，社会的监督与质疑会被权力影响所消弭，无法形成有效的震慑力。而一旦案发，就会产生类似多米诺效应的连锁反应，由一个个案牵出复杂而深邃的腐败漩涡。

群体性腐败多发于产品购销、工程建设、资产管理和执法过程等与市场密切联系的环节。在产品购销过程中主要是以"回扣"为纽带的群体性腐败，如近些年来在医药、教辅等领域流行的以回扣和好处费形式的"促销"行为，成为打通各个审查关节的通行证。一些地方医院从院

"多米诺"效应

长到药房、药库等行政管理人员,从采购、会计、统计、微机操作员到开处方的医生都涉及药品和医疗器械的"回扣"问题,涉及面之广、涉案人员之众,令人侧目。在工程建设和征地过程中则主要是以工程项目为轴线、以损公肥私为特征的群体性腐败。一些地方和部门,或上下级相互串通,或不同部门、不同环节人员配合默契,侵吞重点工程建设、征地补偿等款项。而国有资产管理方面主要表现为围绕"小金库"形成的群体性腐败。由于资金管理建设不到位,存在漏洞,被经营管理者"巧妙"利用,在财务管理、生产经营等环节进行"暗箱操作",或里应外合,内外勾结侵吞、挪用,或直接截留、瓜分国有资产。执法过程中的群体性犯罪性质则更为恶劣,主要涉及徇私枉法、公权"染黑",形成各种形式的"保护伞"。一些地方不同部门、不同岗位的国家工作人员被收买后,各自运用权力和影响,在不同环节提供庇护,帮助黑恶势力壮大实力,称霸一方;或帮助严重刑事犯罪分子逃避法律制裁。

群体性腐败具有相对稳定性。尽管利益集团的组成成员会因种种原因而产生流动,但核心成员一般是相对稳定的,这是出于降低交易成本,提高安全性的考虑,也是提高"行动效率"的重要保证。这种特点使得打击职务犯罪的难度有所增加,同时稳定性所形成的惯性伴生的是风险积累的增加,一旦案发,积累的高风险会一并爆发,对个体而言,也是严重的伤害。

情妇现象成热点 如今的腐败官员很大一部分都有情妇问题,或者是生活作风问题。包养一名固定情妇已经不足为奇,更有甚者和几十甚至上百名女性发生不正当关系。利用手中权力为情妇谋利、以权力胁迫女性就范或者以权力为诱饵勾引女性媾和,是犯罪者生活极度腐化,道德素质极其低下的表现。而最富有戏剧性的是,越来越膨胀的情妇大军,有时候居然会担任起"反腐义士"的重要角色。这就使得情妇现象在供人们茶余饭后谈资之外,又多了一种"学术"价值:顺着情妇这条暗线,往往可以摸出隐藏的大蛀虫!情妇反腐成为新时期职务犯罪中的新现象。

新中国成立以来被查办的最高级别的军官,65岁的海军副司令员王守业在临退休之际,倒在了情妇的告发上。1996年王守业担任解放军总后基建营房部部长时,与南京军区某文工团演员蒋雯相识并同居。不久,30多岁的蒋为其生下一子。2001年,王守业升为海军副司令员,遂提出与蒋协议分手,但是两个人在谈及条件和孩子监护权问题时出现分歧,蒋雯提出要500万的青春赔偿,在数次协商未果后,2005年蒋雯开始了她状告王守业的道路。为了能够引起足够的重视,蒋雯甚至联络他人在海军大院门口散发传单,最终受到中央军委的注意。于是王守业因"道德败坏"、"利用职权索贿、受贿"、"涉嫌严重违纪违法"被中央军委免除海军副司令员职务,海军当届军人代表大会也接受了其辞去人大代表职务请求。

还有北京市原副市长刘志华,如果不是其情妇王建瑞的"配合",该案的审查难度将成倍增加。在侦查时,刘的妻子曾经以"零口供"的方式对检察机关的调查予以抵制,但是王建瑞却在调查中供述了很多对于刘志华不利的证词。而举报至中央的刘志华与王建瑞的性爱录像,是安装在王建瑞家中的针孔摄像头所拍。这一铁证亦是中央直接拿下刘志华的导火索。在检方指控的刘志华受贿696.59万元的事实中,有592.61万元是由王建瑞代收的,再扣除其儿子张伟所收的礼金,真正由刘个人收受的贿赂并不多,因此王建瑞的供词对刘志华一案的判决起到了关键性的作用。

官员与情妇的关系可以大致分为三种类型:一是情感享乐型,主要与双方的情感状况密切相连,此时犯罪行为的发生是为了满足"情感发展"的需要。主要表现为夫妻情感不合而出轨,或者仅仅是为了满足生理需要,当然,也不排除有单纯的情感因素,但比较少见。如晏大彬为了贪

第三篇 职务犯罪的特点与规律

走向深渊

图享乐而与多名女性发生不正当关系，并包养多名情妇即是此类。二是互利型，除去生理需求，这种类型还伴生着利益关系，彼此之间常常因利益需要而走得更近。如李宝金与王小毛，一个有权，一个有头脑，二者的合作得心应手，共同谋求权力向金钱转化的最优渠道。因此虽然外界评价王小毛"容貌一般"，但两个人的铁杆关系维系多年，牢不可破。王小毛更是依托于李宝金成长为津门著名的企业家，其名下的浩天集团资产突破30亿元，涉足房地产、高速公路、医疗教育等众多领域，是著名的"企业家情妇"。三是代言型，即情妇本身已经成为某种利益集团的符号,由其在官员彼此间穿插协调,以牟取集团利益的最大化。如导致杜世成案发落马的李薇、上海社保案中的卢嘉丽等。她们因为与多名官员发展情人关系,凭借女色纵横于地方官场,负责开展公关沟通,无往不利而被戏称为"公共情妇"。情妇现象发展到这里已经从私密的领域进入到公开化、"透明化"。官员生活腐化作为一种标志性的存在已经在社会上引起积重难返的恶劣效应,更使官员 8 小时外的生活监督日益成为重要课题。

官员腐败家族化 在缺乏体制约束和社会监督的环境下,官员手中的权力被无形中放大,仿佛拥有了磁性,与其沾亲带故者都可以受到权力磁场的磁化,分享到特权带来的实惠。职务犯罪的家族化特点越来越鲜明,家族成员参与职务犯罪在近几年比较普遍,夫妻、兄弟、父子、亲戚形成一个利益紧密相连的家族圈,平时彼此相互协调,相拂照应,案发后同台受审、联盟土崩瓦解。在中国转型期复杂的社会环境中,权力寻租极易通过裙带路径扩张,制度疏漏还相当严重。

以王昭耀为首的"安徽第一权力家族"曾经横行安徽十多年之久,在这个权力家族中,涉及原安徽省委副书记王昭耀,王的妻子杨大爱,儿子王伟,还有两个妻弟杨哲信与杨枫。

1993 年 2 月,王昭耀当选为安徽省副省长后,在妻子杨大爱的要求下,开始扶持其大弟弟杨枫,将其从一个普通的化学老师提拔成安徽淮南市气象局局长。5年后王昭耀被任命为安徽省委副书记，分管政法、农业和计生工作，成为实权在握的"政坛大佬"。此时杨大爱不失时机地给丈夫送了一条金利来领带，希望老公能对杨枫"鞭策进步"。于是王昭耀不动声色地将杨枫扶到省气象局副局长的位置上，而后又通过

王昭耀

运作，安排杨枫下到宣城市行署做挂职副专员。宣城撤地建市后，杨枫顺顺利利当选为副市长，紧接着出任该市市委副书记。

有一就有二，杨哲信看到哥哥借着姐夫平步青云，自然也不甘落后，虽然不学无术，仅仅是个货车司机，但是官瘾十足，对着王昭耀软磨硬泡，硬是磨来一个砀山县委组织部副部长。此后不到四年的时间里又魔术般地实现了三级跳：从灵璧县委常委、组织部长，爬上了宿州市委组织部副部长的交椅。

弟弟都有了好的归宿，自己和儿女当然也不能例外，杨大爱再次施展亲情攻势，于是王昭耀施展造官之术，将妻子运作成省行政事务局接待处处长，大儿子王伟则先到

阜阳市政府办公室镀金,然后被擢升为共青团安徽省委联络部副部长。就这样,"安徽第一权力家族"构建完毕,闪亮登场。

掌握实权后,权力家族的成员开始发挥所长,积极捞钱。首先是一无所长的杨哲信,无师自通,研制成功卖官法,先后228次受贿,卖出69顶乌纱帽。到了后来,居然瞒天过海售卖起"假官"来。与之相对的,作为硕士的杨枫还是留了个心眼儿,选择了更为保守的保官法:通过自己的关系网层层运作,专门为"犯事儿"者消灾解难。看到两个舅舅春风得意,王伟也跃跃欲试,不过他避开"市场竞争",将目光转向市场,为不法商人刘俊卿提供保护伞。几个人分工合作,各展所长,大有一手遮天的架势,纵横官场十多年,培植了一大批王系人马,使得这个家族的根脉更深,虽然天怒人怨,却始终岿然不动。若不是刘俊卿贪污受贿案发后,为求自保而供出包括王昭耀在内的一大批安徽各级高官,以及杨枫情人关系处理不善,引发情妇状告门,可能这个家族还会存续一段时间。随着王昭耀的倒台,"安徽第一权力家族"也土崩瓦解:妻子和大儿子被"双规";杨哲信被判刑15年;杨枫被

杨枫被带上法庭

判 10 年,而王昭耀本人则因犯罪情节严重而以受贿罪、巨额财产来源不明罪两罪并罚,判处死刑,缓期 2 年执行,剥夺政治权利终身,没收个人全部财产。一大干王系人马也没能留住自己的乌纱,纷纷落入法网。

腐败的家族化是群体腐败的变种,其性质更为恶劣,代价也更为巨大。往往是一时的得意换来妻离子散、分崩离析的结果,得不偿失,悔之晚矣。

职务犯罪的"网络化"

职务与犯罪

涉黑案件增多，性质愈发恶劣　职务犯罪交织并发，与黄、赌、毒等社会丑恶现象相互吸引，往往引发恶性刑事犯罪，显现出日益复杂、污秽、残酷的特性。常常是贪污贿赂中伴生着徇私舞弊、滥用职权等渎职犯罪，而渎职犯罪中又包含了贪污贿赂的丑行。酒色财气连在一起，成为职务犯罪者追寻的目标。某些党政部门和执法部门领导干部热衷于结交大款，与黑恶势力相勾结，或称兄道弟，或结为干亲，充当犯罪分子保护伞，大肆捞取非法利益。

公共权力的掌有者、经济资源的垄断者和社会精英阶层，连同社会下层帮会，出于共同的利益互动需求和自保考量，心照不宣地纠结为利益共同体，利用各种体制漏洞，在正式体制之外，形成了具有一定结构形态、以某个权力或者人物为中心、以利益最大化为目标的利益团伙，一时间颇能操控一方。其恐怖之处在于，它利用公共权力作为基本资源，经由扭曲的公共权力追求旨意的实现，为特定私利提供体制性保护伞，于侵蚀正式体制的同时，无形中将瓦解体制，使整个社会绝望。此种利益团伙介于有形与无形之中，不受国家正式权力的控制，但又附着在国家权力的肌体之上，在瓦解正式权力体系的制度预期的同时，又以正式体制和公共权力本身为实现私利张本，从而将依靠纳税人供养的正式权力体系拖入私利打手的境地。类似于国中有国，权力体系之中还套装、暗藏着一套权力体系。

2007年12月27日,湖南省永州市公安局原副局长王石宾等52名被告人涉黑案在邵阳市中级人民法院一审宣判,由于该案被告人的组织、领导、参加黑社会性质组织罪,包庇、纵容黑社会性质组织罪,赌博罪等15项罪名成立,王石宾数罪并罚被判处有期徒刑13年,剥夺政治权利3年,并处罚金。颜玉龙数罪并罚决定执行有期徒刑20年,剥夺政治权利4年,并处罚金。其他被告人分别获刑。法院还判决没收、追缴全部涉案财产和非法所得。

王石宾在其担任副局长期间,大肆运用手中的权力谋取高额利益,充当黑社会保护伞,涉及黄、赌、毒和私藏枪支,是永州黑势力团伙的保护伞和后台老板。此外,王石宾还直接放贷,放贷数额高达4500万元,被民间称为永州"地下银行行长"。这个犯罪团伙成员达到上百人,分工明确、组织严密,据传闻底层的打手除了每天需要护场子、讨债,还要进行军事化训练,以提高效率。

在永州,虽然表面上是由颜玉龙、屈国春、许献忠、陶春生四个头目出面经营赌场或控制其他场所,但四个人都以王石宾为靠山,受他的控制。四个人各自豢养了自己的马仔和打手,以聚赌、放高利贷为主要敛财手段。这个团伙手中有一份永州市及各县有钱老板的名单,并根据这份名单进行"宰羊":半强制性地要求他们参与赌博。有的人碍于情面或者怕惹麻烦,只好前去"应酬",但一旦沾上轻者倾家荡产,重者家破人亡。据粗略估计,永州市至少有不下 30 名数千万资产的老板因为涉赌而濒临破产。

在王石宾的带领整合下,很多民警也不同程度地参与到这个涉黑团伙中从事非法勾当,以至于在永州有了这样一条不成文的规定:在永州,想和警方搞好关系,除了请客送礼,还有一条路就是找有关人员借高利贷。于是永州出现了黑白两道"空前统一"的局面。而更让人震惊的是,经过认真的调查取证,猖狂的王石宾背后,居然还有更强大的保护伞——永州市委副书记周永亮。

官黑勾结,"共治"并行的局面是公共权力"染黑"的突出表现,是公权私性化的必然结果。而公权涉黑的实质是

官黑勾结

第三篇 职务犯罪的特点与规律

公共权力的变质,从服务于国家和人民,代表社会公义,变为服务于具体的人或者特定利益群体,成为实现私欲的工具。在现实生活中,权力的垄断性和部门化导致其拥有绝对的优势力量,而政府在市场发展中既作裁判员又作运动员的双重身份,使得身处其中的工作人员深深地体会到权力与利益的紧密纠葛。由此而形成的诱惑将不断增强,利用不受约束的公共权力谋取私利也就成为一种必然。

除了涉黑之外,一些人为了达到目的、掩盖罪行而不择手段,通过各种方式威胁、压迫、打击、报复对手、知情人、举报人或者是潜在的威胁者,从而引发其他的刑事犯罪,性质愈发恶劣。如炸死情人的前济南市人大常委会主任、党组书记的段义和,就是为了摆脱情妇纠缠,永绝后患,而采取极端的方法,将跟随自己14年多的情人柳海平彻底除掉。柳海平与段义和相识于1994年,而后多年一直追随段,作他的铁杆情人。期间,为了掩盖两人的关系,柳海平也曾与一位医生结婚,婚后生有一子,但很快因为两个人

段义和

的不正当关系曝光而离婚。关于这个孩子,柳海平一直坚持是段义和的骨肉,但段义和显然并不买账。离婚后,柳海平慢慢厌倦了偷偷摸摸的情人角色,希望能正大光明的成为段太太,但是段义和从来没有这种念头。于是两个人为此频繁争吵,柳海平提出索要100万元补偿费,并到有关部门告了段一状,虽然此事并没有对段的前途造成实质性影响,但是却使他从内心里急于要摆脱柳海平这个麻烦。于是段义和积极筹划,与其大哥的女婿陈志和济南利达汽修厂老板陈常兵一起导演了一场性质极其恶劣的汽车爆炸案。柳海平当场丧生,而段义和也因为爆炸罪、受贿罪、巨额财产来源不明罪数罪并罚被判处死刑,剥夺政治权利终身。

公共基金管理乱象环生 基金是指有特定目的和用途的资金。由于公共基金缴存总额大,沉淀额高,管理上不透明等特点,使其成为人人觊觎的唐僧肉。管理公共基金者一般都握有相对集中的权力,面对静静地躺在金库中的大笔现金,很难不心动。近年来,公共基金领域的职务犯罪呈现上升趋势,雷渊利、李树彪擅自挪用住房公积金案;陶年根擅自违规超支征收工伤保险基金,擅自挪用工伤保险结余基金投入基本建设项目窝案;李斌、徐福新挪用医保基金案等,都是基金领域的腐败案件。

58岁的雷渊利原是郴州市人民政府副市长,兼任郴州市住房公积金管理委员会主任等职,系郴州市人民代表大会代表。在他担任永兴县委书记时，认识了作为商人的同乡周吉，两个人经过几次"往来"，彼此印象都很好。为了能通过搞基建赚大钱，周吉在雷渊利的帮助下注册成立了郴州市鲁塘大市场开发有限公司，决定开发鲁塘镇市场。项目开发需要资金，于是周吉找到掌握郴州市住房公积金管理中心大量资金的雷渊利，提出两个人"合伙"搞项目，赚钱大家平分，雷渊利欣然同意。其后，雷指使周吉以鲁塘镇镇政府的名义写了一份申请贷款的报告，并在报告上批示，同意用市住房公积金管理中心的住房公积金作质押担保，向中国银行贷款1000万元，用于鲁塘大市场的项目开发。他怕自己的批示不好落实，又亲自给银行行长打招呼，并指示市住房公积金管理中心主任李树彪协助办理此事。

后来周吉又以吉利房地产开发公司的名义，准备开发宜章县四方井步行街项目。由于这个项目的拆迁安置费用更大，周又找到雷，提出干脆带着李树彪一人合伙。雷将意思转达给李树彪，于是三个人共同谋划，用郴州市住房公积金

雷渊利被带入法庭

管理中心在银行的存款作质押,以郴州市第三建筑公司的名义从银行"贷款"650万元用于周吉这个新项目开发。为此周吉先后8次向雷渊利行贿折合人民币共计235万元。

江西省南昌市劳动和社会保障局原局长陶年根自1993年6月到2005年3月违反工伤保险基金的征缴原则,指使基金管理机构长期超支征收工伤保险基金,致使基金结余过大,累计结余9493万元。而身为基金

陶年根

管理机构的主要部门负责人,陶年根越权擅自决定将结余基金中的6893万元投入基金建设项目,到案发时所动用基金分文未能收回,造成巨大经济损失,严重扰乱了社会保险基金的管理秩序。

2004年春天,徐福新的弟弟徐福宁得知哥哥负责的石嘴山市医保中心所管理的医保基金有企业缴纳的银行承兑汇票,便产生了借用承兑汇票进行质押,借款投资做生意的念头。于是多次找到石嘴山市医保中心原财务科科长李斌,向其提出借用医保中心的承兑汇票,并允诺事后尽快归还。考虑到徐福宁与徐福新的特殊关系,李斌同意

了他的提议。2005年4月30日,见事情闹大了,李斌将给徐福宁承兑汇票的事告诉了徐福新,徐听后大惊,极力劝阻李斌自首,并让他将财务账目做好,尽量拖延时间让徐福宁把生意做好、做大后把款还回来。同年年底,徐福新多次到一大型集团公司催缴医保款,12月,该集团支付了8483万元的医保款。徐福新连忙指使李斌用这笔款项把账目填平。于是李斌将这些医保款记账后从中拆借了3400多万元,在总账上冲销了给徐福宁的汇票款,余款记入了基金收入总账,并据此制作了2005年度财务报表上报自治区社保局。而彼时徐福宁借出的汇票已经被陆续贴现,流入个人的腰包,徐福宁将这笔3000余万元的医保基金用于房地产公司、煤矿、夜总会等投资经营和个人挥霍,直至案发也未能退还。

公共基金管理乱象环生既有制度设计问题,也有监督管理混乱问题。如何更好地保护基金安全,实现科学的保值增值,制约官员的权力,形成科学的决策,这是目前

"高压线"

基金管理应该着重思考的问题,解决了这些问题才能更好地防治官员腐败。

招商引资成重灾区,猫腻多多 很多地方政府为了追求 GDP 高增长想方设法招商引资,而土地价格往往是很多外资进驻重点考虑的因素,于是地方政府常人为压低土地出让价格以吸引外资。马克思在《资本论》中关于地租理论就说过,土地作为一种基本的生产要素,它具有使用价值,其使用价值在现实经济活动中通过价格形式表现出来,而地租又是生产成本的重要组成部分。因此,地租的降低即低价出让土地确实有助于招商引资。但"零和博弈"理论同时也告诉我们,一方的收益必然意味着另一方的损失,博弈双方的收益和损失相加总和为零"。在这里,得益的是进驻的企业和部分利益集团,损失的却是国家和人民的利益。并且由于土地资源的稀缺性和不可再生性,土地交易背后常常有权力寻租的影子。吉林省榆树市原人大常委会副主任徐凤山借负责招商工作的便利条件,假借外商名字将自己招来,偷梁换柱,将政府的优惠政策进行套现,揣入自己的腰包,疯狂敛财 2380 万元。

曾一度被誉为仕途上的"希望之星"的南京市栖霞区原区长助理、迈皋桥街道原工委书记潘玉梅也是在招商引资的泥淖中失去方向,最终断送了自己的政治前途。作为一个很有能力的基层干部,潘玉梅也曾经风光无限:担任街道基层领导 10 年,将一个原本连工资都发不出的街

第三篇　职务犯罪的特点与规律

道,变为财税收入达5亿元,经济总量进入全市街镇前列的先进。作为基层的一把手,潘玉梅官不大,权力却不小,对手中资源握有决定权,因此成为有钱人竞相追逐的对象。于是潘玉梅的人生追求

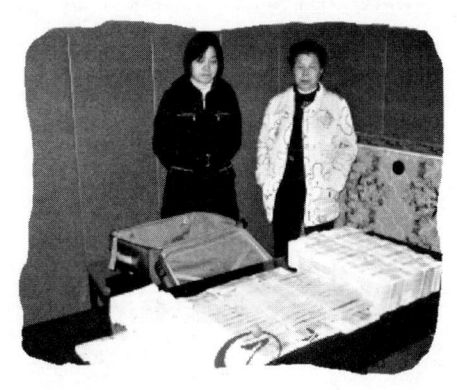

潘玉梅及其涉案的赃款

逐渐发生偏离,利用手中的权力,构建了一个以权力积累资本为目的的"腐败圈"。

2003年年初,栖霞区迈皋桥街道筹建创业园区需招商引资,无形中为潘玉梅运用权力"点石成金"提供了平台。潘玉梅与迈皋桥街道原主任、区财政局原局长陈宁一拍即合,逐步发展成为配合默契的"腐败搭档"。他们合伙成立工贸公司,借地圈钱,低买高赎,恣意寻租,其腐败行为渐趋集团化发展。潘、陈二人不仅通过工贸公司买卖土地共同受贿各480万元,还为其他公司降价购买创业园区300亩土地从中共同受贿各50万元。潘玉梅除受贿792万元多元人民币、50万美元外,还非法获利425万元,陈宁共计受贿559万元。

为了掩人耳目,潘玉梅在招商引资的过程中使用了三个招数,以低廉成本获取了土地溢价的超额利润:一是倒

签协议,虚假经营。由于工贸公司购买的土地明显低于市场价格,潘玉梅、陈宁便将购买协议签订时间提前。而在土地运作中,该公司始终没有项目进驻,仅象征性地做了些土地平整的基础工作,掩人口舌。二是变更股东,虚假转让。工贸公司成立仅半年,潘玉梅等人便以转让企业的名义变更股东,将工贸公司转给南京某体育用品公司,实则从中获取土地的巨额溢价收益。三是迂回走账,暴洗黑钱。为防败露,潘玉梅让港商陈某将480万元赃款先打到其友孙某所在的某工程技术翻译院账上,然后以陈某的名义参加该院的高息集资,一年后才辗转给潘玉梅本人,给人以正常经济往来的假象。对于从中获取的一笔330万元赃款,潘玉梅先是在银行开户存入,第二天迅即销户,然后以其母亲名义另存银行。陈宁对收受港商陈某的480万元赃款,先是将其中280万元有偿借给陈某使用,另外200万元人民币以其妻女名义分别购买银行理财产品、信用社股权及支付房款,这笔钱在其个人银行账户上则无影无踪。

犯罪手段花样不断翻新,中介组织成为职务犯罪的媒介 随着社会反腐力度的加强,官员腐败反侦查的意识也在提高,腐败行为越来越隐秘,从直接收受现金银行卡到低价购房购车、持有干股、变相投资、委托炒股、特定关系人受贿、领取名目繁多的"奖金"、贿金不入个人账户等等,手段不断更新,给侦查工作带来很大困难。犯罪手段花样的不断翻新,一方面体现了我们反腐力度的增强,职务犯罪者为了保证自己的安全,不敢冒着风险采用陈旧而直接的贪污受贿方法,而是不断寻找新的,更为隐蔽的安全路径。另一方面,手段之所以能够翻新,说明我们现存的制度还有很多漏洞,而且这些漏洞是具体的,可以被把握的。一些职务犯罪者将他们的聪明智商运用到如何钻法律、制度的漏洞上面,通过巧妙的变种,绕开制度的束缚,有些甚至通过中介组织进行犯罪活动,以造成与自己无关的假象。

由于我国在社会转型的过程中,中介组织发展很不完善,尽管机构改革要求中介组织与行政机关脱钩,但实际上很多中介组织是"两块牌子,一套人马",有些中介组织的负责人,本身就是退休政府官员或由现任政府官员兼任,这种特性使得中介组织与政府部门和部分官员之间存在千丝万缕的联系,成为主管部门的权力延伸带。有些中介组织协助腐败官员和不法商人搞暗箱操作,或者为了满足客户的要求,提供虚假证明材料、做假账、提供虚假审批意见等。近年来,中介组织直接参与的职务犯罪案例不胜枚举。如2006年,厦门市五缘湾景区拆迁改造工程完成后,审计部门审计拆迁资金使用情况是,发现项目存在高套标准、多支付补偿款问题。调查人员发现项目中一条排污沟被厦门置业评估有限公司评估达1300万,而经公安部门委托另一家评估组织重新评估仅为286万。中介组

中介组织成为腐败重灾区

织的介入,使职务犯罪披上了一层"合法"的外衣,从而更具欺骗性和隐蔽性。

职务犯罪的发展规律

通过对职务犯罪手段和特点的梳理与分析,不难发现其中有一些反复出现的、具有共同性的现象,我们暂且将之称为具有规律性现象。这些现象从某种程度上说就是一般规律的具化体现,对它们的总结与概括其实就是在对一般性规律进行摸索的过程。

集中而缺乏监督的权力易导致职务犯罪，"一把手"腐败几率大　权力的高度集中和监督不力是导致腐败的重要原因。不论是位高权重的"一把手"，还是负责具体项目和工作的普通工作人员，只要权力集中而不受监督，权力寻租都将成为可能，腐败的机会就增加。如原中国建设银行副行长张恩照、安徽省亳州市政协副主席、安徽省古井集团原董事长兼总裁王效金、原北京京西风光旅游开发股份有限公司董事长、党委书记和北京龙泉宾馆董事长、党委书记刘利华等，在位之时都是权倾部门的一把手。缺乏监督和制约的权力在他们手中成为可以为所欲为的个人能量，使得下属无法反抗和违背，逐渐形成在正式制度之外的，具有强制力的规则体系，一旦有不协调的声音出现，往往会被强制驱逐出局。因此在实践中，我们常常看到整个部门随着一把手一起堕落腐败，不案发则已，一案发就是一大片。在我们收集的案例中，一把手犯罪占到了28%以上。

一些基层干部虽然级别不高，权力与政府重要部门的官员不可同日而语，但是从另一个角度来看，他们的权力往往更具体，表现得也更为直接。如江苏省如皋市郭元镇26岁的大学生"村官"朱某在借调到镇劳动和社会保障事务所工作期间，利用职务便利将各村收取的农村养老保险基金、社会养老保险基金16万余元挪做自己赌博、消费之用，而如皋市如城镇宏坝村村支书曹子金，则利用手中掌

■ 职务与犯罪

握的权力在征地拆迁的过程中与开发商勾结大搞权钱交易,收受贿赂百万余元。更有甚者,一些贫困县领导以贫养富,贪污挪用国家扶贫基金,强行买卖农民土地,赤裸裸地剥削和损害人民利益,不论犯罪手段或性质都极其恶劣。

职务犯罪的年龄多层次化 一名年仅22岁的银行职员,刚走上工作,就禁受不住诱惑向公款伸出黑手;一名刚走出校门不久的研究生,因业务优秀被提拔为某建设单位的部门负责人,可他却利用手中职权,3年来收受贿赂几十万元……职务犯罪的年轻化丰富了以往我们对年龄现象的研究,"59现象"、"45现象"、"39现象"甚至20来岁刚参加工作者都可能发生职务犯罪。如果单纯从年龄段上进行考据,每个年龄段的腐败都具有自己的独特性:"59现

象"代表的是一种有权不用,过期作废的"到站心理":工作了一辈子,已经濒临退休,如果再不赚点捞点,以后可能就没机会了。再说贡献了一辈子,拿点捞点也是"应该的",是应得的。因此很多本来清廉的官员在离任前最后几年,心理开始活动,禁受不住诱惑或者积极主动地寻找机会兑现手中的权力。"45现象"、"39现象"体现的是一种处于事业有成期或者爬升期的"资本心理",或者事业达到一个暂时的顶峰,志得意满,觉得已经可以指点江山,身边无人可及,于是转而从拼搏事业转向享受生活,从而实现权力的货币化;或者是事业还在爬升,需要进一步前进,而送礼行贿、收受下属礼金向上级"进贡"无疑是一条简洁快速得到提拔的

"捷径"。至于二十来岁刚参加工作者,往往是受环境熏陶和某些潜规则的驱使,初生牛犊不怕虎,因而来者不拒。

但是如果我们从这些现象中抽离出来,就会发现,职务犯罪年龄的多层次化并不单纯是一种心理问题,更多的是基于公共权力的易腐败特性,是相对集中的公共权力在不完善的制度下的寻租表现而已。职务犯罪年龄的多层次化表明:职务犯罪并非简单的归咎为"人"的问题,更多是制度的问题。以往用简单的年龄比例和特定时期的心理归因进行解释仅能作为一种参考,职务犯罪没有重点年龄,只要"条件"具备,任何年龄都可能发生职务犯罪。

商业贿赂占多数,其中房地产、工程项目、招商引资等领域最为猖獗 官员职务犯罪,很大一部分是为了求财,而商业领域有丰厚的利润回报,这也是商业贿赂日益猖獗,甚至代替贪污成为现代职务犯罪主要特点的原因。诸如安徽省原副省长何闽旭、郑州粮油食品公司原书记姚庆森、山西北方晋东化工有限公司原总经理兼晋东科贸有限公司原董事长单利亚、山西省国防科工办原副主任王少雄等等,众多官员倒在了自己主管的涉及工程建设、项目招标、地产建筑等方面,这些都成为职务犯罪的高发领域。在调查的200余个例子中,商业贿赂占据多数(如图示)。

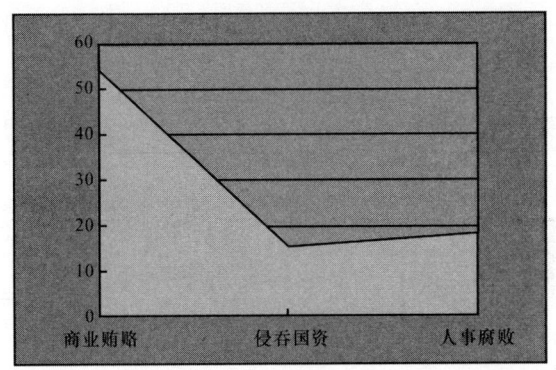

职务犯罪类型分布比例示意图

许多干部都热衷于同公司、企业的老板们保持一种十分热络的关系,以便不遗余力地为他们谋取利益,一边也毫不手软地向对方索要回报,官与商之间彼此纠缠不清,形成了某种利益共同体。进药得回扣、放贷得分成、审批收"红包"……这似乎已成司空见惯的潜规则。在这些潜规则的驱使下,一些人开始心安理得地受贿敛财。商业贿赂的背后,往往是国家财产、人民利益的巨大损失。当权者收受贿赂后,要么羊毛出在羊身上,把贿赂的成本转嫁到消费者头上,损害消费者利益,要么慷国家之慨,损失国家利益,让国家为他们的犯罪行为"买单"。这些行为不仅侵害了国家工作人员职务行为的廉洁性,而且破坏了市场经济秩序。商业贿赂的盛行既是潜规则大行其道的产物,同时又对潜规则的盛行起到巨大的推动作用。当前,越是蕴含丰厚回报的领域,越随处可见商业贿赂的影子。

金融案件比例上升 金融案件主要涉及银行系统、保险系统、证券系统和非银行融资机构,集中发生于钱物保管、信贷、储蓄等环节。金融领域的职务犯罪不仅对正常的金融秩序造成影响和破坏,更为严重的是损害了国家和人民的利益,给社会带来了不安定因素。

典型代表是中国建设银行股份有限公司原董事长张恩照、中国农业银行北京市分行银行卡部原职员仲方维、中国农业银行徐州分行狮子山分理处乔文胜、海南华银国际信托投资公司临时负责人兼任大连证券公司董事长、法定代表人、总经理的石雪等。他们作为金融领域的工作人员,利用本行业的专业性和相对独立性作案,导致国有资产大量流失,并牵动相关领域的一场风暴,社会影响面极大。如乔文胜,勾结徐州市彭城贸易有限公司(以下简称彭城公司)总经理彭继华和荆门金吉化工有限公司总经理金兴阶,利用银行内部

张恩照

管理制度漏洞与对印章和取现管理缺陷,先以高息承诺的办法进行非法集资,再由乔文胜从银行的保险箱取出存款单位的预留印鉴,交由彭、金两人扫描,伪造存款单位的预留印鉴和银行票证将存款从银行转出。

乔文胜诈骗

该案波及了沪京豫鲁浙皖6省市的24家单位,涉案金额高达5.7亿元,除了用于归还借款的4.9亿元、付高息的约5000万元和用于公司经营的约3000万元外,至案发仍有7900万元未能追回,在社会上反响极大。

经济案件比例的上升表明,在社会主义市场经济高速发展的今天,我国的金融体制建设存在很大漏洞,不仅表现在程序漏洞上,也表现在监督漏洞上。体制内监督不足以规范业内人士的行为,而金融的专业性限制了体制外监督的更好开展,民众整体金融常识的缺乏使金融领域成为相对独立的王国,出现腐败案件也就在所难免。

民生领域腐败猖獗 在我们研究的案例中,民生领域的腐败案件占到了60%以上,跃居第一位。民生问题是与百姓生活密切相关,关乎社会治乱与政权兴亡,因而在社会中的反响也最大。这些密切关乎百姓生活的民生领域腐败猖獗,容易引发民众的极大不满情绪,社会影响恶劣。近年来,民众对于职务犯罪的普遍关注和憎恨,正是由于民生领域的腐败越来越猖獗,民众利益遭受极大损害所致。如:以郑筱萸为主要代表的国家药监局窝案,涉及擅自同意降低药品审批标准,滥发药品文号等,对人民的生命财产造成损害;以陈良宇为首的上海社保案,擅自动用百姓的生活保障与养老钱,使百姓的利益遭受巨大威胁;而近年来频频曝光的,各种形式的招生和就业腐败,更是牵动了无数父母和学子的心。因为它不仅损害了社会公正与公平,更动摇了基本的社会价值信仰和道德底线,使人们怀疑奋斗的价值和竞争的公平性,读书无用论就是就业腐败摧毁民众价值观念的最直接表现。

官员人事腐败案件有增无减 官员考核制度存在严重缺陷,导致许多人钻制度的空子,妄图通过非法手段而平步青云,卖官鬻爵的现象时有发生,并且屡禁不止。尤其是近年来,尽管国家加大了清查力度,但是人事腐败案件却有增无减。很多人就是冲着公共权力以及权力可以带来的高额利润回报而来。这种腐败心理和现象会造成恶性循环,并形成党锢派系,恶化官场生态,加大清查难度。在王昭耀受贿案涉及的 44 名行贿人中,有 30 人行贿的目的是为了买官,行贿数额达 300 多万元。

第三篇 职务犯罪的特点与规律

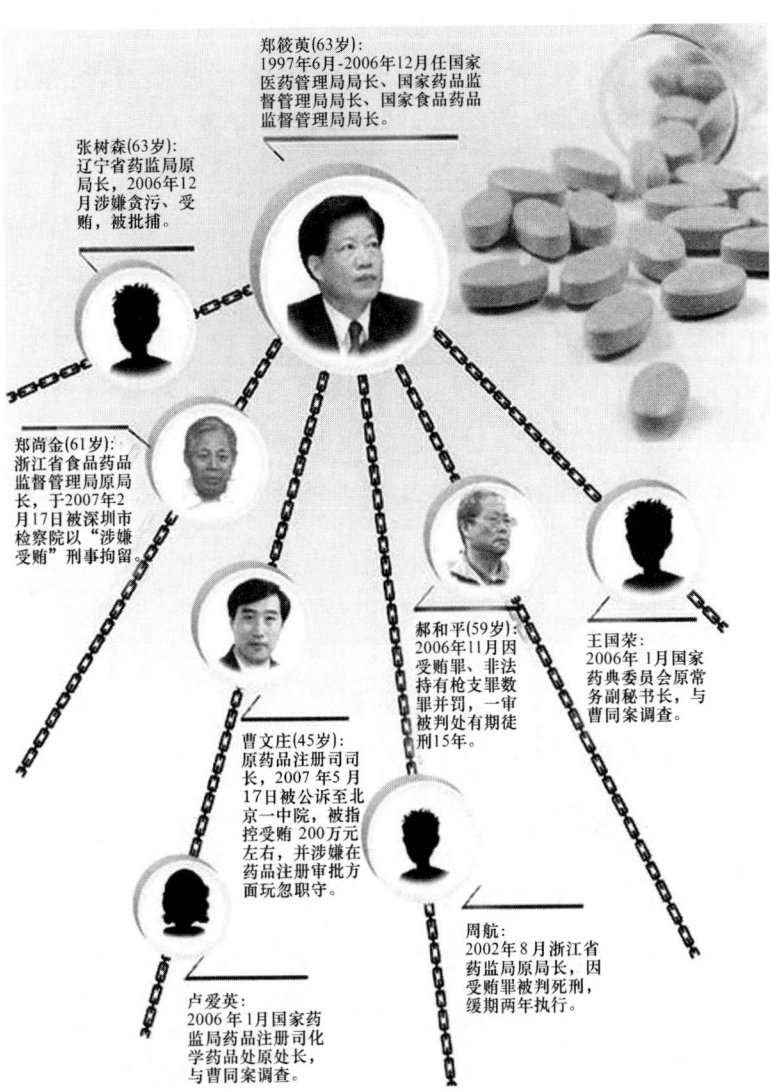

药监局窝案

对于人事腐败现象,前些年曾经流行过一副很生动的对联:"说你行,你就行,不行也行;说不行,就不行,行也不行——不服不行"。这其中所描绘的就是在人事任用过程中出现的随意性和腐败性。从目前的现状来看,虽然我们有一系列的人事任用考核制度,在人事改革方面也按照要求需要进行相关的选拔、公示程序,但是仍存在某些领导干部滥用手中的权力,通过巧妙的运作,绕开制度的规范,进行违法违规的人事调整。在这种情况下,有权力、有背景者试图凭借特殊身份寻求特权照顾,无特殊关系者则思量如何运用金钱的能量推动事业的"进步"。买官卖官的猖獗正是这种博弈的结果。四川省南充市高坪区书记杨毓培,在任职不到一年的时间里,一次性调整干部277名,其中,违规新提拔干部88名,还违规签字调动干部59名,足见人事腐败到了何等严重的程度。

人事腐败有很多种,买官、卖官、保官、护短、边腐边

买官卖官是最大的吏治腐败

升、权利家族等都是比较典型的现象，一些领导借将亲友通过权力安插进国家岗位，使其能够享受到权力带来的"经济效益"，形成家族权力系；或者以"改革"之名安插关系户，大搞结党营私，把臭味相投、同流合污、同案相连的同伙，结成生死同盟；一些地方和单位大搞地方保护主义，"上有政策，下有对策"，有令不行，有禁不止，为局部利益，不惜损害国家的全局利益长远利益，对涉嫌犯罪的官员放纵甚至保护。虽然表面上的团结一致，实际上成了针插不进，水泼不进，对抗上级对抗中央的独立王国。人事腐败是性质最为恶劣的腐败之一，而由于社会中长期默认人事腐败的既成事实和既得利益，沉淀和积累下来的人事问题，已经在一部分地方阻碍着国家政权系统按法定程序正常运转。

虽然在不同的地域和不同的历史阶段，职务犯罪的具体表现会有所差异，但其发生和发展总是遵循了一定的规律，通过上述分析，我们尝试性地抽离出如下几点职务犯罪的普遍性规律：

（1）职务犯罪的发生与社会经济发展密切相关 公共权力建设属于上层建筑领域，而社会发展的一般规律表明，经济基础决定了上层建筑。从这个角度来看，职务犯罪的发生与社会经济发展密切相关。人作为有理性的社会人，具有生理性和社会性双重需求，有物质、社交、尊重、自我实现等各方面的需要，这些都表现为具体的欲望。前文我们曾分析过,需要会形成动机,动机的实现需要一定的社会条件。而在市场经济条件下,市场的利益驱动一方面会刺激某些人产生物质需求动机,另一方面会为这种动机的实现创造条件。尤其是在不完善的市场经济体制下,权力可以较为方便安全地转化为资本,并且犯罪成本相对较低,这使得诱惑被成倍放大,因而诱发职务犯罪的可能性也相应加大。

(2)随着社会的发展,职务犯罪的对象从对生活资料的占有转向对生产资料的占有,犯罪目的从对资金积累向个人资本积累转变 早期的贪污贿赂等职务犯罪主要是通过对金钱或实物的占有,来达到改善个人或家庭生活状况的目的。此时犯罪分子主要进行的是对财富的积累,其贪婪的欲望还仅仅停留在基本的生存需求上,表现得并不十分强烈。但随着社会的发展,物质生活得到了较为充足的保证,此时犯罪分子将目光从基本需求上升至发展需求,表现为渴望在获得财富的同时还能实现保值与增值。此时单纯占有生活资料已经不能满足这种发展需求,于是犯罪人开始直接侵占资本、土地等生产资料,或者以赃款为资本投入生产经营以实现财富的增值。在这种情况下,贪婪的欲望已经近乎疯狂,成了无法满足的无底洞。比较典型的是在近年来的国有企业实行股份制改造过程中,一些腐败分子看到了其中的价值,频繁伸手,利用手中的职权来变相侵占,或者低价购股份,或集体私分资产,有的甚至直接侵吞国有资产,通过非法占有生产资料和生产要素,达到积累资本,实现资本增值和利益优化的目的。

(3)随着体制转轨的进行,职务犯罪热点领域不断扩展延伸 由于我们的经济体制改革和企业转轨依然处于探索阶段,仍然存在许多漏洞和不足。而中国加入WTO后,有很多现行的法律法规与WTO存在冲突和矛盾,需要经过长时期的磨合才能慢慢达到统一。制度的漏洞和法律的缝隙,催生了新的腐败领域。我们知道,行贿的目的是为了获取更多的公共资源和更大的效益,而随着我国经济的高速发展,资源供求的矛盾已经发生,并且随着经济发展脚步的加速,这种矛盾冲突也会愈加激烈。资源的稀缺使得行贿者乐于主动出击,通过以钱易权的方式获得更多的发展资源和空间。资产重组和国有企业并购领域、资金项目审批立项、配额分配,公司上市调配审批、房地产市场和工程建设发包、证券市场和期货市场甚至交通管理和行政执法领域都成为行贿受贿的热点领域。

(4)政府职能结构不合理与权力的泛化导致职务犯罪的存在具有长期性和必然性 虽然我们一直在预防和控制职务犯罪,不断研究和完善制度建设,但改革发展的阶段性决定了政府职能改革与权力的建设也具有阶段性特点。我们一直在讨论政企分开的必要性与实现途径,但究竟怎么才能科学地分开,分开到什么程度才是恰当的,这些都需要不断进行试验和摸索。世界上并没有完美的制度,国

一言堂

外的成功模式可以借鉴和学习,但并不是圣经宝典,一用就灵。由于我国长期存在权力泛化的现象,这种权力本位观念已经深入一代甚至几代人的骨髓,因此虽然改革开放以后我们一直在强调公平与民主,但在实践过程中,权力至上、"领导说了算"的思想根深蒂固,这种思想投射到制度设计上就表现为岗位设置缺乏独立性,具有人身依附倾向。在这种情况下,很多初衷良好的制度只能流于形式,这也是到目前为止政府权力一直过大,缺少监督和制约的重要原因。而绝对的权力必然导致腐败。因此,邓小平同志曾在改革开放的初期就明确指出,改革开放搞多久,反腐败就要搞多久,整个改革开放过程都要反对腐败。从这个层面上讲,职务犯罪还将必然存续很长时间,并且随着改革力度的加大,在今后一个特定的时期内仍将呈高发、多发状态。

(5)职务犯罪的发展呈现出起伏性和阶段性 职务犯罪是权力相对集中与制度建设漏洞的产物,因而会随着社会政治制度建设的发展而呈现出阶段性。从历史发展的角度来看，职务犯罪现象的蔓延并不是直线上升的，也不是平行发展的，而是根据社会发展特点不同而呈现出起伏性与阶段性。从社会发展的历史进程看，一般在国家工业化初期，职务犯罪现象往往最为严重。从社会具体阶段看，职务犯罪往往随着国内外政治和社会环境的变化而变化，并随着人们理想信念的确立或丧失而起伏。而犯罪实现的机会、几率和犯罪成本的高低也使得职务犯罪呈现出起伏性特点。

（6）基层腐败和司法腐败是职务犯罪泛化的一个必然阶段 从大环境来看，国家基层工作人员人数多，素质差异大，从业范围广，并且所涉及的是具体的办事权力，这使得他们以权谋私机会相对较多。基层的职务犯罪由于涉案金额一般不高，社会反响不大，不容易引起重视，犯罪成本相对较低。而政府高级工作人员的腐败性示范会对基层工作人员形成暗示，使他们更倾向于通过权力来谋取利益。但基层又是选拔培养干部的摇篮，因此可以说，基层腐败是一种根基的腐败，具有不可小觑的破坏性力量。另一方面是司法腐败。在法治社会中，法是维持社会秩序与公正的天平，但再好的法制也需要人来执行。法可以无情，但人是有情的，执法者任何一个善恶意向都会直接关系到被管理者的切身利益。并且司法领域本身往往由于其管理特性而缺乏监督，这就大大降低了犯罪成本。因此犯罪者总是千方百计地讨好执法者，腐蚀执法者，以降低或免去自己即将面临的惩罚。这是导致当前执纪执法部门职务犯罪多发的重要原因。可以说职务犯罪向基层和司法领域蔓延是职务犯罪泛化的一个必然阶段。

第四篇　职务犯罪的发展趋势与对策

核心提示：现代社会是经济社会，职务犯罪的很多行为归根结蒂都是围绕经济利益展开的。国家工作人员作为公共权利的掌握者，其中的一些人为了追求个人利益的最大化，就会倾向于利用手中掌握的权利进行市场交换。因此，职务犯罪的预防与控制体系建设是一个涉及众多领域的纷繁复杂的工程，并且该工程建设具有长期性与曲折性，需要在实践中不断创新和完善，从而发展出更切合实际的激励与约束机制，使国家工作人员的行为更为规范，从而有效遏制职务犯罪的蔓延与发展。

屡屡受骗的官员们

就在我们编写这本书的时候，刚巧听到一则小新闻：有个人想托关系给孩子找份好工作，几经周折寻到了一个据说是能"递上话儿"的人，但开价有点高。经过几次接触,这人觉得对方还是比较靠谱的,于是双方开价杀价,最终达成了协议:先付 40% 的定钱,事成以后再付清余款。这个条件看似不错,很"保险",也很"正规",于是这个人交了定金后就在家里等着。但过了很久也不见动静,结果一打听,原来是个专门以介绍工作为名行骗的骗子。这个人挨了骗,当然不甘心,虽然说出来也不大好听,但钱还是要讨回来的,几经挣扎还是报了警。骗子有没有抓到不得而知,不过这个人被骗的消息倒是传开了。被骗了,本来应该值得同情,但是因为这种事这种方式被骗,又让人觉得有些好笑。这不禁让人想起了另一则消息。

2006年,四川省乐山市犍为县前县委书记、县人大主任田玉飞因受贿1859万余元和1330万余元巨额财产来源不明,被成都市中级人民法院判处死刑,缓期2年执行。田玉飞高达3189万元的涉案金额,刷新了四川省职务犯罪的最高纪录,在当时被称为"四川第一贪"。不过这里要说的不是田玉飞的受贿历程,而是在这个案件中引发出来的另一起诈骗案。原来田玉飞为了能保证自己仕途顺利,曾经在别人的介绍下进京向一个叫杜太平的中组部官员行贿47万余元。但检方在调查时发现,这个中组部官员杜太平原来只是个顶着处长头衔的骗子。

杜太平早年从事建筑业,是个包工头。1988年到北京后,曾在中央某部下属的三产企业短暂工作了一段时间,当时印制的名片上写的是"北京特明达建筑公司总经理

(正处级)",并由此称自己是某部委的处长。凭着这段经历,杜太平"名正言顺"地被人们称为"中组部处长、局长",频繁出席各种酒局,并被四川老乡相互介绍。本来这个身份很容易被识破,但田玉飞等人对杜有特殊的潜在需求,被利益蒙蔽了心智,根本没有认真考究他的真实身份。在田玉飞看来,能认识到一个中央官员着实是一件幸事,如果能攀上这棵大树,则意味着未来的前途有了保障,因而急急忙忙向其辖区内的乐山东能集团董事长王德军索贿47万余元,"跑部进京"诚心诚意地献给杜太平,并且是"不求回报",仅仅是为了联络感情。也正是因为这样,直到案发,田玉飞仍然对杜的身份笃信不移,并将对他行贿的事情交代出来,作为"立功表现"。只不过没想到,检举揭发的不是腐败的高官,而是冒充的骗子,令人啼笑皆非。

其实不止一个田玉飞,近年

为了升迁积极"跑官"

来官员受骗的现象屡屡发生,如原保定市委书记王昆山,在换届选举时虽然有很大优势,但为了能保证自己安稳的当选保定市委书记,还是决定找一个"稳妥的"靠山助自己一臂之力。于是王昆山向企业索贿,将贿赂送给一个自称是中央高级领导人身边红人的"贵人"。比较有意思的是,王的任命并非送礼求人的结果,在第二次行贿之前,他的任命书已经下达,只不过他本人还不知道而已。所以才"心甘情愿"地送上贿赂,还自以为是摸到了门路,暗自庆幸。结果刚上任一个多月,他攀上的这个假冒的"贵人"因为诈骗而落网,在调查时将他两次行贿的事情"咬"了出来。结果王昆山狼狈下台,成了"最短命的书记"。

此外还有重庆市江北区原区委常委、江北区江溉片区拆迁安置指挥部指挥长传志福(副厅级)因渎职受处分被撤职。为了恢复职务或进一步得到提拔而病急乱投医,大肆索贿受贿,用来"进京跑官"。结果却偷鸡不成蚀把米,被骗子骗走290万元。

本是有着丰

富社会阅历的官员们,却频频受到"圈外人"的欺骗,在"委屈"之余,更显荒诞。其实,并非骗子的手段有多高明,无非是夸夸其谈、装腔作势,或许愿、或演戏,只要留心,都不难看出端倪。但一些官员们还是前仆后继跳进诈骗的陷阱,不能不让人深思。对权力的极度渴望使得这些本是经验丰富的官员们失去了理智,因而对浅显粗陋的权力幻景虔诚膜拜,以达到心理止渴的效果。但究竟又是什么原因使得他们选择了通过这样旁门左道的方式来实现自己的愿景呢?是官场中一直存在的在人事任用方面大行其道的潜规则。

田玉飞们的遭遇使官场的混乱以一种极端而富有戏剧性的形式展现出来,人事任用制度方面一以贯之的裙带关系传统,使得官员们乐于攀附更大的权力来实现自己的"政治抱负",从而进一步实现未来的"经济收益"。可以说,官员的受骗既有偶然性,又是裙带关系与权力依附发展的必然结果。由此我们不禁要思考,是否可以根据职务犯罪的特点和规律以及当前政治、经济与社会的现实情况来推演出职务犯罪发展大致方向与可能性,从而起到更好的预测与预防效果。

一些变化趋势与预测

其实在有关于职务犯罪的特点与规律的讨论过程中,

我们已经揭示了职务犯罪现象的一些变化趋势,比方说经济犯罪比例不断增大,并且随着社会经济的不断发展,这一变化趋势将保持不变。又比如说在社会主义市场经济条件下,受贿犯罪的比例已经并将持续超过贪污犯罪,成为职务犯罪的主流。还有因为社会分工细化,职务犯罪行为所牵涉的范围比以往更深更广,团伙作案,相互串通,窝案串案频发成为一大特点,并且在未来一个时期内仍将持续。这些问题在这里就不再赘述。本节我们主要探讨的是这些之外的另一些趋势和预测。

犯罪主体的自我保护功能将不断增强

国家工作人员作为职务犯罪的特殊主体,天然地具有隐蔽优势。与普通刑事犯罪不同,职务犯罪者在犯罪前有公开、合法的国家工作人员身份作掩护,犯罪中多使用隐蔽而间接的方式进行以权谋私,犯罪后又往往因为涉及错综复杂的地方、部门或集团利益而形成屏障,抵制侦查活动,谋求开脱罪责。

在研究中我们发现,有的犯罪分子充分利用自己的职务特点,大打烟幕弹,给侦破工作带来很大难度。如有的银行工作人员通过自己的人脉关系与影响力,将请托人介绍给其他银行进行违规贷款,而自己从中以介绍费或者感谢费的形式收受贿赂。这种斡旋受贿因为涉及专业知识,且比较隐蔽,在调查取证中存在很大困难;有些人则充分把握法律法规及政策的漏洞,有针对性地避开制度的约束,专门打擦边球,屡次逃脱检察机关的调查,"纵横"官场多年而安然无恙。如前述我们讨论的带病提拔现象,一方面是因为考核制度中存在很多问题,另一方面则是其越来越懂得规避,因而对其违法乱纪的行为即使有所耳闻,但苦于收集不到有力的证据,只能假定"清白",继续录用。还有一些犯罪分子为了逃避法律制裁,将多种犯罪交织在一起,以金钱开路,编织关系网,制造"案中案",作案手段高明,因为涉及集团的利益,会形成较为坚固的攻守同盟,在无形中加大了侦查的阻力。

综观以往的职务犯罪案例,犯罪者伪装的方式主要有韬光养晦、自我标榜、红帽遮掩几种。所谓韬光养晦就是坚持低调做人、低调做事的原则,平时为人处世老成持重,看起来没有什么不良嗜好,生活简朴,亲戚朋友也没有借上什么光,可谓是不显山、不露水,完全一副清廉的模样。如果进行权钱交易,也是选了又选,谨慎小心,并且一般多要求有较为熟悉和稳妥的中间人代为引介,才肯"网开一面"。这种类型非常具有迷惑性,往往案发了,不明真相的群众还在感慨:其实这人挺好!所谓自我标榜又称沽名钓誉,就是坚持市场经济体制下宣传第一的原则,通过艺术化处理塑造出完美的高大形象,以作为贪赃枉法的遮羞布。平时大会小会上讲廉洁,对外大谈苦难经,将自己标榜成通过顽强努力,克服艰难困苦,终于大展宏图的典范,只要有机会就要表白反腐的决心,甚至有的还会成为反腐领域的专家学者。这种贼喊捉贼的方式的确是让人防不胜防。如谢明中,虽然买官卖官、贪赃枉法、包养情妇无所不为,但却积极调用社会宣传资源为自己歌功颂德,将自己塑造成"百年一遇的好县官",并自己印了一本书《我当市委书记这三年》来标榜自己的贡献,以至于流传出"中国出了个毛泽东,文昌来了个谢明中"的"名言"。所谓红帽遮掩,就是坚持名人效应,崇信"荣誉的力量",千方百计地捞取各种政治资本,把自己塑造成政治明星和高品位的社会形象,什么劳动模范、杰出青年、优秀企业家、人大代表,又或者是诗人、文学家、书法家、音乐家,给自己套上一层又一层耀眼的光环,欺世盗名,迷惑世人:这么优秀而杰出的领导干部,怎么可能是令人憎恨的蛀虫?这些伪装具有很高的欺骗性,使得职务犯罪行为很难被发现,并且随着社会的发展,又在具体的表现形式上产生许多变种,这也是导致

案发时间跨度长,有的犯罪者贪赃枉法十几年也相安无事的重要原因。

此外,在研究中我们发现,职务犯罪手段已从以权谋私和监守自盗,转向运用专业知识、相关业务程序、制度漏洞进行作案,犯罪的隐蔽性逐步增强,这使案件的发现和查处难度加大。特别是在金融、保险等行业,利用计算机及网络实施的贪污、挪用公款等职务犯罪经济案件逐渐增多,由于网络具有开放性、不确定性、超越时空性等特点,使得这类职务犯罪具有很强的隐蔽性,增加了侦查破案的难度。可见,随着国家工作人员法律素质的不断提高以及"犯罪实践"的发展,职务犯罪主体的自我保护功能将越来越强。

犯罪行为将更有计划性

在实践中,职务犯罪行为的核心之一是如何反侦查以避开法律制裁,表现为犯罪前从心理上、条件上做好充分准备,犯罪中为防范败露而进行手段选择与对策谋划,犯罪后对犯罪行为进行隐蔽或寻找逃脱责任追究的办法,这些连续的过程体现了鲜明的计划性特点。一些国家工作人员因为信仰的崩塌与价值观念的扭曲,形成了"千里做官,只为吃穿"的信条,在犯罪以前就进行了积极而详细的谋划,有的甚至长达数年、十多年之久。如四川省副省长李达昌在为官期间三次申请卸任回校教书,在外界博得一片不贪图权力富贵的美名,被交口称赞。但其实早在1997

■ 职务与犯罪

年至 2001 年期间,李达昌就开始了利用手中权力挪用公款的行为,而在他于 2001 年表示要退出政坛时其实已经将自己在中川国际中存在的犯罪行为的蛛丝马迹给抹平了。

李达昌

李的一再请辞不过是想全身而退,若不是他的校友,原成都市委常委、宣传部长高勇因涉嫌巨额受贿被逮捕,专案组在调查资金流向牵出了李达昌,可能他就如愿以偿,回到学校安安稳稳地当着博导,过着名利兼收的滋润生活了。又如近年来比较受到重视的裸官现象:早在大权在握之时,就有计划地将妻儿全部移民海外,这样国外国内两条线,既便于将腐败所得转移出境,又给自己的未来留条后路。如果一旦罪行暴露,就积极谋划出逃,即使不慎翻船落马,也不过是"牺牲我一个,幸福一家人"。原陕西省政协副主席庞家钰用自己的经历给裸官作了一个形象而生动的诠释:其妻儿早在 2002 年的时候就移民到了加拿大,而庞家钰则自己孤单单地在国内当官,放心大胆地腐败,直至 2008 年 6 月被判刑。

庞家钰"裸体做官"

贿赂犯罪呈跨国化趋势

一方面,贿赂是全球性的问题,一些跨国企业为了牟取暴利,向投资地的国家公职人员大肆行贿。如近年来社会反响巨大的"IBM案"、"家乐福案"、"西门子案"等,以及我国一些跨国企业在国外进行的"灰色清关"事件,都反映和指向同一个问题:随着经济全球化的发展,贿赂犯罪也呈现跨国化趋势,并且规模日益扩大。根据国内民间经济分析机构安邦集团公布的一份研究报告显示:跨国企业在华行贿事件近10年来一直呈上升趋势。

另一方面,随着国际化脚步的加快,我国出入境政策也比建国初期宽松了许多,而我国外汇政策的放开,使资产转移更加容易,"3分钟就能完成",这些都在某种程度上为贪官外逃和资产转移提供了方便条件。此外,随着出国交流机会日益增多,官员的人际网络也越来越大,其中最具危害性的是基层黑社会势力的渗透,一旦这些黑恶势力与贪官联合,就会给他们的出逃创造更多的便利。

一些国内及某些外派机构官员犯罪后,在被查处前或者听到风声后,为逃避打击,将财产转移国外,一有风吹草动就立刻逃亡到外国。外逃贪官到底有多少?现在还没有一个公认的数字。2003年商务部的一份调查报告显示,改革开放以来中国外逃官员数量大约为4000人,一共携走资金约500亿美元。而公安部2004年的统计资料则称"中国外逃的经济犯罪嫌疑人尚有500多人,涉案金额逾700亿元"。此外,据公安部和国家审计署联合发布的消息称,截至2006年5月,我国外逃的经济犯罪嫌疑人有800名左右,缉捕到位的有320人,涉及的国家和地区有30多个,直接涉案金额700多亿元人民币。这些数据基于统计要求的不同而存在差异,但都反映了一个突出的问题:中国外逃贪官人数众多,涉案金额巨大。尽管2006年至

第四篇 职务犯罪的发展趋势与对策

2008年,我国已与30多个国家顺利签订了双边引渡条约,贪官的外逃空间逐渐被压缩,但仍然还有很多国家没有与我们建立司法协助协定,引渡罪犯并不容易,只能采取"友好合作"方式要求遣返,而能否遣返成功就很难说。即使能够引渡也根据惯例要在量刑上有所妥协。这样不但影响惩治职务犯罪的整体效果,还造成国有财产大量流失,对社会公义也是一种严重的损害。

贪官出逃普遍带有侥幸心理,第一不一定会被抓到,第二即便抓着也未必会死,因而这种方式具有很强的"感染力"与示范效应。可以说,每成功出逃一名官员,就使得

携款外逃

"贪官出逃潮"的蔓延又多了一分。

小官大贪,职务犯罪向基层蔓延

以前我们经常谈论的是一把手犯罪问题,因为职务犯罪本来就是公共权力异化的产物,"一把手"因为职位的特殊性而掌握着丰富的权力资源,正所谓位高权重,因而更容易也更方便进行职务犯罪的相关活动。但是从近几年职务犯罪的发展趋势来看,出现了一种新的动向:即位低权重,小官大贪。小官大贪者,往往官职虽小,却大权独揽,再加上其周围宽松的作案环境,不费时日,"小官"便长成为"巨贪"。一般来说,以下几类部门容易产生"小官大贪"现象:

一是与热门行业相关的行政部门。如县的国土资源局,尽管只是一个科级单位,但他们掌控的钱往往上亿,自然容易产生腐败。二是政企职责不分的单位,如电力公司等,虽然形式上是公司,其实还在行使一部分政府的行政权力,二者合一,权力更容易被滥用。三是"官小权大"的部门,如安监局、质监局等与市场和资质认证关系紧密的部门,因为把握了"绝

罗亚平

对"的话语权,因而具有不可小觑的"实力"。如辽宁省抚顺市顺城区国土资源局局长罗亚平,虽然仅仅是个科级干部,但敛财涉案过亿,其数额超过了曾经轰动全国的"慕马大案",人称"级别最低,数额最大,手段最恶劣"的"三最女贪官"。详细分析罗亚平的犯罪历程,可以看到这样一条清晰的脉络:随着市政府向顺城区的搬迁,作为顺城区发展计划局副局长兼土地经营管理中心主任的罗亚平手中掌握着市政府所在地的黄金地段土地征用和审批大权,因此涉及商业地段开发和房地产建设的企事业单位都乐于与之"结交",这就为以权换钱提供了市场基础。而当时抚顺市政府对土地出让金的管理存在巨大漏洞:财政部门没有收取这些土地出让的巨额资金,也没有对之进行有效的监管,这又为犯罪行为的实现提供了"制度保证"。这样,罗亚平就"顺理成章"地开始了她的侵吞土地出让金的犯罪之路。可见,职务不论高低,只要环境与制度"允许",就有职务犯罪的可能。

小官大贪是职务犯罪向基层蔓延的重要表现,而贫困县与村干部腐败则成为这一趋势的另一个有力注脚。近几年来,贫困县官员和一些基层村干部腐败猖獗,他们一边大肆捞取政治资本,一边疯狂侵吞扶贫专项基金,导致贫者愈贫,民怨不已。如王德贵、周永亮等,或者为了个人私利而擅自贪污挪用专项基金,以发展经济为名违规审批项目,或者为了捞取政治资本而谎报成绩,置人民利益于不顾。贫困县官员的职务犯罪性质极为恶劣,更容易激起民愤。

涉案金额巨大,公贿案件增多

根据资料统计,2006年查处的受贿案件比2003年增加了近一倍,并且涉案金额有越来越大的趋势,大案要案逐年增多。这一方面是由于随着我国经济的飞速发展,社会财富在近年来得到快速聚集,从客观上提升了权力的"市场行情",另一方面,由于职务犯罪的隐蔽性、反侦查性越来越强,使得很多犯罪行为跨越时间长,长期积累导致涉案金额巨大。以往几十万、上百万的就算是天文数字,如今千万、上亿也不新鲜。虽然我们没有一个权威而准确的每年度平均涉案金额统计数值,无法直观而鲜明地勾勒出涉案金额情况的变化曲线,但通过对200余例案例的分析,有一点是可以确定的,即这种变化呈正增长趋势。此外,随着国有企业市场主体地位和地方政府发展经济意识的增强,一些公司企业等也

公款行贿

加入到行贿者的行列之中,出现了"公贿"现象。所谓"公贿",即公款行贿,指党政机关、国有及集体企事业单位或社会团体等,为了本地区、本部门、本单位的小团体利益,用公款对用得着、攀得上或者有一定权力的单位和个人送礼行贿的行为。据最高人民检察院反贪污贿赂总局发布的信息表明,在经济犯罪案件中,"公贿"案件不仅占很大比例,而且呈上升趋势。

从案例的分析来看,公贿主要高发于争取项目和专项资金,争取份额进行不正当市场竞争,获得资质认证与各种荣誉称号,调整工作岗位提拔职务等情况中。这种现象,使贿赂犯罪呈现出内在的加速发展趋势。

渎职犯罪的危害性与比例数将增大

随着市场经济的快速发展,很多地方为了实现短期经济利益或地区GDP的增长而以牺牲环境和人民的生命财产安全为代价,如破坏性的矿山开采,掠夺式的林木砍伐,超标超量堆砌、排放工业废弃物等。这些行为的背后伴随着大量渎职行为,但长久以来并没有得到足够的重视。2006年,国土资源部公布了5起土地违法案件,其中就指出"80%的违法用地是地方政府行为",是由政府领导班子集体决定的。而他们的目的,就是要效益,要GDP增长,却忽略了政府应该对人民负责的态度和为人民服务的宗旨。

渎职犯罪对社会和人民利益有着巨大的危险性,并且这种危害性会随着潜伏期的延长而被成倍放大。2006年4月7日甘肃省徽县水阳乡发现一名儿童血铅超标,到2006年9月7日时,血铅超标的人数已经上升至368人。这起事故是由于徽县有色金属冶炼公司污染物长期未实现达标排放,大量含铅烟尘常年超标排放造成的。而最令人痛心的是,该项目是10年前被批准上马的,也就是说,对于该企业10年来的违法排污行为,当地政府与环保部门为了经济利益而睁一只眼、闭一只眼,行政不作为,最终导致了这起重大环境事件的发生。再来看看另一组数字:2007年8月13日,湖南省凤凰县在建的凤大公路堤溪沱江大桥发生垮塌事故,64人死亡、22人受伤,直接经济损失3974万元;2008年5月至7月,云南省高原湖泊阳宗海出现严重砷污染,沿湖2万多群众赖以生存的饮用水源遭严重污染;2008年9月8日,山西省襄汾县新塔矿业公司发生一起特大尾矿库溃坝事故,造成277人死亡,33人受伤;2009年11月21日,黑龙江龙煤集团鹤岗分公司新兴煤矿发生特别重大瓦斯爆炸事故,造成108人死亡……渎职犯罪的社会危害性已经远大于贪污受贿犯罪,对国家和人民的生命财产安全构成巨大威胁。

渎职犯罪往往有"因公违法"的烟幕,所维护的多是地方利益、部门利益与小团体利益,加之一些地方政府的官员对渎职犯罪的认识仍然不到位,因而在习惯上对这种犯罪行为抱有同情和谅解的态度,不愿意与检察机关配合。

第四篇　职务犯罪的发展趋势与对策

一"页"障目

一旦有官员涉嫌此种犯罪,由政府出面说情者比比皆是。而国家在法律制定上对于渎职犯罪的重视程度也不够,量刑期短,处罚力度差,导致犯罪成本低。渎职行为与执行职责搅在一起的特性又使得检察机关对于此类案件的性质很难把握,这种安全性高、成本低、收益快的模式逐渐成为很多职务犯罪者的首选。他们通过种种手段"抹去"自己贪污受贿的痕迹,如果案发,就刻意向渎职犯罪的方向"靠拢",这样就可以逃避严厉的法律制裁,实现成本收益的最大化。

与一般贪污受贿型犯罪积极谋取利益的方式不同,很多与经济利益相关的渎职犯罪是以一种行政不作为的形式来显现的,并且其危害具有沉积性与延迟性,往往要经过很长一段时间甚至十几年后问题才能逐渐显现,因而隐蔽性非常高,不能及时引起有效的重视,并且一旦爆发案件就会相对集中,可能在某一领域内频频出现类似的情形。近年来大量渎职犯罪的出现,从某种程度上说是改革开放以来,国家工作人员的知识更新跟不上时代发展步伐,个人素养不符合科学管理需要,地方政府盲目重视GDP增长,注重眼前短期效益而忽视长远利益的结果,并且这种现象的能量还没有释放干净,在未来一段时间内仍将频繁出现。此外,随着渎职犯罪案件的大量出现,国家也开始重视对这种职务犯罪的调查与惩治,侦查力度的加大也会使此类案件的曝光率在一定时期内呈上升趋势。

职务犯罪风险性将有所提高

首先是制度设计上,虽然在任何体制下,在任何国家中都不可能存在一套完美的体系来杜绝职务犯罪的发生,但随着制度的不断完善,职务犯罪的成本和风险将有所提高。在现代社会,人们已经开始认识到,掌握公共权力的公务人员其实是一个高危行业。正因为掌有看似绝对优势的权力,才会面临绝对难以抵御的诱惑。人虽然有社会道德底线,但也总是有欲望,如果总是在欲望和道德的对峙中挣扎,难免会在偶尔的瞬间出现人生天平的失衡。因此我们不寄希望于道德的力量,而是需要依靠制度的强制力来最大可能的限制这种情况的发生。随着我国反腐败斗争的不断深入发展,在预防和控制职务犯罪方面的经验也越来越丰富,相应的制度建设也在不断更新和完善,并且必将随着研究和实践的发展而发展。这就使得职务犯罪的风险性在客观上有所提高。打个比方来说,漏网的鱼总是有的,但随着网越织越密、越拉越紧,跑掉的鱼就会越来越少,即使仍然还有漏网的,但付出的代价必然也将增大。

其次是社会文化意识发展方面,由于腐败的潜规则纵横官场达千年之久,在某种程度上已经从黑向灰逐渐洗白,这种洗白并不是指其成为正式规则,而是指本是幕后的交易行为因为习惯与熟知而逐渐走到了台前。一方面,它是腐败泛化的具体体现,另一方面,腐败的泛化必然导致其本应是少数人掌握的规则体系被多数人所熟知和把握,出现潜规则的常识化。潜规则的常识化既会在一定时期内助长职务犯罪的势头,使其在更广阔的领域中发展,并且手段越来越多样化,同时也会增加职务犯罪的风险。因为交易已经不再神秘,常常的情况是:虽然我不参与交易,但我可以猜想到其中的猫腻,甚至因为曾做过类似的交易,能构想出在哪些环节用何种手段进行交易。如果我认栽,那么大家相安无事,如果我不愿"配合",想去举报,那么就可以较为轻易地找到有问题的环节和相对有力的证据。这种常识化也给搜集证据带来便利,使得办案人员可以更有方向性和目的性地去进行搜集和查证。基于此,职务犯罪的风险性也随之提高。

再次是利益集团关系纽带越加紧密以及多头行贿的现象,使职务犯罪者彼此牢牢捆绑在一起,加大了犯罪的风险性,常常一损俱损。与以往单独作案不同,窝案串案往往涉及特定小集团的利益,因而犯罪主体彼此间联系紧

密,常常彼此掌握着对方的行为证据。这既是彼此达成融通协调的前提,也是将彼此关系拉近的重要手段。此外,随着社会的发展,多头行贿现象越加普遍,就是一个行贿人分别向多个相关人员行贿,并且手中掌握确凿的证据。而国家规定,在查处职务犯罪的过程中,检举省部级干部违法犯罪事实可以算立功,从而减轻处罚。因此,一旦一个人案发,就会像挖花生一样,呼呼啦啦扯出一大堆利益相关者。一位参与查办阜阳窝案的检察官就曾说:"在查办阜阳窝案时发现,有些官员为了从轻或减轻处罚,往往会检举揭发更高级别的官员违法犯罪事实。结果,许多窝案又演变成了串案,案件纵横交错,你中有我,我中有你。"

其他一些新动态

首先是职务犯罪由集中性向分散性发展。发案部位增多,涉及面广。以往发案部位较少的文教、卫生等领域职务犯罪案件数量也开始逐步增加。特别是近年来,曾被人视为神圣所在的大学校园也屡屡爆出腐败窝案,曾被世人称颂的专家考评领域也频频发生受贿事件,令人瞠目结舌的同时也不禁感叹:不受监督的权力与权威之所在,不是热点的领域也渐渐成了热点。其次是一些国家工作人员的心态出现新动向:官瘾太大,到一个职位屁股还没坐稳就又忙着跑提拔;玩心太重,事业心太差。整天研究钓鱼、打牌、游泳、跳舞、聚餐,没正经事;派性太强,热衷于拉帮结伙,排斥异己,过度计较个人得失和帮派利益;不学无术,搞注水文凭鱼目混珠。再次,权色交易仍是贿赂的重要手段,性贿赂在未来一段时间内仍然有增无减。社会对于个人生活方面的开放与宽容和对隐私权的保护使得性贿赂有较为充裕的活动空间,同时因为权色交易活动往往发生在国家工作人员8小时以外这个不受重视的时间段,因而比较安全和隐蔽。尽管形形色色的情妇门事件使得很多人意识到权色交易的危险,但从调查的案例来看,官员包养情妇又似乎成为另一种潜规则。只要有需求,就会

权色交易

有市场,因此在我们还没有确定好如何规范与监督官员8小时外的活动以前,权色交易并不会受到实质性的重创,依然会"蓬勃发展"。

对职务犯罪的一些经济学思考

现代社会是经济社会,职务犯罪的很多行为归根结底都是围绕经济利益展开的。根据经济学中对"经济人"的假设,人的思考和行为都是有目标、有理性的,其惟一试图获得的经济好处就是物质性补偿的最大化。国家工作人员作为公共权利的掌握者,为了追求个人利益的最大化,就会倾向于利用手中掌握的权利进行市场交换。20世纪70年代,布坎南在寻租理论中指出,由于政府的干预和行政管制,抑制了竞争,扩大了供求差额,形成了差价收入——租金,因而产生了将可以用于价值生产活动的资源用于决定分配结果的竞争上的寻租现象。斯蒂格勒的管制理论也认为,正是由于管制的原因,使管制政策(许可证)成为一种稀缺资源,官员成为该产品的提供者,作为需求者的被管制者(例如企业)如果预期租金大于寻求该产品的成本,他们就会向官员行贿以获取"许可证"。青木昌彦的"内部人控制"理论则进一步指出,掌握实际控制权的"内部人",在缺乏外部有效的监督下,就有侵害资产所有者或者政府的利益,形成腐败的可能。从这些理论中我们可以知道,在经济社会中由于信息不对称使得公共权力成为可供交换的稀缺资源,而监督与控制的缺乏又使这种交换成为可能。而权力寻租作为一种特殊的经济现象,是行为主体以违法手段攫取经济利益或对既得经济利益进行再分配的非生产性"经济活动",因此也遵循着一定的经济学规律。

美国政治学家克利特加德曾总结概括出一个非常著名的贪污受贿等腐败行为的公式:

腐败动机＝贿赂－道德损失－[(被发现和制裁的机会)×(所受处罚)]＞薪金＋廉洁的道德满足感

也就是说,如果所受贿赂减去主体因腐败行为而承受的道德损失和可能承受的法律风险后仍然大于正常工资收入和廉洁行为所带来的道德满足感之和时,行为主体就会产生腐败的动机。这个公式中包含了犯罪动机、预期收益、风险成本、合法收益等几个重要的概念。我们不妨联系现实对这个公式做进一步的发展和阐释:

假设 W 代表国家工作人员的合法收益,包括合法工资收入、福利待遇等,V 代表职务犯罪可能带来的非法收入,P 是犯罪行为被发现和制裁的概率,F 代表所受的处罚,包括被剥夺权力、丧失社会地位、没收非法所得、被处以罚金以及法律判定的刑期等。以 Ms 代表行为人廉洁时所可能获得的道德满足,Mc 代表行为人从事犯罪活动

时面临的道德损失,上述公式则可以表述为:

$$腐败动机 = V - Mc - (P \cdot F) > W + Ms$$

其中,$V-Mc-(P \cdot F)$是职务犯罪者的非法所得减除犯罪成本后所得的净收益,而$W+Ms$则代表了廉洁工作的正常收益。但其实职务犯罪者在未被发现时,其所获得的收益除非法净收益外,还包括未被发现时所获得的合法收益,也就是说这个公式仅仅是探讨非法净收益与保持廉洁的合法收益之间关系,在某种程度上缩小了犯罪者的实际收益。为了能对职务犯罪者的实际收益与犯罪成本之间的关系做出更为明晰的分析,我们引入了效用函数$U(\cdot)$,$S(u)$代表职务犯罪者选择腐败的实际收益,则可以得到下列关系式:

(1)职务犯罪行为若被发现,则被惩处的效用公式为:

$$U = -(F + Mc)$$

(2)职务犯罪行为若未被发现,则其得到的效用为:

$$U = W + V - Mc$$

因此,国家工作人员在未被发现的情况下选择职务犯罪的实际收益为:

$$S(u)=(1-P)(W+V-Mc)-P(F+Mc),$$

从而可以得到一个新的函数关系:

$$腐败的可能性=S(u)>W+Ms$$

也就是说,当职务犯罪的实际收益远大于廉洁可能获得的效益时,腐败就可能发生。这就为我们研究预防和控制职务犯罪问题指出了一条可供思考的方向。在下面的部分,我们就将沿着这条思路去思考和探索防治职务犯罪的一些对策,但在之前,还需要探讨另外一些问题。

首先是职务犯罪的成本问题。从上述公式可以较为明确地发现,Mc 是职务犯罪的心理成本,为了职务犯罪活动而进行准备所耗费的时间、精力与物力等则是实质性成本,它与心理成本同属于直接成本范畴。P·F 是服刑成本,是因职务犯罪活动而可能遭受的直接损失与间接损失。Ms、W 则是机会成本,即假设犯罪分子不从事违法犯罪活动,而以同等代价从事合法活动所应得到的经济收益。因而一旦犯罪行为被发现,这部分收益将不复存在。那么犯罪的总成本其实应包括直接成本、服刑成本、机会成本三大部分,因此在计算职务犯罪的总收益时,应该将机会成本计入进内,从这点上看,很多腐败行为并不像犯罪者所预想的那样拥有非常高的回报率,有些犯罪行为可谓是得不偿失。

其次是职务犯罪的边际效益问题。根据边际效益递减规律,相同的投入带来的收益增量是递减的。人在持续享用某一种东西时,若将该物品均分成等分单位,则享用第一个单位所带来的效果是最大的,第二个单位则会比最初的单位所带来的效果减小,此后每个单位都会比上一个单位的效果有所减少,呈现一种递减的趋势,直至到达某个临界点,过了这个点,继续享用该物品已经基本不会带来效果,有时甚至会带来反效果。在犯罪行为的选择上,我们前面曾提到,国家工作人员,特别是公务员群体,曾经是社会精英阶层的代表,他们不论社会地位和经济收入都曾被广大民众所艳羡,此时,很多干部非常在意组织的考察与民众的评价,社会的好评与薪金的提升都能带来较大的效果。但是随着改革开放,人们的注意力开始从道德为主向经济为主偏移,价值取向发生了变化,此时国家工作人员所享用的权力、地位与薪金带来的心理满足效果也随着时间的推移而发生递减,并且递减到临界点时,这些同质产品的增加将基本不会再发生正效果。此时,按照经济学的发展规则,就要寻找新的激励点,而社会价值观念的变化很容易使之将目标锁定在经济利益上,通过攫取经济利益来获得新的满足。

边际效益原理引发了经济学的另一个解释,即资源的最优配置问题,因为投入得太多会使得最终的收益摊得太薄,所以要进行资源的适度配置。联系到职务犯罪上,就是关于服刑成本的问题。从现行法律来看,最高的成本莫过于死刑,剥夺政治权利终身,没收个人全部财产。而刑法规定,贪污受贿罪死刑的量刑起点是 10 万元。也就是说达到 10 万元就可以被判处死刑,这是个临界点(当然,在司法实践中,随着社会经济发展水平的提高,这个临界点也发生着变化),在这个临界点以上,增加的涉案金额对量刑构成的效果并不明显。也就是说,贪污 100 万元要被判处死刑,贪污 1000 万元也是被判处死刑,并且都有缓刑或者减刑的可能,而对贪污 1000 万元的人来说,其服刑成本收益比明显被摊薄,如果单从经济角度考虑,当然比只贪 100 万元的收益要高。这也是近年来职务犯罪者越来越倾向于大规模犯罪的重要原因。

通过上述分析,我们对职务犯罪的现象与发展已经有了经济学角度的理解,由此,治理职务犯罪的一些思路和对策已经呼之欲出。

对预防和控制职务犯罪的分析

一个有趣的现象是,官员一旦获得职位后,维持职位就相对容易。而其腐败无论"多少",被曝光后才可能丧失职权。这意味着政府官员只要开始了第一次腐败,继续腐败下去的边际成本非常之小,因而很难自发停止其腐败活动,往往是在腐败的泥潭中愈陷愈深,愈演愈烈。腐败收益越大,官员腐败的可能性越高;腐败成本越大,官员腐败的可能性越小。而在其他因素固定的条件下,司法机关的效率越高,破案率越高,腐败风险就越大,腐败发生率就会降低。具体而言,腐败收益与官员手中的权力相关,权力越大,支配资源越多,腐败收益就越多,腐败的可能性越高。而对腐败的惩罚力度越大,对腐败者造成的损失越大,腐败成本就越大,相应的腐败现象就越少。因此,一个明智的政府要做的,就是采取一系列措施,使腐败成本最大化,腐败收益最小化,达到腐败发生率最低的效果。

从公式 $S(u)>W+Ms$ 也可以反向推导出类似的结论:若 $W+Ms≥S(u)$,将成为限制职务犯罪发生的重要条件。也就是说,预防和控制职务犯罪应该提高廉洁行为的正当收益并降低犯罪行为的实际收益。通过前文的分析,我们知道,降低犯罪实际收益的方式是增加犯罪的各项成本,包括直接成本、服刑成本与机会成本。

首先是增加直接成本问题。直接成本包括心理性成本与实质性成本。心理成本的增加有赖于对个体道德素养的教育与培养,是文化建设的重要方面,而实质性成本则包含了条件因素。行为人为犯罪活动必然要进行相应的准备工作,若要提高此种成本,就要给犯罪者设置障碍,制造麻烦,提高犯罪难度。这就涉及监督与制约机制的建设问题。如进一步健全、完善用人、施政、审批等法规、制度,并使之具有合理而严密的制约关系,国家工作人员如果要进行职务犯罪活动,就不得不经过多道较为严密的制度与门槛。难度的提高会使个体产生挫败感,从而倾向于打消犯罪的念头。

其次是增加服刑成本。服刑成本中涉及一个特殊的变量 P,即犯罪活动被发现和处罚的概率。在实践活动中,P 的数值很难确定,即可以受到外部环境因素,如国家政策法律的规定、监督制约机制的建设等的影响,也可受到个体主观因素,如犯罪者个体的素质和能力,所选择的方式和手段的影响,而办案人员的素质也会对 P 值造成影响。例如,虽然我们加大了监督力度,不断提高办案人员的能力,但是作案者的素质也在不断提高,并且选择的手段也更加隐蔽,反侦查能力不断增强,在这种情况下,P 值的变化就呈现出不确定性。但这并不是说我们对 P 就无能为力。可以通过社会监督,特别是舆论监督,来增大发现问题的概率,并通过强化侦查队伍建设与侦破技术手段来增强破案的概率,从而从整体上推动 P 向正方向发展。关于服刑成本中的另一项——所受的处罚 F,就目前的情况看,因为存在立法不周、执法不严、量刑过轻的现象(如《刑法》第 395 条规定,巨额财产来源不明罪,最高量刑 5 年),使得 F 根本不能对犯罪分子形成有效的威慑作用。因此,应该完善法制建设,从立法、司法上加强对职务犯罪的打击力度,使犯罪分子在法律面前望而生畏,不敢妄为,否则不但身败名裂,而且倾家荡产,直到人头落地。

再次是增加机会成本。机会成本的增加会使腐败的预期收益降低。目前社会上一些学者大力倡导高薪养廉。但高薪养廉也存在边际效益递减现象，并且盲目的高薪政策会增加政府的负担，引起社会民众的不满情绪。即使有新加坡、瑞士、韩国、芬兰等国的成功实践，但其高薪养廉制度是建立在对职务犯罪分子执法如山、严惩不贷的基础之上，否则，高薪养廉只能是一厢情愿的美好设想。套用现在比较时髦的经济学术语来说，提高官员的待遇仅仅是通过边际效益递减定律大大降低了腐败的边际效益，但如果腐败非常容易，而腐败之后所受到的惩处又很有限的话，那么就会造成腐败的边际成本极低，远远低于其边际效益，因此腐败仍然会发生。从这个角度来看，提高国家工作人员的薪资待遇与打击职务犯罪的制度建设应该是配套进行的。另一方面，作为国家工作人员，其廉洁工作所带来的满足感在某种程度上一直被忽略。虽然我们也注重对先进人物的塑造与宣传，但这些舆论力量并不能给现实的个体带来切实的荣誉感受。而社会上价值标准向经济利益的倾斜，更使得这种自我实现的社会需求被大大冲淡，因此在这个问题上，需要进行社会价值重构，使人们能重新找到正确的人生目标与生活的意义。

与增加犯罪成本相对的是降低职务犯罪收益，包括预期收益与实际收益。首先来看预期收益。预期收益是犯罪者对犯罪行为可能带来的收益进行的心理预想，也就是说,犯罪者在进行犯罪活动之前,会根据内外部条件与现实情况进行预设和判断,通过简单的计算得出未来可能获得的收益值。在市场经济中,职务犯罪的预期收益与犯罪行为给请托人带来的经济利益紧密相连,用通俗的话来说就是手中的权力可兑换的价格依当前的市场行情而定。从这个角度看,降低预期收益就应该从制度建设和市场建设两方面着手。一方面是提高信息的透明度,加强民主建设,提高社会及公众对官员的监督力度,提高官员权力运行的透明度,建立"阳光政府",减少黑幕交易、暗箱操作等产生隐蔽信息的行为发生,从而增加犯罪被查处的概率,使国家工作人员的权力不能任意滥用,权力优势受到制约。另一方面则是完善市场体系,使政府干预从市场领域中逐渐退出,降低公共权力在资源分配中的主导性地位,进而降低犯罪行为可以为请托人带来的利益。这样就会降低权力的市场价格,从而进一步降低职务犯罪的预期收益。其次是实际收益。犯罪的实际收益应该是犯罪实际所得减去犯罪成本。由于犯罪预期收益的降低必然会导致实际所得的减少,而犯罪成本的增加又会使实际收益进一步减少。因此提高犯罪成本,降低犯罪预期收益是降低职务犯罪实际收益的有效方法。

由是我们可以得出如下结论:

(1)提高腐败被发现和查处的概率,使 P 值加大;

(2)提高腐败被发现后的惩罚力度,使 F 加大;

(3) 提高官员的合法的工资收入和福利待遇，即加大W；

(4) 加强官员的道德教育，使官员选择廉洁时所获得的道德满足 Ms 和从事腐败活动的良心谴责感 Mc 加大；

(5) 加强制度建设，通过制度创新和完善来预防和控制职务犯罪的发展与蔓延。

预防和控制职务犯罪的基本原则

在探讨具体对策之前，我们有必要先来讨论一下预防和控制职务犯罪的基本原则。因为这些原则是制定政策的基础和方向。弄清了这些原则，在实践过程中，我们就能有针对性地对现行体制进行相应的变革与创新，实现与时俱进，从而更有效地防止职务犯罪的发生。

党的领导原则

预防职务犯罪作为反腐败斗争的重要方面，坚持党的领导是开展预防工作的第一原则。具体表现为：一、必须按照"党委统一领导，党政齐抓共管，纪委组织协调，部门各负其责，依靠群众支持和参与"的工作机制来开展工作，坚持把预防职务犯罪工作置于党委的绝对领导下；二、必须把预防职务犯罪工作纳入当地党委和政府开展反腐败斗争的总体格局中，统一部署、检查、考核和总结，充分发挥检察机关预防职务犯罪的职能作用;三、预防职务犯罪工作要始终围绕全党和全国的工作大局来展开,紧紧围绕经济建设这个中心来实施,为改革、发展和稳定创造更加有利的法制环境;四、认真贯彻落实党委的统一部署,及时反馈预防工作信息,定期报告开展工作的效果,向党委提供有价值的决策参考。

依靠群众原则

由于职务犯罪的表现形式和涉及问题错综复杂,因此预防和控制职务犯罪的体系就成为一个多渠道、多层面、多手段的社会系统工程,需要调动各方面力量进行配合。而依靠群众,就是充分调动广大人民的热情和力量,对职务犯罪进行全社会范围内的监控与防范,可以说人民群众的支持和参与是构筑防治职务犯罪监控体系的基础。我国宪法规定公民"对任何国家机关和国家工作人员的违法失职行为,有向有关国家机关提出申诉、控告或者检举的权利",这正是对群众监督的肯定。我们常说"群众的眼睛是雪亮的",充分发动和紧密依靠群众,可以聚集强大的监督力量并形成覆盖面广的网络体系,对各项政策的实施状况、政府部门的工作情况、国家工作人员的廉洁程度等都会形成一个较为朴实而客观的评价,可以更好地为职务犯罪防治工作提供借鉴和参考。在实践过程中,群众支持和参与防治职务犯罪工作的主要方式是"请进来"和"走出去"。所谓"请进来",就是聘请群众代表做监督员,对预防和查办职务犯罪工作进行社会监督,所谓"走出去",就是深入到群众中开展宣传和听取意见,一进一出体现的是双向沟通与民主互动,二者相辅相成,缺一不可。

无处藏身

以检察职能为基点原则

与社会力量参与反腐败不同,检察机关的工作具有法律性、职权性和专门性,体现了履行法律监督职能的一般特点。因此,检察职能是预防职务犯罪工作的基点,是贯穿整个防治体系的主线。要围绕检察机关履行法律监督职能来展开,积极查办职务犯罪案件,加强对与职务有关的活动的监控与侦查力度。充分发挥各个业务部门在预防工作中的综合作用,形成上下融通、整体互动的预防合力,建立科学高效的预防工作机制,发挥检察机关预防和查办职务犯罪的综合功能。

服务大局原则

服务大局的核心内容,就是要增强全局观念,使预防职务犯罪工作紧紧围绕经济建设这个中心开展和实施,结合社会主义市场经济体制的建立和完善,以及改革、发展和稳定需要,及时确定和调整预防职务犯罪工作思路和措施,以更好地为社会发展服务。服务大局原则是预防职务犯罪工作的出发点和归宿,只有坚持服从于、服务好大局,预防措施才更有针对性和实效性,预防作用才能得到充分发挥和有效体现,预防工作才具有强大的生机与活力,才能沿着正确的方向健康发展。因此,要根据党和国家的统一部署,明确预防工作的主要任务、工作重点和目标要求,结合本地的现实情况,将党的路线、方针和政策落实到预防职务犯罪工作的实践中去,确定预防工作的重点方面和重点部位,集中时间和力量,有针对性地开展专项预防和综合治理,有效地遏制和减少职务犯罪案件的发生。

打防结合、标本兼治原则

打防结合、标本兼治,是预防职务犯罪最有力度、最能体现成效的办法。"打"就是通过提高犯罪成本,加强办案力度,提高办案质量来加大对职务犯罪的打击力度。"防"就是通过加强道德教育,完善权力监督制约机制,形成社会监控网络来增加职务犯罪的难度,使犯罪行为的发生率因各种主客观条件的约束而降低。打防结合就是将有效的打击与扎实的预防连接起来,形成相互贯通、相互促进的防治体系,使预防部门与办案部门实现信息共享,从而提高工作效率,在积累实践经验的同时,提高理论研究能力,使工作更具前瞻性与创新性,实现标本兼治的效果。

实事求是原则

把预防职务犯罪工作的决策、措施和机制建立在坚实的基础上,以实劲求实效,不断总结经验,找到规律和特点,从而推动预防职务犯罪工作的健康发展。要理论联系实际,将上级的统一部署和外地的成功经验与本地的现实状况结合起来,因地制宜地确定出切实可行的预防对策和措施。在预防职务犯罪的实践中,认真对案件所体现的规律与特点进行总结和提炼,归纳出犯罪的易发多发部位与环节,有针对性的开展工作,制定预防对策,努力探索从源头上预防和治理职务犯罪的有效方法与途径。

预防和控制职务犯罪几点建议

预防职务犯罪,是指对可能发生的国家工作人员贪污贿赂犯罪，国家机关工作人员渎职犯罪和利用职权侵犯公民人身权利、民主权利犯罪及其他犯罪进行事前防范的活动。近年来我国对预防职务犯罪工作采取了一系列措施，并取得了一些成绩。但产生职务犯罪的原因错综复杂，决定了预防和惩治职务犯罪的斗争的艰巨性和长期性。孟德斯鸠曾在《论法的精神》中说："一个良好的立法者关心预防犯罪、甚于惩治犯罪"，因此，教育是基础，监督是关键，惩治是保证。只有建立健全教育、制度、监督并重的惩治和预防体系，才能实现不想犯罪、不必犯罪、不敢犯罪、不能犯罪的良好设想。

从思想道德建设入手，加大犯罪的道德成本，使国家工作人员在心理上形成不想犯罪的天然屏障

一方面，随着改革开放的不断深化，一些国家机关工作人员在国家转型期受到"官本位"和拜金主义的影响，放松了自身学习，与"为人民服务"宗旨渐行渐远。思想上的腐化堕落，是腐败行为的前提和基础。另一方面，再好的制度也需要通过具体的人来执行，而个人的思想道德状况本身会对制度的实践产生影响，甚至可能偏离设计的初衷，走向相反的方向。因此必须将廉政教育作为反腐倡廉和预防职务犯罪的一项基础工作来抓，从思想上筑牢拒腐防变的道德防线。

首先，要加强理想信念教育。腐败往往首先源于信念的丧失和思想的变质,实践表明,职务犯罪的发生是以思想的蜕变为先导的。因此,要防止职务犯罪,就必须从思想上强化预防职务犯罪的建设,在广大党员和领导干部思想上筑起预防职务犯罪的坚固堤坝,把党性、党风、党纪教育作为培训党员干部的必修课,以"三个代表"重要思想和"八荣八耻"科学观念武装头脑、净化灵魂、规范言行,预防和清除腐朽思想的侵蚀,从而增强国家公职人员拒腐防变的能力。要在各级党委的统一领导下,把纪委、组织部门、宣传部门、党校以及新闻单位,文化艺术部门的力量集中起来,发挥思想教育工作的整体优势,形成纵横交错的思想教育网络,造成强大的思想教育攻势。既要突出广泛性,又要讲究多样性和针对性;既要讲实效,又要造成一定的声势,可以通过各种有效形式,创新廉政教育的方式方法,以培养良知良德、抑制腐败动机为重点,把党风廉政建设宣传教育工作作为精神文明建设的重要组成部分来抓。

其次,要加强法制教育。通过犯罪分子现身说法等直观方式,督促公职人员进行自重、自省、自励与自警。要利用多种形式,增强公职人员的法制观念和依法办事的能力,使之对违法犯罪行为有较为清晰的认知与判断,从而降低职务犯罪发生的可能。

再次,要提高国家工作人员基本思想道德教育,提高道德素质。应坚持以人为本的原则,注重正反两方面的典型宣传,坚持正面宣传教育,注重舆论引导,通过树立正面典型，大力宣传真善美，祛除不良因素，使人们头脑中形成正确的人生观、世界观、价值观。针对已查处的职务犯罪案件，应结合案件特点，做好反面警示教育，引导公职人员，尤其是"一把手"算好政治、经济、人身、家庭、名誉、情感的"六笔账"，不断强化公务员遵纪守法的自律意识。在全社会加强廉政文化建设，努力形成以廉为荣、以贪为耻的良好社会氛围。

加大监督力度，增加案件被发现的概率

对国家工作人员的监督涉及党内监督、体制监督、政府监督、媒体监督和公众监督等多方面内容。

党内监督方面，要加强对实权岗位，特别是对"一把手"的党内监督。发展党内民主，严格执行《党内监督条例（试行）》，将党内监督与党外监督相结合，教育党员领导干部自觉接受并正确对待党和人民群众的监督。积极推进党风廉政建设一岗双责制，形成一级抓一级、层层抓落实的领导机制。完善主要负责人负总责、领导班子其他成员按职责分工负直接领导责任的责任追究机制。健全对责任分解、考核、追究等关键环节的监督检查制度，切实落实党风廉政建设责任制。

体制监督方面，虽然近年来为了有效制约国家公务人员的公共权力，我们建立健全了政务公开制度、权力分解制度、离任审计制、会计委派制、行风评议制及收支两条线等一系列监督体制，但腐败和职务犯罪并没有因此而得到有效的遏制。这就要求我们在体制监督方面要有所创新。从强化公务人员监督效能着眼,着力构建与多元化的公职人员选拔任用机制相适用的公务人员监督管理新机制,使权力在阳光下运作,从而增加犯罪被发现和惩处的几率。

政府监督方面,应该进一步完善行政监察管理体制。可以参考芬兰有关政府监督的成功经验,推动《行政监察法》的修改,扩大监察机关的权限,强化监察职能,使之能相对独立行使监察权,从而发挥行政监察、督察和审计监督等职能作用。此外,应进一步完善特派督察员和检察员制度,使其能更好地发挥监督职能,督察员有权出席政府各职能部门召开的会议,监督"党政一把手"和政府所作出的决定是否合法,检察员有权要求国家工作人员对自己的行为作出解释。特派督察员和检察员可以对公职人员的不当行为提出警告,对严重违法的公职人员移交检察机关提出起诉。

媒体监督方面,应该重视和规范媒体在预防职务犯罪领域的积极作用,保持媒体的相对独立性和公正性,防止某些地方官员如樊甲生之流为了局部或集团利益而压制媒体,不做报道或者歪曲报道,以掩盖事实的现象发生。善加利用媒体对典型职务犯罪案例进行曝光与剖析,从而调动社会民众的参与,提高全民反腐败的素质;将存在的问题公之于众,防止权力的滥用和职务犯罪的发生。

公众监督方面,要重视和完善群众监督体制。从预防和控制职务犯罪的实践经验来看,很多案件的案发既不是年度审计中暴露出来的,也不是由同级纪检、监察等监督部门发现的,而大多是由群众举报或在其他案件审理中带出的。因此,应充分重视群众监督的力量,政府应为公众提供各种机会,调动群众监督的主动性和积极性,真正保障公众行使监督权。建立"政务公众全程监督"制度,把国家工作人员的权力和职责范围公布给群众,使公众可以有依据有针对性地进行监督,确保公务人员的行为始终处于公众监督的"阳光"之下。

增强打击力度,增加职务犯罪的服刑成本,降低犯罪活动的实际收益

加大对腐败分子的打击力度,让其为自己的犯罪行为付出应有的沉重的代价,是预防职务犯罪最有力度、最能体现成效的办法。当前,在党中央对腐败问题高度重视和支持下,我国反腐败工作成绩斐然,一大批腐败分子落马,而且涉及的职务越来越高,通过不断揭露、证实和惩处职务犯罪活动,有效地遏制职务犯罪高发多发的势头,发挥惩一儆百的震慑作用,从而体现出检察机关依法查办职务犯罪案件的威力。但职务犯罪并没有因此而销声匿迹,反而在一定时期有反弹甚至给人以前赴后继之势,关键原因在于虽然我们加大了惩处力度,但还没有达到法网恢恢,疏而不漏的程度。因此,应该加大打击力度,在查办职务犯罪的过程中,淡化政治因素,无论涉及什么人,都要敢于依法坚决清查,只要达到犯罪标准就坚决给予刑罚处罚,减少人情案、关系案,对于广泛存在的"准腐败"现象也要明确态度,不能大事化小,小事化了。只有让腐败分子付出昂贵的代价,提高服刑成本,才能真正起到震慑作用。

建立终身责任制。"铁打的衙门,流水的官",因为官员任职具有流动性,一些人在任时并不是秉持"为官一任,造福一方"的原则,而是抱着"我走后哪怕洪水滔天"的心态,在任期内只注重短期效应,唯经济至上,大

搞政绩工程,以捞取政治资本。对于在任期内发生重大安全事故则是能掩盖就掩盖,为了"团结队伍"、"搞好关系",对存在的各种腐败现象充耳不闻,视而不见,甚至同流合污,结党营私,大有"捞一票就走"的架势。这些现象的存

在，一方面固然是权力体制建设存在弊端，监督制约机制不到位，官员考核制度不完善，另一方面则与现行的责任追究力度差有很大关系。虽然我们有相关的责任追究制度，但在实践中很少能看到在任官员为其曾经做出的弊端重重的政绩工程和决策而受到相应的惩罚，很多都是在其案发后才一点点挖出和追究当年存在的问题。而更多的是在捞取政治资本后因政绩考核的"优秀"而获得提拔，拍拍屁股走人，将问题留给下一任工作人员来处理。而下一任官员在这种体制下也可能会做出同样的选择。如此形成恶性循环，导致社会上短期政绩工程泛滥，社会资源浪费。因此应加大责任追究力度，并完善人事考核制度，让官员为自己的短期行为付出应有的代价，而不是可以借此而获得更大的利益。应该对官员任期内的各项工程考核实行终身负责制，如果出现重大问题，负责此项工程的官员就应该被追究责任，这样就可以在一定程度上杜绝短期行为的出现，扼制渎职犯罪的发生。

实行"家庭财产申报制"、"金融实名制"等科学制度，使国家工作人员的收益状况公开化

家庭财产申报制度，是有关家庭财产申报、登记、公布的制度，是科学反腐制度体系的核心内容，体现了"终端治腐"的理念，是基于公共利益优先原则而实施的，具有高效反腐效力的科学制度。它使国家工作人员的家庭财产置

第四篇 职务犯罪的发展趋势与对策

于公众和国家法制的监督之下,使个人收入来源的合法性更透明,可以暴露某些突然无理由致富的人其收入来源的不合法性,使非法所得无处遁形,从而大大提高了权钱交易的难度,有利于更有效地、准确地惩治腐败。金融实名制度是家庭财产申报制的孪生兄弟,它要求每一个公民在任何一家金融机构开设任何账户时都必须使用实名,所有的金融交易也必须使用实名并记录在案。金融实名制被反腐实践证明是目前世界上最好、最有效的惩治和预防腐败的制度。因为任何反腐败制度的设计和实行,都必须依赖反腐败对象金融资料的真实性,而不透明、不规范的金融制度是滋生腐败的主要土壤。金融实名制的推行,使个人收入的来源更加透明,使腐败行为在透明的金融交易中难以遁形。目前世界上已经有近百个国家实施了这两项制度,都在反腐败方面取得了立竿见影的效果,可见其在惩治和预防职务犯罪方面的巨大威力。就制度本身而言,家庭财产申报制度和金融实名

制在预防和惩治职务犯罪方面的功效是不言自明的,具有绝对的优势。因此如何推行以及何时推行这两项制度成为近几年媒体热议的话题,甚至成为两会的焦点。

在开篇我们曾提到,由于腐败的泛化导致官员私底下应对甚至扭曲整治的对策已经形成,使得国家的反腐工作显得很无奈,甚至在某种程度上呈现不可治理的状态。在这种情况下,如果强制推行某种对既得利益集团而言"破坏力"极大的制度,可能会遭到群体的抵制,甚至会带来政治风险、经济风险与社会风险,这对国家与社会的稳定发展非常不利。这也是虽然国家明知家庭财产申报制和金融实名制等科学制度是反腐的利器,却迟迟不能推行的重要原因。基于这一点,应该在制度的设计与实施方面有所创新。不妨参照其他国家和地区的反腐实践,在具体实施上设立一个缓冲带和追究界限点,一方面确立肃贪的新起点,一方面以一种"大赦"的方式化解可能产生的局部哗变,以减小制度推行的阻力。因为职务犯罪是一个连续的过程,这种设计可以有效地制约后进入者的行为,并对先进入者的后续行为产生影响,从而从整体上减少职务犯罪发生的可能。

严惩行贿行为,加大行贿成本,从市场源头上打击钱权交易行为

行贿人作为受贿的相对方,是购买权力的主体,其行为对现行制度有着破坏性的作用。从实践规律上来看,行贿人所得到的利益远远大于其付出的贿赂成本。一个官员受贿10万元后,利用手中的权力为对方谋取利益,这个利益经过市场放大后,可能增加10倍甚至百倍,这也是行贿的一个通行规则:行贿额是所得利润的10%～30%。打个简单的比方,甲如果为了某项工程向掌握权力资源的乙行贿100万元,请求其帮助自己获得该工程,那么甲其实在行贿之前已经经过粗略计算,这个计算的结果就是获得该工程后,净利润应该要超过100万元的7～9倍,也就是说达到700万或者900万以上才值得前去行贿。这10%～30%的贿赂相当于成本支出,并不影响总体收益。并且从某种角度来说,正是有了这种支出,才获得并且可能持续获得如此高额的收益,因此对于他们来说,行贿是一件低成本、高回报的"好事"。但是对官员来说,收受这10%～30%的贿赂,则可能意味着政治前途就此断送,人生悲剧性的转折就此开始,可以说其所付出的代价成本和风险性要高于行贿者。尽管如此,一些官员还是前仆后继地勇敢"接受"贿赂,其原因之一就是一种比较心理作祟。通过行贿人,公务人员发现自己手中的公共权力原来可以"创造"出价值不菲的财富,而获得这些财富的行贿者攫取利润的手段又是如此轻易,相比于他们的巨额利润,自己拿的这点"小钱"实在是微不足道,并且理所应当!

由于我国刑法规定被索贿的企业和个体属于受害群

■ 职务与犯罪

体,不被列入处罚范围,而索贿和受贿在司法实践中很难界定,因此,行贿的服刑成本远远低于受贿。在已被查处的窝案中常常可以看到某某商人的名字反复出现,贯穿于整个窝案始终,向多名涉案人员行贿,但最后却被免予起诉。行贿人作为公共权力的购买者,提供给公共权力掌握者的不仅是权力的市场价格,而且是物质和心理的双重诱惑,令人痛心的是,很多职务犯罪者正是因为禁受不住这样的诱惑而步入犯罪的深渊,而行贿人却依然逍遥法外,继续他们的行贿生涯,以谋取更多的利益。因此应该加大对行贿行为的打击力度,增加行贿成本,使行贿人对行贿也产生畏惧,从而缩小职务犯罪的市场购买源头。

完善法律体系,将预防职务犯罪纳入法制化轨道

在立法上,应该确立严惩职务犯罪的指导思想,涉案金额不论大小,只要侵害了公共权力的廉洁性与国家管理活动的正当性就可以构成职务犯罪。这样做并不是对职务犯罪查处的扩大化,而是要确立一种基本的态度与立足点,使国家公职人员能够正确认识其所处的职务特性,从根本上对职务行为形成约束。在加大对职务犯罪惩处力度的同时,尽快研究制定《职务犯罪监督法》,进一步加大对职务犯罪的法律约束。此外,还应该建立起配套的法律体系,在刑法、经济法、行政法的立法修改方面协同行动,并颁布惩治职务犯罪方面的单行刑事法规,以及有关处理公民举报的相关规章制度,构筑多元立法体系,使各项法律法规保持和谐统一。可以将预防权用法律来加以确认和规范,将司法机关、国家行政机关、公职人员和社会成员预防职务犯罪的权利义务以及预防的范围、内容、程序、方法进行明确规定和细化,从而形成一套比较完善和规范的预防职务犯罪的法规体系,使预防职务犯罪真正做到有法可依。

此外,应该根据职务犯罪的发展现实适当调整法律设置,与时俱进,修改、完善贪赃犯罪的构成要件,强化对贪

■ 职务与犯罪

赃犯罪主体犯罪能力的限制和再犯能力的剥夺,实施严格的资格刑;可以因情增设一些新的职务犯罪罪种,并进一步界定相应的犯罪主体范围;完善处罚机制,对职务犯罪从重处罚,重视对渎职罪的查办,调整其在刑法分则体系中的位置,将其章次前移,以体现"吏治"严于"民治"的决心。只有这样,才能把预防职务犯罪工作纳入法制化轨道,从而达到从源头上治理腐败,遏制和减少职务犯罪的

预期效果。

深化体制改革,合理配置权力,从制度源头上限制职务犯罪的发生

管理体制改革的关键是精简机构、转换政府职能、改革人事制度、实行政企分开,核心是解决好权力集中和权力分解之间的关系问题。实践证明:权力过分集中,必然导致权力的滥用,进而产生权力的腐败,发生职务犯罪。但是如果权力过于分散,使得某项或某类权力必须由多个人或多个部门共同享有、行使,虽然可以起到相互制约的作用,但并不是必然能控制职务犯罪的发生。权力过于分散,一方面会造成行政效率低下,另一方面一旦发生职务犯罪,则在客观上又可能导致牵涉面广,涉案人或单位多,窝案、串案,导致群体性职务犯罪相对增加,将引起较大的社会震动,综合的危害结果更大。因此针对权力过分集中的现象,要废除一把手集人权、财权和物权于一身的"承包制",禁止"程序上公正而实质上腐败"的选官形式,实行"三重一大"(重点项目、重大事项、重要干部任免以及大额金额)的集体讨论制度。充分发挥民主集中制,正职也只是有"一票"权力,不能在会前定调,也不能在会中定论,而是在集体研究中进行"末位表态",以免对决策的方向和结果造成影响。

但对权力体制的改革并不是一味地追求分散权力,而

▎职务与犯罪

应是以政府职能的转变为依据,按照结构合理、配置科学、程序严密、制约有效的原则,从政府服务于经济发展的立足点出发,确立适度分权的思想,建立健全决策权、执行权和监督权既相互制约又相互协调的权力结构和运行机制,深化行政管理体制、司法体制、干部人事制度、财税体制、国有企业管理体制、投资体制、金融体制等改革,完善各项规章制度,正确行使权力。处理好国家公职人员在管理企业、市场和人、财、物资源等方面存在的弊端和问题,割断官场与市场之间的脐带,以真正从制度上限制权力寻租、官商勾结的情况发生。应重视和发挥中介组织在政府与市场之间的沟通和连接作用,如在土地出让问题上,可以尝试将招标权交给相对中立的中介组织进行操作,在招标结束

滑向深渊

后,将投标人的能力、财力等各项指标向全社会公开,使招标更加透明公开,以防止围标等暗箱操作现象的发生。

除了对权力体制进行改革之外,还要对经费体制进行相应的变革。"小金库"的存在一直是贪污腐败滋生的土壤与温床,因此国家命令规定严禁私设"小金库",实行国库集中收付制度。但是在实践中,"小金库"仍然屡禁不止,这与财务监管的漏洞普遍存在密切关系。因此在改革现行经费体制的同时,还应对各项财务制度进行配套改革,确立科学的财务监管与审批制度,对财务运行情况进行保证实时监督和阶段监督,以堵住容易滋生腐败和职务犯罪的各种漏洞。此外,还应实行预防职务犯罪活动的经费独立。由中央财政负担该项经费,或者由中央和省级财政分级分类负担。经费由中央政法委领导下的预防职务犯罪领导小组或最高检察院统一掌握,以保证司法在经费方面的相对独立,降低行政和其他社会干预的影响,从物质上来避免司法权力"地方化",检察院和法院"部门化"。另外,为消除利益驱动,应实行司法机关收费与财政拨款脱钩,从而使司法执法活动与本部门经济利益脱钩,避免钓鱼执法等现象的发生,以更好地保持司法执法活动的公正性。

提高廉洁奉公所获得的正当收益,增加职务犯罪的机会成本

职务犯罪者选择犯罪行为的重要原因是腐败的收益

▇ 职务与犯罪

大于廉洁的收益。也就是说不论在什么体制下,不论在哪个国家,只要腐败拥有大于廉洁的收益,并且腐败的机会较多且作案相对容易,都会发生职务犯罪现象。因此,在加强职务犯罪的直接成本、服刑成本的基础上,提高犯罪的机会成本,也就是将从严治吏与从优待吏相结合,可以更有效地预防和遏制职务犯罪的发生与发展。关于这方面,新加坡的经验非常值得借鉴。其实行的《反贪污法》对贪污行为作出极为严厉和详细的惩罚措施规定,对贪污行为,不论职位高低,一旦发现,严惩不贷。比较有名的案例——郑章远案。作为新加坡国家发展与建设部部长,郑章远曾为"公共住房"的建设立下汗马功劳,深受李光耀的器重。但是反贪局在调查时发现他有两次受贿50万元的情节,对此郑章远矢口否认,并希望老领导李光耀能出面进行融通。李光耀闻讯后非常生气,严令其停职,接受调查。郑章远无奈,最终选择了畏罪自杀。郑章远事件一方面显示了以李光耀为首的新加坡政府首脑反腐的意志和决心,另一方面也反映了其吏治的严苛。尽管是位高权重的官员,但有了贪污行为就要查办,并且是一查到底。这样严苛的制度使得众官员对于贪污行为从心理上就要畏惧三分。

尽管吏治严苛,但是新加坡官员的待遇相当优厚。其实施的《中央公积金制度》规定,官员每月享有月薪40%的公积金,以个人名义存在银行。该公积金属于个人所有,但不得随意提取。按制度规定只能用于购买住房、医疗治病、为子女交学费和养老基金。而养老金必须在退休后方可领取,政府不再另发放。也就是说,一个公务员他工作的时间越久,所得的积蓄越多。一个司局级公务员到55岁退休时,其公积金总额大约有80万～90万新元,相当于人民币400万～500万元。如果在职时廉洁奉公,没有贪污腐败和违法行为,其退休后,将可以领取这笔丰厚的养老金,使全家过上富裕而体面的生活。但新加坡法律同时也规定,凡是有贪污、受贿等违法行为者,一律全部撤销其公积金。如此高昂的犯罪机会成本,使得人们不敢轻易冒险,否则,将因小失大,毁掉自己的整个后半生!

近些年我们一直在适当增加公务人员的工资待遇,一些学者也提出了高薪养廉的建议。但正如前文所说,高薪养廉必须有相应的严厉打击职务犯罪的制度相配合,并且高薪究竟要达到什么标准才能是高,并不能单凭主观想象,而需要通过一系列科学论证来加以确定。在很多案例中我们都发现,一些对企业或者地区和部门贡献卓著的国家工作人员,在即将面临退休之际,心理上出现失衡,而开始大肆谋取个人利益。这从某种角度上反映了现行的奖励机制存在弊端,不能正确科学地根据个人贡献确定其应得的奖赏。若一个为国家创造了上亿财富的风云人物,在退休后与碌碌无为的普通干部拥有同等级的待遇,其产生消极心理,发生价值失衡也就在所难免。我们当初讲打破计划经济的大锅饭有利于提高效率,如今打破官场上普遍存在的"干与不干差不多"也同样有利于公正和效率的提高。确立以国家工作人员的工作考核为基本的级差奖励制度,将能够更好地反映公务人员的工作状态,对其廉洁高效的工作成果予以肯定,既是提高了廉洁收益,又能提高廉洁高效带来的成就感与满足感。当然,这种制度的制定必须有一系列科学的考评制度相配套,否则就会成为新的腐败增长点。

当然,预防职务犯罪还有很多方面的工作要做,比如加强国际合作,严厉打击洗黑钱;加强对中介组织的监控,防止其成为腐败的桥梁;完善网络监控体系,运用现代技术的手段增强反腐力度;完善体制外监督手段,使监督者同样处于被监督的环境下,保证司法领域的廉洁性与公正性等。

总之,职务犯罪的预防与控制体系建设是一个涉及众多领域的纷繁复杂的工程,并且该工程建设具有长期性与曲折性,需要在实践中不断创新和完善,从而发展出更切合实际的激励与约束机制,使国家工作人员的行为更为规范,从而有效遏制职务犯罪的蔓延与发展。

后　记

十七届四中全会以来,党和国家将反腐败定性为重大的政治任务,明确提出要加强反腐败教育、监督、改革和制度创新力度,提高党员干部的拒腐防变能力,保持党的先进性和纯洁性。对反腐败工作的重视和研究既是执政党自身建设的要求,也是维护社会稳定,保证经济健康持续发展的必然要求。

我们所处的时代是一个飞速变革的时代,又是一个充满了诱惑的时代,公共权力与商业利益之间从来没有像今天这般结合得如此紧密,从自律到松懈仿佛只要一个轻轻地转身,便有财源滚滚涌入。巨大的诱惑和相对无力的监督使人的道德、文化与信仰不时发生激荡与碰撞,常让人感到迷茫与无措。很多本来是有过突出贡献或者拥有美好前程的杰出领导干部,就是这样或主动或被动地走上了犯罪的道路。这是党和国家的损失,也是社会和民众的损失。作为社会学研究工作者,我们在为他们的堕落感到痛心的同时,也深深地感到自己有责任也有义务对职务犯罪这个社会热点问题进行系统而全面的分析研究工作,以找出更有效的预防和控制对策。因此我们收集并筛选出2006~2008年之间查处的,具有典型意义的职务犯罪案例200余个,并在实践研究过程中不断丰富和扩展,经过一年多的整理、归纳、比较、研究,提炼出职务犯罪的成因、特点和规律,对职务犯罪的未来走向作出预测,并尝试性地提出了预防职务犯罪的建议和对策。《职务与犯罪》一书正是这些研究工作的结晶,它是理论研究的升华,也是地方社会科学的一个重要成果。

写这本书的目的有三:

一是希望通过对近年来发生的各种典型案例的系统归纳和总结,深刻展现职务犯罪的百态与危害,提高人们对职务犯罪的认识,在心理上构筑抗腐拒变的防线。随着职务犯罪手段和形式的变化发展,其隐蔽性和反侦查性越来越强,给反腐败工作带来很大难度,也使一批人滋生了侥幸心理,频繁活跃于权钱交易的舞台,全然忘记了党的宗旨和自己身负的责任。在本书中我们力图对各种犯罪形式和手段作出分类和归纳,进行一次系统性的曝光,让人们清晰地看到腐败的种种嘴脸,提高对职务犯罪的警惕性,从而起到警示和教育作用。

二是通过本书总结归纳出职务犯罪的一些普遍特点与基本规律,为深入研究职务犯罪问题作一些微薄的贡献。职务犯罪是一个涉及众多领域的社会性问题,并因为所处的具体环境不同而带有特殊性。因此,对当前我国出现的职务犯罪现象做一个系统性的研究很有必要。通过对2006～2008年200余典型案例的分析,参考综合很多学者的研究成果,我们尝试性地对职务犯罪的规律进行了较为系统的归纳和总结,并引用相关实例进行说明和补充,力图清晰地描绘出职务犯罪的阶段性特点与变化发展脉络,希望能对反腐败工作的开展有所助益。

三是通过认真研究,对职务犯罪的发展趋势作出预测,并提出对策和建议,为地方社会科学的发展和反腐败工作的开展服务。地方社会科学院所的研究方向是"立足地方、侧重应用,为地方两个文明建设服务",因此,从事社会科学研究工作就要走出书斋,深入实际开展调研,为地方经济和社会的发展作出贡献。撰写该书就是探索一条理论应用于实际的科学之路,通过对职务犯罪未来走势进行合理预测,提出切实可行的预防思路和具体对策。希望能给预防职务犯罪的理论和实践工作带来启示和突破,进而推动反腐败整体工作的开展。

在研究过程中,我们得到了抚顺市纪委主要领导同志和社科院领导的大力支持,大连出版社的张波同志不辞辛苦地对全书进行了认真的审阅,并对本书的编撰提供了许多宝贵意见,为该书的出版发行做出重要的贡献,在这里对他们的支持与帮助表示深深的谢意。此外,本书在编撰过程中借鉴和引用了其他学者的研究成果与相关图片资料,由于条件所限,一些来源于网上的资料不能一一与作者取得联系,在这里对他们的辛勤劳动一并表示诚挚的谢意。

本书并不是一本专业的理论著述,而是作者受到实践的启迪,试图围绕如何更好地预防和控制职务犯罪这个中心而作出的尝试性研究。由于时间短,作者的经验也尚浅,在写作过程中难免存在一些不足和错误,其中有些观点和理论也是初次尝试提出,可能存在欠妥当之处,希望日后能得到各位专家、学者及关心预防职务犯罪工作的同志的批评和指正。我们也希望有更多的人来关注预防职务犯罪这个热点问题,将研究继续深入下去,为地方和国家的反腐败工作做出应有的贡献。

作　者

2010 年 8 月